선착의 효

선착의 효

FIRST MOVER TAKES ALL

기획·모더레이션 김태유

김민배 김우철 김창욱 박동규 배영자 신현한 윤동열
이대식 정성훈 조재한 조홍종 허은녕 홍대식 홍성민
공저

쌤앤파커스

선승독식의 '2차 대분기'가
시작되었다

　나라를 다스린다는 것은 국가권력의 획득과 행사를 통하여 국민 삶의 질을 향상하고, 사회적 경제적 문제를 해결하며 국가의 안보를 지키고 미래비전을 제시하는, 가장 보람되고 가치 있는 일이다. 이 때 정치가 국가권력을 쟁취하는 행위라면, 정책은 쟁취한 국가권력을 국민을 위해 행사하는 행위다. 그래서 한 개인이나 정파의 정치적 성공이 곧바로 국가와 민족의 영광으로 반드시 이어지지는 않는다. 정책적 성공을 통해서 국가가 발전하고 국민이 행복해질 때 비로소 정치적 성공은 국가와 민족의 영광이라고 할 수 있을 것이다.

　'정치꾼은 다음 선거를 생각하고, 훌륭한 정치인statesman은 다음 세대를 생각한다.'라는 제임스 프리먼 클라크James Freeman Clarke의 말은 정말 통찰력 있는 명언이다. 정치인에게 국가권력의 쟁취가 지상 목표가 되어서는 안 된다는 말이다. 왜냐하면 국민은 투표를 통해 국가권력을 특정인에 일정 기간 위임하나, 정책적 성공을 통해 국민을 행복하게 할 기회를 줄 뿐, 국가권력을 소유하고 향유할 권한을 주는 것은 아니기 때문이다.

정치는 따로, 정책은 같이

정치에 있어 같은 목표를 두고 다른 경로 또는 다른 수단을 선택한 사람들의 집단을 정파라고 한다. 이처럼 정치는 가치지향적이기 때문에 정파와 정파 간에는 견제와 대립을 통해 균형을 이뤄야 한다. 그러나 정책은 같은 목표를 지향한다면 경로나 수단이 크게 다를 수 없다. 정책은 가치중립적이기 때문에 정파 간에 보완과 타협을 통해 협력해야 한다. 그렇다면 인류문명이 추구하는 목표가 무엇이며 왜 정치적 선택은 서로 달라도 정책적 선택은 같을 수 있을까? 목표는 '가치창출'이다. '가치'란 인간에게 효용을 제공하는, 즉 보람이나 쓸모를 느끼게 하는 재화commodities나 용역service을 의미한다.

과거 농업사회에서는 모든 가치를 '농민'이 '토지'를 기반으로 창출했다. 농업생산, 즉 가치창출을 극대화하는 것이 인류 공통의 목표였다. 그런데 농업생산을 늘리기 위해 농민을 독려하는 방향에는 설득(당근)도 있고 강압(채찍)도 있다. 이처럼 다른 경로와 수단을 선택한 사람들의 모임을 정파라고 한다. 예컨대 과거 농업사회에서 덕치德治

와 법치法治는 서로 다른 선택이었다. 따라서 정치에 주관적 선택은 있어도 객관적인 옳고 그름이 있는 것이 아니다. 그러나 농업생산을 늘리기 위해 물을 공급하든 비료를 주든 토지를 비옥하게 만드는 방향은 과학적이고 객관적인 한 가지 방향만 있지 주관적 선택에 의한 여러 가지 방향이 병존하는 것이 아니다. 다만 더 효율적인 방법이 있고 덜 효율적인 방법이 있을 따름이다. 더 효율적인 방법은 백성을 배부르게 하는 올바른 방법이고 덜 효율적인 방법은 백성을 배고프게 하는 그릇된 방법이다.

산업사회에서는 모든 가치를 '노동과 자본'이 '기술'을 기반으로 창출한다. 산업생산을 늘리기 위해 노동자와 자본가를 독려하는 방향political orientation에는 자본주의적인 방향도 있고 사회주의적인 방향도 있다. 이처럼 다른 경로와 수단을 선택한 사람들이 정파를 형성하고 있다. 예컨대 현대 사회에서 보수와 진보는 서로 다른 수단을 선택했을 따름이다. 따라서 정치에 있어서 주관적인 선호는 있을 수 있지만 객관적인 옳고 그름은 있을 수 없다. 그러나 산업생산을 고도화하기 위해 기술을 발전시키는 방향에는 모방을 하든 연구개발을 하든 과학적이고 객관적인 한 가지 방향, 즉 '첨단 산업기술'의 확보만 있지 여러 가지 다른 방향이 있는 것은 절대로 아니다. 다만 그중에 더 효율적인 방법이 있고 덜 효율적인 방법이 있을 따름이다. 더 효율적인 방법은 경제가 성장하고 국민의 삶의 질이 향상되는 올바른 방법이고, 덜 효율적인 방법은 경제가 침체하고 국민의 삶의 질이 저하되는 그릇된 방법이다.

선진국, 견제와 협력의 선순환

흔히 우리 사회에서는 정치세력을 '보수 또는 우파', '진보 또는 좌파'로 대별하곤 한다. 보수든 진보든 사회발전과 인간의 행복을 추구한다는 궁극적인 목표는 같다. 다만 그 수단의 우선순위에 차이가 있을 따름이다. 보수는 경제성장을 우선하고 공동체 전체의 이익을 중요시하며 진보는 경제적 평등을 우선하고 분배를 통한 개인의 이익을 중요시한다고 한다. 기술발전은 경제발전과 함께 성장하고 공동체의 이익에도 또 평등과 개인의 이익에도 다 같이 기여하지 어느 한쪽의 가치도 손상하지 않는다. 보수가 지키고자 하는 전통적인 가치, 국가안보, 법질서 등 모두 기술발전에 의해 직간접적으로 보호받고 또 증진된다. 진보가 지키고자 하는 약한 자의 권익, 사회정의, 환경 등도 기술발전에 의해 직간접적으로 보호받고 증진되기는 매일반이다. 따라서 첨단 산업기술은 어느 모로 보나 가치중립적이지 절대로 정치, 사회적으로 편향된 것이 아니다. 정파와 정파 간에 치열한 '견제와 균형의 정치'와 정파 간의 경계를 넘어 국익 차원의 '보완과 협력의 정책'이 선순환할 때 대한민국이 진정 국민이 행복한 선진국으로 거듭나게 될 것이다.

첨단 산업기술이 지금 이 순간 우리에게 절실하고 또 각별하게 중요한 이유는 인류문명이 이제 막 새로운 시대에 진입했기 때문이다. 현생 인류가 지구상에서 동물과 다른 사회조직을 갖추고 살기 시작한 이래 인류는 8,000여 년 감속하는 농업사회를 뒤로하고 1, 2차 산업혁명을 통하여 가속하는 산업사회accelerating industrial society로 진입한 바 있다. 산업혁명은 인류가 맞이한 첫 번째 큰 축복이었다. 영양 공급과 질병 퇴치 등으로 평균수명이 2배 이상, 인구는 10배 이상 늘었다. 절대군주의 무한 독재체제를 벗어나 자유민주주의를 정착시킨 것도 산업혁명이 있었기 때문에 가능한 것이었다. 결국 산업혁명이 가져온 가장 큰 변화는 소수 권력을 장악한 특권층만 잘 먹고 잘살던 세상을 대다수 국민 대중이 잘 먹고 잘살 수 있는 대중복지 사회로 발전시켰다는 사실이다.

그렇다고 해서 지구상에 있는 모든 국가와 민족이 산업사회의 혜택을 골고루 나누게 된 것은 아니다. 산업문명으로부터 소외된 국가와 민족은 말할 것도 없지만 똑같이 산업화에 매진하고 있는 국가들 사이에도 어떤 나라들은 선진국으로 경제적 풍요와 사회적 행복을 누리고 있지만 그 밖의 다른 나라들은 아직도 대부분 빈곤과 불행이 악순환하는 개발도상국 수준에 머물고 있는 것이 현실이다. 이것을 사가들은 1차 대분기The 1st Great Divergence라고 부른다. 그렇다면 선발 산업국으로서 선진국과 후발 산업국으로서 개도국의 운명을 결정한 것은 과연 무엇이었을까? 이것은 정치, 경제, 사회, 문화 할 것 없이 모든 사회과학자들이 답을 찾아 헤매는 거대담론이자 세계 각국의 뜻있는 지도자들의 초미의 관심사이다.

선승독식, 작은 시차 큰 격차

이 한 가지 의문의 해답을 찾아 인류 역사를 한평생 집중 조망하며 학습과 연구를 거듭한 끝에 얻은 가장 중요한 결론 중의 하나가 '누가 산업화를 먼저 시작하였는가?'라는 비교적 단순한 사실이다. 산업사회에서는 경제성장이 가속하기 때문에 먼저 산업화한 선발국과 뒤늦게 산업화를 시도한 후발국 간의 경제적 격차가 점점 더 커질 수밖에 없다는 것은 너무나도 명백한 사실이다. 출발점의 작은 '시차'가 시간이 흐를수록 점점 더 큰 경제적·기술적 '격차'로 변해가기 때문이다. 이것은 규모의 경제, 기술의 경제, 그로 인한 승자독식勝者獨食 등과 같은 산업사회의 속성 때문이다. 산업사회가 막 태동하던 초기에 시쳇말로 첫 단추를 제대로 잘 끼웠는지 여부에 따라 후손들에게 성공과 실패, 그로 인한 행복과 불행이 계속 유전되어간다는 말이다.

그런데 이제 300여 년 산업사회를 뒤로하고 인류문명이 지식산업혁명(3, 4차산업혁명)에 의해 경제성장이 더 빨리 가속하는 지식산업 사회the fastest accelerating knowledge-based industrial society로 진입했다. 이제 새로 2차 대분기The 2nd Great Divergence가 시작되고 있다. 거대규모의 경제, 첨단 산업기술의 경제, 그로 인한 선승독식先勝獨食과 같은 지식산업 사회의 속성은 기술발전이 더 가속하게 만든다. 그래서 2차 대분기에 경쟁 주체들이 지식산업화를 시작하는 작은 '시차'는 1차 대분기보다 훨씬 더 큰 경제적·기술적 '격차'를 발생시킨다. 과거 한때 서구의 1차산업혁명의 물결이 물밀듯 밀려올 때 산업화 대열에 재빨리 편승하여 선발국의 이점을 누린 일본, 무지와 무능으로 산업화에 실패하여 후발국의 고초를 겪은 조선을 돌아보자. 우리가 그 뼈아픈 경험으로부터 배우고 실천해야 할 가장 큰 교훈이 지금 우리가 첨단 산업기술에 더 빨리 더 과감하게 뛰어들어야 한다는 사실이다.

지금까지 '육하원칙'에 따라, 왜(Why?)는 국가발전과 국민행복을 위해서, 누가(Who?)는 국가권력을 위임받은 정치인들이, 언제(When?)는 지금 이 시점에; 어디서(Where?)는 대한민국에서, 무엇을(What?)은 첨단 산업기술 발전에 전력을 다해야 할 당위성을 논했다. 이제 남은 것은 단 하나 어떻게(How?) 할 것인가다.

영국에서 일어난 1차산업혁명을 석탄, 야금, 직물 혁명이라고 한다. 제임스 와트James Watt 같은 재능 있는 기능공이 현장에서 시행착오를 반복하는 가운데 찾아낸 기술을 기반으로 한 것이다. 미국과 독일에서 일어난 2차산업혁명을 화학, 전기, 강철 혁명이라고 부른다. 생산 현장의 전통적 기술technology을 가진 기업이 대학에서 연구 발전된 과학적 이론scientific theory을 흡수함으로써 산업기술industrial technology의 비약적인 발전을 가능케 하였다.

이제 산업혁명이 기반이 된 산업기술engineering은 경제성economic efficiency, 신뢰성reliability, 안전성safety, 인간적 요소human factors 등을 두루 포괄하는 미래 첨단 산업기술을 향해, 종합 학문interdisciplinary studies이자 종합예술state of the art로서 발전과 진화를 거듭하고 있다. 평범한 현대인이 과거 황제조차도 꿈꿀 수 없었던 교통, 정보통신, 의료 등의 엄청난 혜택을 누릴 수 있게 된 것이 바로 산업기술의 비약적 발달 때문이다. 이같이 고도화된 산업기술의 주체는 기업이었는데, 특히 규모의 경제와 기술의 경제를 달성한 선도 기업이 앞장서 수많은 협력업체들을 이끌며 산업생태계를 형성했기에 가능한 것이었다.

4차산업혁명을 실감나게 느끼도록 해준 AI 또한 오랜 동면AI winter을 마치고 기지개를 켜며 이제 챗GPT와 인공지능 로봇 그리고 그 하드웨어를 뒷받침하는 반도체 등과 함께 현생 인류를 미래 첨단 산업기술 기반 지식산업사회라는 신천지로 인도하고 있다. 하루 12시간 노동이 일상이던 농업사회에서 토마스 모어Thomas More가 꿈꾼 유토피아Utopia의 모습은 하루 6시간 노동으로 의식주를 해결할 수 있는 세상이었다. 그것은 산업기술이 이룩한 현대 산업사회의 모습과 놀라울 만큼 흡사한 것이다. 오늘날 우리가 꿈꾸는 이상향이 하루 3시간 노동으로 혹은 주 3일 근무로 의식주를 충분히 해결할 수 있는 세상이라면, 바로 그 유토피아가 첨단 산업기술을 통해 현실이 될 수 있다는 사실을 믿어 의심할 여지가 없다. 첨단 산업기술에 의한 4차산업혁명은 인류문명이 맞이할 두 번째 축복인 동시에 1차 대분기보다 훨씬 더 큰 2차 대분기를 예고하고 있다.

국익과 민생 위한 국가전략

앞서 말했듯이 이제 우리에게 남은 문제는 '어떻게' 첨단 산업기술을 발전시킬 것인가다. 1차산업혁명의 현장기술은 '개인의 노력'에 의해 개발되었고, 2차산업혁명의 과학과 기술의 결합이 '기업전략'으로 이룬 것이라고 하면 4차산업혁명의 미래 첨단 산업기술은 과연 어떻게 가능하게 할 수 있을 것인가? 〈월스트리트저널〉에 따르면 최근 챗GPT로 인공지능 열풍을 불러일으킨 오픈AI의 CEO 샘 올트먼은 삼성전자와 TSMC를 아우르는 국제적인 AI칩 네트워크에 5조 달러에서 7조 달러, 한화로 최대 9,000조 원이 넘는 규모의 거대 사업을 추진 중이라고 한다. 중동 산유국들 및 일본 소프트뱅크도 투자에 관심을 표명한 것으로 보도된 바 있다. 비록 이러한 규모에 못 미친다 하더라도 바이오산업, 수명연장, 양자컴퓨팅, 자율주행 차량 등등 첨단 산업기술의 개발은 그 거대한 규모뿐만 아니라, 국제협력을 위한 제도, 소재 부품 장비의 조달, 생산설비의 설치와 가동, 에너지와 용수의 공급 등 범국가적 차원의 '국가전략' 없이는 아무리 큰 대기업이라 하더라도 선뜻 나설 수 없는 엄청난 범위의 일이다. 과거 산업기술의 개발에도 국가가 직간접적으로 많은 영향을 끼친 것은 엄연한 사실이다. 하지만 이제 지식산업사회의 도래와 함께 첨단 산업기술의 진흥과 발전은 '국가전략' 없이는 아예 불가능한 시대가 도래했다.

첨단 산업기술에 의한 2차 대분기는 미국이 주도하는 세계질서는 물론 동북아시아의 국제관계를 근본적으로 재편하는 계기가 될 것이다. 현재 중국의 14억 인구와 일당독재 정부가 첨단 산업기술 굴기倔起에 매진하는 모습은 수나라, 당나라 백만대군이 천하통일을 위해 고구려로 밀려오던 때를 연상시킨다. 또 일본이 선진 산업기술과 소부장산업의 압도적 우위를 기반으로 반도체 배터리 등 첨단 기술산업에 집중 투자하는 것은 대륙정벌을 꿈꾸던 도요토미 히데요시가 임진왜란을 준비하던 때를 상기시킨다. 우리는 민족적 저력을 발휘해 수많은 국난을 슬기롭게 극복해왔지만 연개소문의 아들 연남생과 연정토의 내분으로 광활한 만주대륙을 잃어버렸고, 왜란 직전까지 당파싸움에 골몰한 결과 일본에 조선인 코무덤鼻塚이 남아있을 만큼 고초를 겪었다. 이 역사적 사건들은 민족사에 지울 수 없을 큰 오점으로 남았다. 이처럼 전시에 정치권력을 국가안보보다 우선한 잘못된 선택은 평상시 정치를 정책보다 우선함으로써 국익과 민생을 희생하는 것과 크게 다를 바 없다.

정치와 정책에 대한 올바른 이해를 기반으로 첨단 산업기술과 국가전략의 당위성에 대한 범사회적 합의가 이루어지고 국력이 결집될 때 비로소 한국이 진정한 선진국으로 거듭나고 자랑스러운 조국, 살기 좋은 나라를 후손들에게 물려주게 될 것이다.

청년 시절 가슴 깊이 고이 간직한 꿈을 찾아 학문의 세계로 들어선 이래, 의문이 꼬리를 물고 이론적 한계에 부딪힐 때마다 좌충우돌 학문의 경계를 넘나들며 보낸 세월이 반세기가 넘었다. 필자는 그 기나긴 인고의 세월을 통해 얻은 가장 중요한 성과를 대한민국을 이끌어가는 국가 지도자, 엘리트 지성인, 또는 뜻있는 시민 여러분과 함께 나누고 또 선진국 대한민국을 만들어나가기 위한 진지한 토론과 학습의 장을 열기 위해 이 책의 집필을 시도하게 되었다.

파트 1 총론에서 챕터 1은 첨단 산업기술의 중요성을, 챕터 2는 국가전략의 당위성을 문명사적으로 논증하였다. 챕터 2의 마지막 부분 강소국의 필승전략은 지피지기知彼知己의 관점에서 대한민국이 당면한 위기를 기회로 반전시킬 수 있는 실천적 전략을 제안한 것이다. 파트 2는 강소국의 필승전략을 과연 어떻게 현장에서 실제 구현

해낼 수 있을지를 보여주는 전술에 해당하는 각론이다. 이토록 다양한 분야에 각각의 구체적인 정책 제안을 단기간에 혼자 감당해내는 것은 능력 밖의 일이다. 그래서 학계와 산업계의 고명한 전문가들을 널리 수소문하여 집필을 의뢰했다. 파트 2, 챕터 3, 4, 5 각 장의 집필을 기꺼이 수락해주시고 열과 성을 다해 작업해주신 14분의 학자, 전문가 한 분 한 분에 감사의 마음을 전한다. 파트 2 각론에는 전문적이고 구체적인 정책이 제시되면서도 각 집필자의 주관적인 견해가 일부 포함되었다. 독자들은 관심 있는 주제 혹은 동의하는 정책부터 선택적으로 탐독해볼 수도 있을 것이다. 마지막으로 '잘 팔리는 책도 만들지만 보람 있는 책도 만든다.'는 쌤앤파커스 회장님의 출판철학이 있었기에 이 책이 더 나은 모습으로 독자 여러분을 만나게 되었다.

선진국 대한민국의 찬란한 새 역사가 시작되는 그 날이 오기까지 '전사는 전장에 뼈를 묻는다.'는 각오로 오늘도 책상머리에서 마음을 다잡는다.

관악 기슭을 떠나 남산을 바라보며
김태유

| 목차 |

프롤로그 _ 선승독식의 '2차 대분기'가 시작되었다 · 004

Part 1 첨단산업 국가전략이 미래를 바꾼다
: 기술패권 선승독식

Chapter 1 성공한 나라와 실패한 나라 · 020

산업혁명의 기회를 먼저 잡은 영국의 성공 · 023
기술과 기업을 외면한 조선의 실패 · 028
선택의 여지가 없었던 수출주도 산업화 '한강의 기적' · 034
중진국으로의 성장 발판을 만든 적자수출의 비밀 · 039
치열한 경쟁을 유도해 단기간에 알짜 기업을 키우다 · 043
산업화와 민주화의 선순환에 실패해 멈춰버린 한국 · 048
피크 코리아, 한국은 과연 끝났는가? · 057
첨단기술 선점, 이모작 사회로 인구 감소를 대비하라 · 062
풀리지 않는 고르디우스의 매듭은 없다 · 066

Chapter 2 왜 국가전략인가? · 074

확대재생산을 이끄는 내생적 성장이 먼저 · 076
후발국은 어떻게 선진국을 추격하고 추월하는가? · 086
왜 선진국이 주도하는 경제질서에 순응할 수밖에 없는가? · 094
워싱턴 컨센서스와 시카고 보이즈 · 102
선진국의 사다리 걷어차기에 넛크래커가 된 한국 경제 · 107
강소국의 필승전략 1. 과점패권 전략 · 120
강소국의 필승전략 2. 초격차 전략 · 124
강소국의 필승전략 3. 첨단 산업기술 올인 전략 · 129

Part 2 어떻게 선도할 것인가?
: 첨단산업 국가전략 과제

Chapter 3 과점패권 전략 · 140

외국인투자, 리쇼어링, 어떻게 활성화할까? · 141
공급망 이슈, 과도한 공포감보다 민관 분업이 먼저다 · 150
전략적 해외 기술협력, 경제안보의 복합적 관점을 가져라 · 157
과점패권 전략의 완성은 경제 안보의 충분조건이다 · 172
기술과 인재의 유출, 국가경쟁력이 줄줄 새어나간다 · 183

Chapter 4 초격차 전략 · 196

금산분리 개선, 투자규제 재정비가 민간투자를 살린다 · 197
지역투자 인센티브는 왜 작동하지 않는가? · 217
멈춰버린 인프라 정책부터 RE100 대응까지 · 235
첨단기술 인재, 산업과 교육 현장의 미스매치 어떻게 해소하나? · 253
글로벌 인재 전쟁, 해외 우수인재는 왜 한국을 외면하나? · 264

Chapter 5 첨단 산업기술 올인 전략 · 273

첨단 전략산업 투자 생태계에 대한 이해 · 274
첨단산업 선진국은 어떤 지원을 어떻게 했나? · 287
해외정책 벤치마킹해 대규모 인내자본을 만들자 · 293
과감하고 선제적인 자금지원이 적기 투자를 유도한다 · 301
국가의 명운, 국가재정의 전략적 배분에 달렸다 · 312

에필로그 _ 불사조 효과, 더 빠르게 과감하게 베팅하라 · 320
주석 · 324
저자 소개 · 326

Part 1

첨단산업
국가전략이
미래를 바꾼다

: 기술패권 선승독식

Chapter
1

성공한 나라와
실패한 나라

─────────── 과거 제국주의 시대에 성공한 나라는 강대국이었고 실패한 나라는 약소국이었다. 근현대적 의미의 성공한 나라와 실패한 나라를 간명하게 정의하기는 매우 어렵다. 성공과 실패는 그 기준이 매우 다양하고 또 주관적인 판단일 수도 있기 때문이다. 그러나 누구나 수긍할 만한 성공한 나라의 공통적인 특성을 찾아내는 일은 그리 어렵지 않다.

첫째는 국민의 삶의 질을 결정하는 '경제적 번영'이고, 둘째는 국가안보와 정치참여가 보장되는 '정치적 안정', 그리고 셋째는 자유와 평등의 기회가 제공되는 '사회적 공정'으로 정리할 수 있다. 이 3가지 조건이 충족된 성공한 나라를 '선진국'이라 하고 그 반대되는 실패한 나라를 '후진국'이라 할 수 있다. 종합적으로 국민이 행복한 선진 강대국은 성공한 나라이고, 국민이 불행한 후진 약소국은 실패한 나라인 셈이다.

그렇다면 도대체 국민의 행복과 불행을, 그리고 국가의 성공과 실패를 결정하는 가장 핵심적인 요소는 무엇일까? 지난 역사를 되돌아보며 성공사례와 실패사례에서 그 해답의 실마리를 찾아보자.

인류 역사를 통하여 로마제국, 몽골제국 등 강대국은 많이 있었지만 근현대적 의미의 선진 강대국이라면 단연 영국을 첫손가락에 꼽을 수 있다. '팍스 브리태니카 Pax Britannica'는 라틴어로 '영국에 의한 평화'라는 뜻이다. 이는 대서양과 인도양 등의 해상 무역로를 실질적으로 장악한 영국 세력에 의해 국제관계가 상대적인 평화를 유지했던 시기(1815~1914년)를 의미한다. 칼레해전(1588년)에서 스페인의 무적함대를 무찌르고 트라팔가해전(1805년)에서 나폴레옹함대를 격멸한 후 제해권을 장악한 영국은 전 세계에 식민지를 확보하여 '해가 지지 않는 나라'로 불렸다. 당시 빅토리아 여왕(1819~1901년) 치세에 영국의 국력은 절정에 달했다.

7년에 걸친 전쟁으로 1783년 미국이 독립한 것에 대해, 대항해시대 영국 패권의 쇠퇴를 상징하는 사건이 아닐까 하는 우려도 있었다. 그러나 주춤하던 대영제국은 산업혁명을 통해 더욱 강력한 선진 강대국으로 화려하게 부활한다. 농업사회의 전근대적 강대국 영국이 근현대적 선진 강대국 영국으로 거듭난 것이다. 근현대의 특징과 가치라고 할 수 있는 개인의식과 자본주의, 시민사회의 성립, 민주주의, 합리화와 과학화, 산업화 등이 모두 팍스 브리태니카를 대표하는 빅토리아 시대(1837~1901년)에 본격적으로 싹트기 시작했다. 그 모든 변화와 발전의 원동력은 산업기술에 기반한 산업혁명으로부터 추동된 것이었다.

산업혁명의 기회를 먼저 잡은
영국의 성공

영국의 산업혁명을 '직물혁명'이라고도 부른다. 제임스 와트가 1780년에 발명한 증기기관이 리처드 아크라이트Richard Arkwright가 1769년에 발명한 방적기와 결합하면서 직물생산에 일대 혁신이 일어났기 때문이다. 영국의 직물산업은 18세기 초 당시 유럽 비단 직조의 중심이었던 이탈리아 도시국가에서 도입한 직조기술로부터 시작되었다.

토머스 롬브와 존 롬브 형제Thomas & John Lombe가 1716년 이탈리아 볼로냐 지방을 방문하여 실크 직조 기계를 조사, 연구했는데 이들은 비단 직조기술과 공장 도면을 빼돌렸다는 의혹을 받았다. 1718년 토머스 롬브가 영국에서 특허를 취득했고, 1722년 비단 직조 공장이 완공되었는데 당시 세계에서 가장 기계화된 공장이었다고 한다. 하지만 같은 해 존 롬브가 갑자기 사망한다(롬브 형제를 산업스파이로 간주한 사르디니아 왕이 그들을 죽이기 위해 여성 암살자를 영국으로 보냈고, 그녀에 의해 존 롬브가 독살되었다는 설도 있다). 이탈리아에서 도입한 비단 직조기술은 영국 섬유산업 발전에 크게 기여했으며 직물혁명을 촉발한 기본 동력이 되었다.

그러나 영국의 산업혁명은 제임스 와트가 증기기관 상용화에 성공함으로써 비로소 완성될 수 있었다. 글래스고대학에서 토머스 뉴커먼Thomas Newcomen의 증기기관을 수리하던 와트는 증기를 실린더가 아닌 별도의 응축기에서 압축시킴으로써 증기기관의 효율을 획기적으로 높일 수 있다는 점에 착안했다. 1769년 '화력기관에서 증기와 연료의 소모를 줄이는 새롭게 고안된 방법'으로 특허를 취득하고 사업을 시작했지만, 기술적 한계와 자본 부족으로 도산하기에 이르렀다.

때마침 제임스 와트는 성공한 사업가 매튜 볼턴Matthew Boulton과 '볼턴앤드와트Boulton&Watt'를 설립하기로 하고, 1775년 영국 의회에 특허 기간 연장을 청원해 1800년까지 총 31년간 독점권을 보장받게 되었다. 당시 일반적인 특허 보호 기간은 14년이었는데, 이들이 얻어낸 31년은 매우 불공정한 특혜였다(윤리적·도덕적인 면은 물론이고 대중의 일반적인 상식 등 어떤 기준으로 보아도 불공정했다). 그러나 이러한 특혜가 있었기에 비로소 와트의 증기기관이 상용화될 수 있었고 영국에서 세계 최초로 산업혁명이 일어나 팍스 브리태니카 시대를 열 수 있었다.

이처럼 대영제국의 위대함은 기술 발전과 기업 육성을 기존의 어떤 사회적 가치보다 우선시한 과감한 결정으로부터 시작되었다. 민주주의 사회의 기본가치라고 하는 자유freedom, 평등equality, 박애brotherhood가 실현된 선진국은 예외 없이 모두 산업혁명에 성공한 나라이며, 산업화되지 않고 자유, 평등, 박애가 실현된 나라는 지구상에 단 한 나라도 없다.

사실 증기기관의 원천기술은 프랑스의 물리학자이자 발명가인 드니 파팽Denis Papin(1647~1712년)에 의해 처음 개발되었다. 이것이 영국에서 토머스 뉴커먼을 거쳐 제임스 와트의 증기기관으로 진화한 것이다. 드니 파팽은 위그노(신교도)였는데, 루이 14세의 낭트 칙령 폐지로 위그노가 프랑스에서 추방되자 그 역시 독일로 건너갔다. 드니 파팽은 독일에서 1705년 세계 최초로 증기기관을 이용한 동력선을 만들었다. 그리고 독일의 풀다강을 따라 베저강까지 항해를 시도했다. 하지만 당시 독점권을 가진 사공 길드조합은 증기선으로 인해 뱃사공의 일자리가 없어질까 봐 두려워했다. 결국 독일 정부 당국의 방조 하에 뱃사공들이 증기선을 부수고 증기 엔진을 파괴해 파펭의 증기기관 개발은 실패로 끝나고 말았다. 이 일은 와트가 영국에서 증기기관 특허를 취득하기 64년 전의 일이다.

물론 '역사에 만약은 없다.'고 하지만, 그래도 만약 파펭의 증기선이 성공하여 영국보다 먼저 독일에서 산업혁명이 일어났더라면 근대 유럽의 역사적 명암이 과연 어떻게 바뀌었을지 상상해보지 않을 수 없다. 1, 2차세계대전처럼 무기 등 군수물자의 생산 기술이 전쟁의 승패를 좌우하는 산업사회의 전쟁에서, 선발 산업국 영국이 연승하고 후발 산업국 독일이 연패한 것을 결코 우연이라고만은 할 수 없을 것이다.

독일은 프로이센 시절 프리드리히 빌헬름 제후의 포츠담 칙령으로 프랑스 발도파 Waldensians(프랑스 남부에서 시작된 기독교 종파) 기업인과 기술자들에게 파격적 특혜를 주어 대거 영입하는 등 뒤늦게나마 산업화를 맹렬히 추진했다. 비스마르크 재상의 철혈정책으로 국력이 신장된 프러시아는 보불전쟁(1870~1871년)에서 승리하며 베르사유 궁전에서 독일제국의 수립을 선포했다. 1913년경 1차세계대전 직전 독일의 국내총생산은 2,323억 달러로 2,246억 달러의 영국을 근소한 차이로나마 앞서기도 했다. 그러나 선발 산업국 영국의 국력이 미국으로 대거 분산되었던 사실을 감안할 때, 후발 산업국 독일이 선발 산업국 영국을 앞설 수 있었던 것은 아니다.

이처럼 독일은 굴러들어온 첨단 산업기술을 방치 혹은 파괴해서 먼저 온 산업혁명의 기회를 놓쳤다. 반면 영국은 목숨 걸고 도입한 첨단 산업기술을 특혜까지 베풀어 보호하고 육성함으로써 늦게 온 산업혁명의 기회를 쟁취했다. 이 두 나라를 주역으로 한 근대사의 명암이 AI 등 첨단 산업기술 기반의 4차산업혁명을 맞이한 우리에게 시사하는 바가 크다.

영국의 성공에 정반대되는 사례를 찾는 것은 매우 쉬운 일인 것처럼 보인다. 성공사례는 적고 실패사례는 많은 것이 세상의 법칙이기 때문이다. 그러나 꼭 성공할 수 있었는데 실패를 자초한 사례로, 영국이 성공하는 과정을 정반대로 밟아온 실패사례는 결코 흔치 않을 것이다. 그런데 꼭 그런 사례가 있다. 그것이 바로 우리 역사에 천추의 한으로 남은 조선의 실패사례다.

기술과 기업을 외면한
조선의 실패

●
○

위화도 회군으로 군권을 장악한 이성계는 신진사대부를 등용하여 주자학을 기반으로 한 유교적 이상 정치를 실현하려 했다. 중국 송나라의 주자학을 문자 그대로 복제하여 건국이념을 급조하다 보니 논리적인 분석Thesis, 正으로 모순을 찾아내고Antithesis, 反 또 해결하는Synthesis, 合 변증법적 발전과정을 거칠 여유도 또 그럴 생각도 없었다. 주자학에 대한 맹신은 사대주의, 문치주의文治主義와 결합함으로써 더욱 강고해졌다.

송태조 조광윤(960~976년 재위)은 국내 변방 세력의 반란을 미연에 방지하고자 황제에 대한 무조건적 충성이론, 즉 주자학적 위계질서에 세뇌된 문관을 과거제도를 통해 등용하여 지방관으로 파견하였다. 문관이 지방관으로 파견된 국경지역은 반란을 꾀할 만큼 강력한 군사력을 갖출 수 없었고, 동시에 외적의 침략을 격퇴할 만한 힘도 없었다. 결국 송나라는 서하西夏, 요나라, 금나라에 계속 조공을 바쳐서 국체를 근근이 유지했다.

송나라의 주자학과 문치주의를 맹신하고 복제한 조선이 임진왜란, 병자호란 등 외침에 끊임없이 시달리고 결국 제국주의 시대의 희생양으로 전락한 것은 어쩌면 피할 수 없는 귀결이었는지도 모른다. 왜냐하면 국가안보는 군사력이고 군사력의 기반은 경제와 기술인데, 이론상 정말 그럴듯한 주자학적 이상 정치는 문치주의와 함께 경제와 기술에 대한 사회적 폄하와 국가적 방기abandon를 초래했기 때문이다. 경제와 기술을 돌보지 않는 것은 빈곤과 외침을 자초하는 것이며, 그 가장 큰 피해자는 결국 국민 대중이다. 이런 현상을 극명하게 보여주는 사례가 조선에 있었다.

1526년 시네마현 이와미에서 대규모 은광이 발견되었지만, 당시 일본에는 은 제련 기술이 없었다. 이와미 광산의 기록에 의하면 1533년 경수慶壽와 종단宗丹이라는 기술자를 초청하여 '회취법灰吹法'을 도입한 결과 비로소 대규모 은 생산이 가능해졌다고 한다. 17세기 초 일본은 세계 은 생산량의 1/3을 차지했다.

《조선왕조실록》〈연산군일기〉에 의하면 1503년 양인 김감불金甘佛과 노비 김검동金儉同이 납으로 은을 불려 바치며 아뢰기를 "납 1근으로 은 2돈을 불릴 수 있는데, 납은 우리나라에서 나는 것이니 이제 은을 넉넉히 쓸 수 있게 되었습니다." 하였다. 이것을 '연은분리법' 또는 '회취법'이라고 불렀다. 이 획기적 기술은 실학자 이규경의 《오주서종五洲書種》에 자세히 소개되어 있다.

1516년 중종은 연산군 때 사치 풍조를 다시 조장할 수 있다는 이유를 내세워 은광 채굴을 금지했다. 1539년에 일본에 은 제련 기술을 유출한 자를 처벌해달라는 상소도 있었다. 이러한 역사적 사실 등으로 미루어볼 때, 일본을 세계적인 은 생산국으로 만들어준 것은 조선의 독보적인 은 제련 기술 '연은분리법'이었다. 그리고 이것은 임진왜란이 일어나기 60년 전에 일어난 일이었다. 일본의 전국시대를 통일한 도요토미 히데요시는 이와미 광산을 막부 직할로 두고 은을 대량 생산해서 임진왜란을 일으킬 막대한 전쟁 비용을 조달할 수 있었던 것이다.

국내에서 개발된 첨단 산업기술을 방치하고 금지해 외침을 자초한 조선, 수단과 방법을 가리지 않고 도입한 첨단 산업기술을 보호하고 육성해 부국강병의 기반으로 삼아 대륙정벌을 꿈꾼 일본, 이 같은 역사적 교훈에도 불구하고 조선은 서구의 산업기술 문명을 배척하여 결국 일제강점이라는 치욕과 고난을 초래하고 말았던 것이다.

일본으로 건너간 조선의 은 제련 기술의 활약은 임진왜란으로 끝나지 않았다. 당시 쇄국정책으로 서구문물의 유입을 철저히 금지하던 일본 막부였지만, 은을 수출해야 했기 때문에 1636년 나가사키의 인공섬 데지마를 만들어 네덜란드의 연합 동인도회사voc와 교역했다. 일본에 조총을 전해준 포르투갈 등 여타 유럽국은 선교를 고집하는 탓에 막부에 의해 교역에서 배제되었다. 하지만 그 가운데 일본은 서양에 은 수출과 함께 임진왜란 때 포로로 데리고 온 조선 도공의 후예가 만든 도자기도 수출하고, 후추 등 향신료를 수입해 조선 등에 재수출하기도 했다.

그런데 일본이 데지마에서 얻은 무역 이상의 더 큰 소득은 따로 있었다. 바로 1만여 권의 귀중한 서양 서적을 들여왔다는 사실이다. 그로 인하여 일본에 난학蘭學이 유행하고 서양의 의학, 조선술 등 다양한 분야의 학문과 기술이 유입되었다. 또 신임 상관장이 쇼군에게 바치는 국제정보 보고서인 〈네덜란드 풍설서〉를 통해 일본은 세계 정세도 상당히 자세하게 파악할 수 있었다. 실제로 1854년 개항 당시 일본에는 네덜란드어를 구사할 수 있는 인력이 수백 명에 달했다고 한다. 이것이 일본이 메이지유신과 성공적인 산업화로 단기간에 큰 저항 없이 구미 열강과 견줄 만한 제국으로 성장하고, 감히 대동

아공영권大東亞共榮圈이라는 원대한 야망까지 품을 수 있게 된 결정적인 계기였던 것이다.

조선의 은 제련 기술은 이와미 은광에서 도요토미 히데요시의 군자금이 되었고, 그 자금을 발판으로 일본은 임진왜란으로 조선을 침략했다. 반면 일본은 데지마에서 바로 그 은 제련 기술로 생산한 은을 수출하면서 난학을 받아들였고, 난학이 대중의 유행으로 퍼지면서 일본 사람들은 점점 서양 문물에 익숙해졌다. 덕분에 메이지유신을 성공시키고 산업화를 순조롭게 이루어냈다. 그리고 부국강병에 성공한 일제는 또다시 조선을 침탈, 합병하기에 이른 것이다.

물론 조선의 은 제련 기술 덕분에 일본이 메이지유신에 성공했다고 단언한다면 그것은 상당히 심한 논리적 비약이라는 비판을 면할 수 없을 것이다. 그러나 일본은 산업혁명의 진앙지인 영국, 서유럽과는 거의 지구 반대편에 가까울 만큼 멀리 떨어져 있고, 문화적·제도적 전통도 완전히 다르다. 그런데 어떻게 일본이 그렇게 단기간에 서구식 근대국가 수립과 산업화에 경이적인 성공을 거둘 수 있었을까? 그 이유를 다른 아시아 국가에는 없고 유독 일본에만 있었던 '난학 붐'에서 찾는 학자들이 많다. 일본의 메이지유신과 산업화에 가장 큰 영향을 끼친 지식인 후쿠자와 유키치도 처음 난학을 통하여 서구 선진문물에 접할 수 있었으며 그가 연 '난학숙'이 게이오대학교로 발전하였다. 이처럼 난학자들에 의해 근대화에 대한 각성이 처음 싹트기 시작했고, 덕분에 일본인들이 서양의 앞선 문물과 산업기술을 거부감 없이 적극적으로 수용하는 계기가 되었다. 그리고 이는 메이지유신 성공에 결정적인 영향을 미치게 된다.

세계사적으로 보면 기술과 기업을 육성하기 위해서 수단과 방법을 가리지 않았던 영국은 가장 성공한 나라로서 행복과 영광을 후손에게 물려주었고, 반대로 기술과 기업을 폄하하고 외면했던 조선은 가장 실패한 나라로서 불행과 치욕을 남겼다. 유럽에서 영국의 승리와 독일의 패배 그리고 동북아에서 일제의 승리와 조선의 패배 또한 기술과 기업의 성공과 실패로부터 비롯된 것이었다. 기술과 기업이 국가발전과 국민 행복의 기반이라는 사실은 만고불변의 진리인 셈이다.

선택의 여지가 없었던
수출주도 산업화 '한강의 기적'

●
○

일제의 침탈과 한국전쟁을 겪으면서 한국은 세계에서 가장 가난한 나라로 전락했다. 1953년 1인당 국민소득은 67달러로 태국과 필리핀의 절반 이하이고 아프리카 가나에도 못 미쳤다. 당시 정부 예산의 23%에 달하는 미국의 원조로 겨우 일상을 유지할 수 있었다. 강화도 화문석과 한산모시를 대표 수출 상품으로 꼽던 시절이니 제조업과 기간산업key industry의 성장은 꿈꾸기조차 힘든 형편이었다.

당시 국제기구와 선진국 경제학자들은 한국이 '비교우위 산업육성'을 통해 경제를 재건하고 발전시켜야 한다고 조언했다. 한국의 학자 대다수도 그렇게 생각했다. 이승만 대통령의 토지개혁이 성공해 자영농 체제가 정착되었기에 농업을 기반으로 한 비교우위 산업을 찾아야 했다. 또 잠재 실업률이 매우 높았기에 '노동집약적 비교우위 산업'을 선택해야 했다.

그러나 박정희 대통령의 제3공화국은 생각이 달랐다. 대한민국은 더이상 기술과 기업을 폄하하고 외면하는 조선이 아니었다. 1961년 발표한 '1차 경제개발 5개년 계획'은 농업 기반 또는 노동집약 경공업 주도의 경제발전보다는 중화학공업 기반의 급격한 산업화를 추구하는 계획이었다. 이것은 전체 인구의 80% 이상이 농업에 종사하던 당시의 상황으로는 매우 파격적이고 위험한 결정이었다. 이런 계획에 동의할 수 없었던 미국과 국제기구는 재정지원을 중단하겠다며 위협하기도 했다.

결국 이듬해 종합제철소 계획을 백지화하는 등 노동집약 경공업 육성 쪽으로 1차 경제개발 5개년 계획을 수정, 발표했다. 그리고 나서 미국, 일본, 독일 등 9개 선진국과 국제통화기금IMF, 유엔개발계획UNDP 등으로 구성된 차관협의단, 즉 대한국제경제협의체IECOK의 지원으로 국제 금융기구로부터 경제개발 자금을 도입할 수 있었다.

1964년 한국은 서독에 광부와 간호사를 파견하는 조건으로 4,000만 달러의 차관을 받았고, 그들이 고국에 송금한 외화는 연간 5,000만 달러로 당시 국내총생산GDP의 2%에 달했다. 1965년 한국 정부는 일본에 대한 굴욕 외교를 감수하면서까지 대일청구권자금으로 무상 3억 달러와 차관 2억 달러, 총 5억 달러의 자금을 확보했다. 그리고 1964년부터 9년간 베트남전쟁에 연인원 32만 명의 병력을 파견했고, 그들의 목숨을 담보로 벌어들인 돈이 50억 달러 상당의 외화수입 효과를 거둔 것으로 나타났다. 이렇게 피와 땀의 대가로 어렵사리 벌어들인 돈으로 1972년 드디어 3차 경제개발 5개년계획인 본격적인 중화학공업 육성에 나설 수 있었다.

이때 한국 정부는 중화학공업의 급격한 추진을 위해 정치적·사회적으로 무리수를 두지 않을 수 없었다. 제임스 와트의 증기기관 특허를 연장하여 31년간이나 보호해 세계 최초로 산업혁명을 일으킨 영국 의회나, 농지세를 대거 징수해 설립한 나가사키 조선 등을 헐값으로 미쓰비시에 불하하는 등 대기업 육성을 통해 산업화에 성공한 메이지 정부에 비해서도 결코 뒤지지 않을 만큼 기술과 기업 육성에 진심이었기 때문이다. 실패했던 나라 조선이 뒤늦게나마 성공하는 나라 대한민국으로 거듭나기 시작한 것이다. 선진국을 뒤쫓기에 급급했던 후발국 한국이 오늘날 앞서가는 선도국 그룹에 합류할수 있도록 만든 건 '산업화는 늦었지만 정보화는 앞서가자.'는 구호하에 3차산업혁명을 이끈 김대중 대통령의 국민의 정부였다. 이제우리가 할 일은 산업화와 정보화의 성공을 기반으로 4차산업혁명을 완성하는 것이다.

현재 지구상에 약 200여 개의 나라가 존재한다. 산업화에 성공한 소수의 선진국을 제외하고는 대부분의 나라가 개도국으로 분류된다. 그들은 산업화를 시도하지 않은 것이 아니라 산업화에 성공하지 못한 것이다. 한국이 산업화에 성공하는 길은 어느 나라보다도 험난했다. 많은 개도국들이 농업 생산량이 많거나 지하자원이라도 풍부하다. 그래서 초기에는 농산품이나 지하자원을 수출해 확보한 달러로 기술과 자재를 수입하여 산업화를 시도할 수 있다. 거의 모든 개도국의 산업화는 국제경쟁을 하지 않아도 되는, 손쉬운 '수입대체 산업화'로 시작되었다.

하지만 한국은 주식인 쌀조차도 자급하지 못했고, 석유 한 방울 나지 않는 자원 빈국이었다. 산업화하려면 선진국에서 기술과 자재를 도입해와야 하는데, 한국은 돈이 없으니 차관을 들여와야 했다. 그리고 차관을 들여와서 만든 그 상품을 바로 수출해서 빚을 상환해야 했다. 그러니 당장 국제시장에서 치열하게 경쟁하지 않을 수 없는 '수출주도 산업화'를 할 수밖에 없었다.

선진국이 최신 기술이나 자재를 한국에 줄 리도 없고, 준다 한들 선진국보다 생산역량도 마케팅 능력도 떨어지는 한국이 그 상품을 국제시장에 수출하여 수지타산을 맞출 수 있을까? 사실상 불가능한 일이다. 이것은 가히 진퇴양난의 위기라 해도 과언이 아니었다. 그런데 한국은 1차 경제개발 5개년 계획을 시작한 1961년부터 중화학공업을 육성하는 3차 5개년 계획이 끝난 다음 해인 1977년까지 경이로운 기적을 만들어냈다. 수출은 3,800만 달러에서 100억 4,800만 달러로 264배(무역협회), 국민 1인당 소득은 94달러에서 1,056달러로 11배, GDP는 24억 1,800만 달러에서 384억 4,600만 달러로 16배나 증가했다(세계은행 통계 참조). 도대체 한국은 어떻게 이런 경이적인 성공을 이룰 수 있었을까? 한강의 기적, 불가능을 가능케 한 국가전략, 그 뒤에 숨겨진 비밀을 한번 파헤쳐보자.

중진국으로의 성장 발판을 만든
적자수출의 비밀

●
○

1977년 12월 22일, 서울 장충체육관에서 열린 제14회 수출의 날 기념식에서 박정희 대통령은 "그동안 우리 국민 여러분이 허리띠를 졸라매고 오직 부강한 조국을 건설하는 데 매진해왔다."라고 하며 수출 100억 달러 달성을 감격스러워했다. 하지만 정부가 수출목표를 정하고 원가에도 못 미치는 헐값으로 수출한 100억 달러가 모두 국부유출의 결과가 아닐까 하는 우려와 비판이 난무했다. '물러가라 매판자본, 박살 내자 매판자본'은 학생 데모 때마다 등장하는 적자수출에 대한 비판 구호였다.[1]

그러나 한국 경제는 1978년 2차 석유파동을 거뜬히 견뎌냈고, 1988년 서울올림픽도 성공적으로 치르는 등 세계가 인정하는 견실한 경제성장을 지속하고 있었다. 제 몸을 상하게 하면서까지 더 큰 목적을 달성하는 것을 '고육책苦肉策'이라고 한다. 만약 적자수출이 고육책이었다면, 그것이 과연 어떻게 가능했을까?

1차산업혁명의 필수 기간산업은 섬유산업이다. 영국, 미국 등 모든 성공한 나라의 산업혁명은 섬유산업으로 시작했다. 한국도 마찬가지였다. 그러나 한국의 섬유산업은 이윤은커녕 생산원가로 수출하는 것조차 불가능한 것이 현실이었다. 우리는 이 문제를 과연 어떻게 해결했을까?

섬유제품의 원가는 실을 뽑는 데서부터 완제품을 만드는 데까지 약 60% 정도가 누적 인건비로 이루어져 있다. 예컨대 한국에서 인건비 600달러, 재료비와 설비비 400달러를 투자해 원가 1,000달러의 섬유제품을 만들었다고 가정해보자. 국제시장에서는 원가 1,000달러에도 팔리지 않는다. 선진국이 훨씬 앞선 기술로 더 경쟁력 있는 좋은 상품을 만들기 때문이다.

그러나 원가 이하인 900달러에는 수출이 가능하다. 그러면 원재료비와 설비비 400달러를 차감해도 인건비 중 500달러가 외환으로 유입된다. 비록 적자수출일지언정 수출만 할 수 있으면 외환이 들어

온다는 뜻이다. 이 외환으로 다시 생산설비와 원자재를 수입하여 산업화를 지속적으로 추진할 수 있었다. 적자수출을 시작한 이후로 한국의 고용률이 올라가기 시작했다. 청년 실업률이 급격히 감소하고 농촌에서 만연하던 잠재실업이 자취를 감추었다.

1960년대 전형적인 농업사회였던 한국에는 통계상 농민으로 집계되어 있지만 실제 잠재실업disguised unemployment 상태에 있는 청년들이 매우 많았다. 그래서 농촌의 젊은이들이 마산, 창원, 여천 등 공단으로 직장을 찾아 대거 이주해도 농산물 수확이 크게 줄지 않았다. 만일 급조한 공업단지가 농촌의 젊은이들을 고용하지 않았다면 그들은 계속 잠재 실업자로 남아 있었을 것이다. 그리고 그들이 매

[그림1] 적자수출과 외환유입의 구조

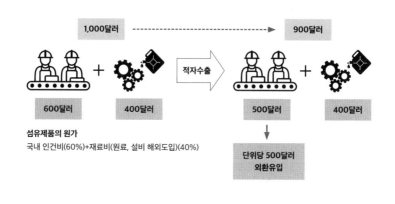

1,000달러 ----------→ 900달러

600달러 + 400달러 　적자수출　 500달러 + 400달러

섬유제품의 원가
국내 인건비(60%)+재료비(원료, 설비 해외도입)(40%)

단위당 500달러 외환유입

달 받은 월급, 즉 섬유산업 사례에서의 누적 인건비 600달러도 아예 없었을 것이었다. 결과적으로 적자수출은 시간이 지나면 소멸하고 말 실업자의 노동력을 현금, 즉 달러로 바꿔준 마술과도 같은 것이었다.

그러나 기업의 사정은 달랐다. 국가는 출혈수출로 외환을 확보할 수 있었지만 기업은 원가 1,000달러인 상품을 900달러에 적자수출 하다 보니 단위당 100달러씩 손실이 났다. 결손이 계속되면 기업은 유지될 수가 없다. 그래서 정부는 기업이 적자수출로 입은 손실을 국내에서 충당해주는 방법을 찾기 시작했다. 만약 정부가, 수출품과 동일한 제품을 국내에선 1,200달러에 팔 수 있도록 해준다면 수출에서 100달러씩 손해 볼 때마다 국내에서 200달러씩 이익이 난다. 그러면 예컨대 국내와 국외에서 같은 수량을 판매한다고 가정했을 때 기업은 생산원가를 모두 회수하고도 수출 단위당 100달러씩 이윤을 낼 수 있다.

그래서 당시 정부는 값비싼 국산품을 쓰게 하려고 선진국 제품에 고액의 관세를 부과하거나 아예 수입을 금지했다. 그래서 당시 일제 TV나 미제 자동차 등의 수입이 금지된 것이다. 값이 비싸도 국산제품을 쓰도록 강제한 것이었다. 덕분에 기업은 적자수출의 손실을 국내에서 충당하면서 당분간 성장의 발판을 마련할 수 있었다.

치열한 경쟁을 유도해
단기간에 알짜 기업을 키우다

●
○

1981년 11월 24일 자 〈동아일보〉의 '헐값 출혈수출'이라는 기사에 따르면, 당시 컬러 TV는 제조원가가 253달러인데 수출가격은 180달러, 국내 소비자가격은 437달러였다. 냉장고는 제조원가 210달러, 수출 165달러, 내수 370달러. 소형 승용차는 제조원가 4,215달러에 수출 2,800달러, 내수 5,270달러란다. 정말 기가 막힐 노릇이 아닌가.

그런데 자세히 들여다보면 우리가 선진국에 적자수출한 제품, 즉 '국산품 애용'을 강요한 제품은 고급 섬유제품이나 냉장고, 컬러 TV, 포니 자동차 등 당시 평범한 사람들의 생활 수준으로는 대단한 사치품이었다. 서민 대중의 의식주에 관련된 생필품이 아니었다. 수입 사치품을 쓰던 일부 부유층에게 수입품보다 더 비싼 국산 사치품을 쓰도록 하여 적자수출의 적자를 모두 떠안도록 강요한 것이다. 그러면서 새로운 고부가가치 수출산업을 육성했고, 그로부터 외환을 확보해 무역수지를 개선할 수 있었다.

또 사회적으로는 고용을 대량 창출하여 중산층을 육성하고 동시에 부유층의 잉여 소비가 일반 대중에게 이전되는 부의 재분배까지 실현할 수 있었다. 그리고 장기적으로는 산업구조를 고도화하여 국가 경제를 선진화할 발판을 마련할 수 있었다.

그렇기는 해도 수출적자를 무한정 허용할 수는 없었다. 경제가 성장하면 임금도 오르는데 언제까지나 임금의 일부로 수출적자를 메워나가기를 반복할 수도 없는 노릇이다. 게다가 한국이 개도국 처지를 벗어감에 따라 WTO 체제가 강도 높은 수입관세나 수입제한을 더이상 허용하지 않을 것이었다. 한국은 제한된 기간 내에 하루빨리 산업기술 경쟁력을 확보해야만 했다.

당시 정부는 독점기업 한 곳에만 혜택을 준 것이 아니었다. 같은 산업군 내에서 가능성 있는 몇몇 기업에 동등한 혜택을 주고, 제한된 기간 내에 무한경쟁을 시켰다. 수출 가능성이 있는 전자 산업군에서는 럭키금성, 삼성전자, 아남전자, 대한전선, 대우전자, 삼보컴퓨터 등이 경쟁을 벌였다. 섬유 산업군(선경그룹, 제일모직, 쌍방울, 태화, 범표 등)도, 자동차 산업군(현대, 대우, 새한, 기아 등)도, 종합상사(대우, 국제, LG, 쌍용, 삼성물산, 현대, SK네트웍스 등)도 그렇게 동일한 산업군 내에서 치열한 경쟁을 벌이도록 유도했다.

만일 대부분의 개도국이나 공산주의 국가들처럼 특정 기업에만 독점적 특혜를 주었더라면 한국 산업은 결코 국제경쟁력을 확보하지 못했을 것이고, 적자수출의 늪에서도 벗어날 수 없었을 것이다. 정부는 산업군 내에서 치열한 경쟁을 통해 자생력을 갖춘 기업만이 살아남을 수 있도록 산업생태계를 유도했다. 적자생존의 경쟁이 얼

[그림2] 연도별 100대 기업 잔존율

(단위: 개 사)

1955년	1965년	1975년	1985년	1995년	2005년
100	13	12	9	11	7
	100	25	17	18	8
		100	38	29	20
			100	61	29
				100	47
					100

마나 치열했는지 시대별 100대 기업 잔존율을 보면 미루어 짐작할 수 있을 것이다.

[그림2]에서 보듯 50년 동안 100대 기업 안에 남은 기업은 단 7개 사밖에 없다. 30년 동안 20여 개 사, 그리고 10년 잔존율조차 채 절반이 되지 않는다.

대마불사大馬不死는 없었다. 대기업도 국제경쟁력을 확보하지 않으면 도산하고 말았다. 어쩌면 적자수출에 의존하던 급조된 신생기업이 국제경쟁력을 갖춘 세계적인 기업으로 성장한 것이 기적 중에 가장 큰 기적일지도 모른다. 적자생존의 법칙이 지배하는 정글과도 같은 국제시장에서 살아남기 위해 올바른 국가전략을 기반으로 기업가, 기술자 그리고 근로자 모두 제각기 사즉생의 각오로 최선을 다했을 것이다. 단시간 내에 기술을 자립하고 경영을 효율화함으로써 적자수출에 의존하던 후진국의 신생기업이 선진국의 유수 기업들과 경쟁할 수 있는 알짜 기업으로 성장하기 시작했다.

2023년 《포브스 글로벌 2000》에 랭크된 2,000개의 글로벌 기업 중 한국 기업은 총 58개였다. 삼성전자 14위, 현대자동차 104위, 기아자동차 256위, KB금융그룹 278위, SK하이닉스 279위, 포스코 299위, LG화학 339위…. 적자수출에 의존하던 후진국에서는 감히 상상조차 할 수 없었던 세계적 명품 기업들이다.

수출주도 산업화를 성공시킨 비밀은 적자수출이었다. 적자수출로 인한 기업 결손을 동일상품의 국내 판매 이윤으로 벌충하면서 국가경제와 수출기업의 동반성장을 가능케 했다. 그 과정에서 국내에 고용을 대거 창출하면서 산업군 내에서 치열한 경쟁을 유도해 첨단 산업기술을 확보하고 기업의 국제경쟁력을 키워낸 것 또한 기적 중의 기적이었다. 한국의 기업가, 기술자, 근로자들 모두 제각기 기적의 주역이었지만, 이 같은 민족적 저력을 발현시킨 것은 불가능을 가능케 한 그 담대한 국가전략이었다.

산업화와 민주화의 선순환에
실패해 멈춰버린 한국

●
○

영국을 필두로 서유럽과 북미 선진국들은 산업화와 민주화가 선순환하면서 선진국으로 발전해왔다. '한강의 기적'이라는 경이적인 산업화의 성공 이래 한국은 민주적 절차에 의해 정권이 교체되는 등 후발 산업국 중에서 민주화를 가장 성공적으로 이룬 사례로 거명되었다. 이처럼 산업화에 성공하고 민주화에 성공한 한국이 왜 선진화의 문턱을 넘지 못하고 '중진국의 함정middle-income trap'에 빠져들고 말았을까?

'중진국의 함정'이란 개발도상국이 경제발전 초기에는 순조롭게 성장하다가 중진국 단계에 이르러 경제성장이 장기간 둔화하고 정체된 상태를 가리킨다. 한국은 1인당 국민소득 기준으로는 중진국 수준을 넘어선 지 오래고, 2021년 유엔무역개발회의UNCTAD는 한국을 그룹A(아시아·아프리카)에서 그룹B(선진국)로 지위를 변경했다. 그러나 OECD 국가 중에서 자살율 1위, 노인빈곤율 1위, 저출산 1위 등의 사회 병리 현상들로 미루어볼 때, 한국을 명실상부한 선진국이라고 하기에는 아직 미흡한 상태다. 게다가 경제성장률의 대세 하락으로 2075년 한국경제 규모는 말레이시아나 필리핀보다도 뒤떨어질 것이란 골드만삭스의 예측이 중진국 함정에 대한 우려를 더욱 부추기고 있다.

선진국 사례에서 보듯, 선진화란 '산업화와 민주화의 선순환'이다. 산업화를 통해 중산층이 두텁게 형성되면 그 중산층이 정치적·사회적 민주화를 주도하고, 또 그들을 중심으로 자유경쟁 시장이 발전한다. 그리고 자유경쟁 시장에서 수요와 공급의 확대재생산을 통해 첨단 산업기술이 개발되고 경제가 성장하며 산업화가 한 단계 고도화된다.

고도화된 산업화가 다시 민주화를 고도화시키기를 반복함으로써 국가와 사회가 발전하고 국민의 삶의 질이 향상되는 것이 바로 선진화다. 그래서 지구상에 산업화에 성공하지 않고 민주화에 성공한 나라가 없고, 민주화에 성공하지 않고 선진화에 성공한 나라도 없다.

그런데 한국의 경우 일제강점기를 거치고 산업화가 늦은 탓에 선발 산업국들을 무리하게 추격해야만 했다. 그리고 그 과정에서 나타난 정치적·사회적 부작용들로 인해 산업화와 민주화가 선순환의 궤도를 이탈하고 있다.

선진화 발목 잡는 반기업 정서

농업국 조선에 기업이 처음 생긴 것은 산업화가 시작된 일제강점 기였다. 한반도로 건너온 일본인은 상공업에 종사했고 조선인들은 모두 농민이었다. 시간이 흐를수록 일본인들은 점점 더 부유해지고 조선인들은 점점 더 가난해질 수밖에 없었다. 이에 뜻있고 능력 있는 조선인들이 민족자본으로 동화약품, 한성은행, 경성방직, 유한양행, 삼성상회 등의 기업을 창업하여 기업인으로 변신하기 시작했다.

하지만 기업활동을 하기 위해서는 일제의 법과 규정을 따르지 않을 수 없었고, 자의든 타의든 일제와 여러 면에서 협력하지 않을 수 없었다. 그들이 있었기에 한국에 기업가 정신이 싹틀 수 있었고, 산업화에 성공하고 또 정보화 시대를 선도할 수 있었다. 일부 친일파를 제외하면 그들이 일본 제국주의 체제에 순응하고 협력한 일은 통상적인 기업활동의 범위를 크게 벗어나지 않았다. 그러나 일제와의 협력은 일반에 인식되기를 친일본 제국주의적 반민족 행위였기에,

이 땅에는 기업의 탄생과 함께 반기업 정서 또한 싹트기 시작했다.

한국의 본격적인 산업화는 제3공화국의 경제개발 5개년 계획으로부터 시작된다. 그때 우리가 농업만 계속했더라면 지금까지도 지구상에서 가장 가난한 나라로 남았을 것이다. 우리가 국제기구나 선발 산업국의 조언에 따라 비교우위가 있는 중소기업 기반 노동 집약 산업에만 집중했더라면, 한국은 아직도 세계 평균 개발도상국 수준을 크게 넘어서지 못했을 것이다. 이것은 선진국의 대기업 기반 규모의 경제와 기술의 경제에 의해 선발 산업국과 후발 산업국 간의 격차가 구조적으로 점점 더 커질 수밖에 없는, 가속하는 산업사회의 속성[2] 때문이다. 또 경제성장의 3대 요소라고 할 수 있는 자원, 기술, 자본 중 단 1가지 요소도 우리는 제대로 갖추지 못하고 있었기 때문이기도 하다. 이처럼 상대적으로 불리한 여건, 또 산업화에 절망적인 현실 상황을 극복할 수 있는 마지막 비상대책은 대기업 기반 첨단 기술산업 육성을 위한 강력한 국가전략이었다. 이것이 바로 '중화학공업 육성을 위한 경제개발 5개년 계획'이다.

'한강의 기적'이라는 성공적인 산업화의 첫 단계는 무엇이었을까? 국제경쟁력을 전혀 갖추지 못한 영세한 한국 기업을 국가가 전략적 차원에서 집중적으로 지원하는 등 특혜를 주는 것이다. 국가의 전폭적인 지원을 받은 기업은 경쟁력을 빠르게 키워 국제시장에서 일본과 같은 선진국 기업과 대등한 조건에서 경쟁할 수 있었다. 이것은 마치 태릉선수촌을 만들어 가능성 있는 체육 영재들에게 선진국 선수들과 대등한 훈련의 기회를 제공하는 등 특혜를 주어 태극전사로 육성하는 것과도 유사하다(과거에는 올림픽에서 금메달 하나 따는 것이 전 국민의 염원이었다). 그리고 이것은 영국, 미국, 독일, 일본 등 선진국들도 과거 후발국 시절 앞선 선진국을 추격하기 위해 국가전략으로 추진했던 산업기술 전략과도 같은 것이었다. 그런데 산업사회의 발전 과정에 대한 이해가 부족한 사람들이 이를 독재정권과 매판자본의 야합이라고 일방적으로 매도함으로써 한국 사회에 반기업 정서를 더욱 확산시킨 것이다.

영국의 명예혁명이든, 프랑스 대혁명이든 서유럽 선진국들의 민주화는 절대왕정의 무한 독재체제와 맞선 부르주아 혁명이었고 산업화 세력이 기반이 되어 쟁취한 것이었다. 그러나 한국의 민주화는 반독재를 지상목표로 하는 학생과 정치 지망생 등의 정치세력이 기반이 되어 쟁취한 것이었다. 선진국의 민주화 세력은 산업화 세력을 탄압하고 수탈하던 절대왕정 독재와 맞서 싸웠기 때문에 산업화 세력에 대해 우호적이었고 이 친기업 정서는 '산업화와 민주화의 선순환'을 가능케 했다. 그러나 한국의 민주화 세력은 산업화를 위해 기업에 특혜를 베풀던 독재정권과 맞서 싸웠기 때문에 산업화에 우호적인 입장이 아니었고, 그러다 보니 반기업 정서를 갖게 되어 산업화와 민주화가 선순환하지 못하게 되었다.

홍콩, 싱가포르 등 도시국가를 제외하면 2차세계대전 이후 선발 산업국에 버금가는 수준으로 산업화에 성공한 사례는 한국과 대만밖에 없다. 대만의 민주화 세력은 대만에 살던 본성인本省人을 기반으로 하고, 산업화 세력은 대륙에서 이주한 외성인外省人을 기반으로 한다. 3만 명 가까이 희생된 2·28사건(1947년 대만에서 벌어진 국민정부에 대한 반정부 봉기와 이에 대응한 국민정부가 비무장 반정부 시민들을 학살한 사건) 등으로 두 세력 간의 감정의 골이 매우 깊다. 그럼에도 대만의 민주화 세력이 친기업 정서를 갖게 된 것은, 중화인민공화국의 위협으로부터 자유민주 체제를 지키기 위해서는 첨단 산업기술에 기반한 경제력과 국방력을 확보해야 하기 때문이다. 유엔에서 퇴출되는 등 열악한 여건에서도 대만이 경제를 안정적으로 유지해온 것은 '산업화와 민주화의 선순환' 덕분이다. 2022년 대만은 1인당 국민소득에서 한국을 앞질렀고, 골드만삭스도 대만 경제의 견실한 성장세를 전망하고 있다.

국가전략으로 신세계 주역으로 도약해야

역사에 '도전과 응전'이라는 개념을 창안한 석학 아널드 토인비Arnold Toynbee는 "인류의 가장 큰 비극은 지나간 역사에서 아무런 교훈도 얻지 못하는 데 있다."라는 명언을 남겼다. 지금 우리가 지난 역사에서 얻어야 할 가장 중요한 교훈은, 산업화와 민주화가 선순환할 수 있도록 만들어야 한다는 사실이다. 그 첫 번째 방법은 지금 정치권에 있는 민주화 세력이 초심으로 돌아가서 열린 마음으로 치열한 학습과 토론을 통해 첨단 산업기술에 대한 문명사적 의미를 재확인하여 점점 더 첨예화하고 있는 국제경쟁의 틈바구니에서 이제 한국의 산업고도화에 앞장섬으로써 정치사회적 민주화를 또 한 단계 진전시키는 선진화의 주역으로 거듭나는 것이다. 두 번째 방법은, 그동안 독재정권으로부터 받은 특혜를 통해 국제경쟁력을 확보함으로써 국가와 사회에 보답했던 산업화 세력이, 이제 입법과 행정에 적극적으로 참여해 선진화를 성공시킴으로써 국가와 사회에 다시 한번 보답하는 것이다.

민주화 세력이든 산업화 세력이든 올바른 국가발전 원리를 국정에 반영하여 선진화를 위해 협력하는 것은 가치중립적인 정책 활동으로써 정치적 변절도 정치적 야욕도 아닌 우국충정일 따름이다. 민주사회에서 정치인은 물론이지만 기업인 또는 경제인들이 정책형성 과정에 적극적으로 기여하는 것은 본분을 벗어난 행위가 아니다. 정치인과 사회지도자들이 경제활동을 위해 가장 좋은 정책을 만들어줄 때까지 넋 놓고 기다리는 것이 오히려 더 무책임한 행위다. 영국, 미국 등에서 보듯 정치인과 경제인들이 의회에서 대외적으로는 국익을 극대화하고 대내적으로는 복지를 증진하는 등 정치와 경제가 견제와 타협을 통해 근현대적 선진 강대국으로 발전해온 것이 의회민주주의의 역사다. 국가든 기업이든 개인이든 간에, 성공은 당사자가 피땀 흘려 실력으로 쟁취하는 것이지 공짜로 얻어지는 것이 절대 아니기 때문이다.

현대사회에서 정치와 경제가 서로 밀접한 협력관계를 구축해야 한다는 사실에 반대할 사람은 없을 것이다. 그러나 정치와 경제가 분리되어야 한다는 생각이 우리 사회 저변에 넓게 깔려 있는 것 또한 엄연한 사실이다. 그것은 정치 권력이 경제적 이익집단에 특혜와 폭리를 제공하고, 그 반대급부를 뒷거래를 통해 챙기는 부정과 부패에 대한 우려 때문이다. 이러한 우려는 민주 시민사회의 성숙, 언론의 발전, 금융거래의 투명화 등 사회적·제도적·기술적 발전과 함께 견제와 균형이라는 정당정치의 발전을 통해 상당 부분 해소될 수 있다.

다른 한편 국제적으로 시야를 넓혀보면 자국의 이익을 최우선 국가전략으로 공언한 중국 등은 말할 것도 없고, 자유시장을 기반으로 투명성과 공정성을 최우선 가치로 표방하는 미국조차도 자국의 첨단 산업기술 발전을 위한 국가전략에 결코 주저함이 없다. 트럼프 전 대통령의 '미국 우선주의America First'는 물론이고 바이든 대통령의 '인플레이션 감축법Inflation Reduction Act, IRA' 등이 증명하듯이 말이다. 이처럼 밖으로부터는 국익을 철저히 챙기고, 안으로는 공정하고 투명하게 분배하는 것이 산업화와 민주화의 선순환이다. 그리고 그 선순환의 성공이 바로 선진화다. 이러한 사실을 다시 한번 명심해야 한다.

국가전략이 가장 절실하게 필요하고 또 큰 성과를 내는 때가 기술적·경제적 패러다임이 급변하는 시기다. 농업사회가 산업화할 때 그랬고 경공업에서 중화학공업으로 도약할 때 그랬다. 지금은 AI, 로봇, 자율주행차, 뇌 컴퓨터 인터페이스 등 IT 분야는 물론이고 뇌 매핑, 유전자 편집, 세포 노화 연구 등 바이오 분야에서 혁명적 첨단 산업기술이 쏟아져 나오는, 4차산업혁명이라는 신세계가 막 열려가는 때다. 지금이야말로 첨단 산업기술을 위한 국가전략이 가장 절실하고 시급한 순간임을 다시 한번 상기하자.

피크 코리아,
한국은 과연 끝났는가?

●
○

한국의 경제성장이 정점을 찍고 하락하는 현상을 '피크 코리아 Peak Korea'라고 부른다. 2023년 11월 13일, 일본 경제지 〈머니1〉의 '한국은 끝났다'라는 제목의 기사를 한국 언론들이 인용 보도하면서 피크 코리아론이 재조명되기 시작했다. 사실 한국의 위기가 시작된 것은 최근의 일이 아니다. 지난 30여 년간 각 정부의 임기마다 경제성장률이 1%씩 하락해왔다고 해도 과언이 아니다. 사실 1997년 IMF 외환위기 때부터 한강의 기적을 이룬 한국의 경이적인 경제발전 모델에 대한 비판과 회의론이 도처에서 터져 나왔다. 그런데 국가발전

원리에 대한 이해의 부족으로 인해 후발국의 발전원리를 버리고 정책의 중심축이 좌우로 요동치는 등 잘못된 대처로 일관해오다 보니 이제 한국은 성장동력을 상실할 지경에 이르게 된 것이다.

물론 한국 경제가 당장 성장을 멈춘 것은 아니었다. 2006년 국민소득 2만 달러를 돌파하고 2017년 3만 달러를 넘어서면서 건실한 성장세를 지속하고 있는 것처럼 보였다. 그러나 좀 더 자세히 보면 실상은 전혀 그렇지 않다. 국민소득이 2만 달러에서 3만 달러까지 도달하는 데 걸린 시간만 보아도 미국은 9년, 독일과 일본은 5년밖에 안 걸렸는데 우리는 무려 12년이나 걸렸다.

중요한 것은 성장 그 자체가 아니라 성장률의 변화다. 경제성장률이 하락하는 것은 성장동력을 상실해가고 있다는 증거이며 경제가 쇠퇴의 길로 접어들었음을 의미하는 것이다. 그럼에도 불구하고 경제가 조금씩이나마 성장하고 있었던 것은, 한강의 기적 당시에 경이적인 두 자릿수 경제성장률을 기록하던 성장동력의 여파가 아직 완전히 사라지지 않았기 때문이다. 이것은 건강한 사람이 중한 병이 걸려도 병세가 심각하게 악화되기 전까지는 여전히 건강한 것으로 착각하여 결국 돌이킬 수 없는 지경에 이르게 되는 것과 같은 이치다.

2022년 미국 글로벌투자은행 골드만삭스가 추정한 한국의 경제성장률은 2020년대 2%, 2040년대 0.8%, 2060년대 0.1%, 2070년대 -0.2%다. 골드만삭스는 조사대상 34개국 중 한국만 유일하게 마이너스 성장률을 기록할 것으로 예측했다. 결국 한국의 GDP는 2075년이 되면 일본(7.5조 달러)은 물론이고 필리핀(6.6조 달러), 방글라데시(6.3조 달러), 말레이시아(3.5조 달러)에도 못 미치는 3.4조 달러로 정체될 것으로 예측했다.

글로벌 컨설팅회사 맥킨지앤컴퍼니 역시 2013년에 이미 한국 경제를 '냄비 속의 개구리'에 비유하며 위험을 경고한 바 있다. 그런데 최근에는 '10년 전보다 훨씬 더 뜨거워진 냄비 속의 개구리'라고 강조하기에 이르렀다. 아시아개발은행ADB, 모건 스탠리, 한국개발연구원KDI 등 공신력 있는 기관들은 다들 예외 없이 한국의 경제성장률 하락을 예측하고 있다.

골드만삭스가 '한국 경제가 50년 후 세계 15위권 밖으로 밀려날 것'이라며 비관적으로 예측한 이유가 뭘까? 국가경쟁력 감소, 산업구조 변화, 인구구조 변화 등 크게 3가지 이유 때문이라고 한다. 첫 번째는, 한국이 반도체, 자동차, 배터리 등 첨단 산업기술 분야에 강력한 경쟁력을 가지고 있지만 다른 나라의 추격이 빨라 경쟁이 치열해질 수밖에 없고 그래서 한국의 국가경쟁력이 감소할 것이라는 전망이다. 그리고 두 번째는, 제조업 중심의 경제에서 서비스산업, IT, 플랫폼산업 등으로의 구조변화가 미흡해 새로운 성장동력을 찾기 어려울 것이라는 예측이다. 그리고 마지막 세 번째는, 한국이 저출산·고령화 속도가 너무 빨라서 경제활동 인구는 줄어들고 복지 수요가 늘어나서 성장 잠재력을 상실하게 된다는 것이다.

이는 한국 경제의 미래를 비관적으로 예측하는 다른 기관들의 진단과도 일치한다. 그런데 놀라운 점은 이상 3가지 진단에 대한 근본적인 해결책이 오직 '첨단 산업기술'이라는 단 하나로 집약할 수 있다는 사실이다.

왜냐하면 한국에 비교우위가 있는 제조업 분야에서 초격차를 벌려 앞서나가기 위해서나, 한국이 상대적으로 뒤떨어진 IT, 네트워크, 서비스 같은 지식산업사회의 새로운 성장동력을 발굴하기 위해서는 새로운 첨단 산업기술의 지속적인 개발 외에는 다른 방법이 없기 때문이다. 또한 세계적으로 유례없이 빠른 저출산 고령화로 인해 줄어든 경제활동 청년인구가 많은 고령인구를 부양하기 위해서는 첨단 산업기술에 의한 생산성 향상 없이는 불가능한 것이기 때문이다.

그러나 앞으로 한국이 직면할 더 크고 더 심각한 위기는 저출산으로 인한 근로자 평균연령의 고령화와 경제활동인구의 감소다. 저출산으로 청년인구가 감소하고 근로자 평균연령이 고령화하면 첨단 산업기술 분야의 국제경쟁력은 더욱 낮아질 것이고, 지식산업사회의 새로운 성장동력산업을 찾아내기도 더욱 어려워질 것이다. 저출산 문제를 해결하는 방법은 출산율을 높이거나 생산성 향상을 통해서 부족한 경제활동 분량을 보충해나가는 것이다. 우리는 2006년부터 15년간 저출산·고령화 대책에 380.5조 원의 예산을 투입했지만, 합계출산율은 속절없이 떨어져 0.7대를 기록하고 있다. 선진국에서도 저출산 대책이 크게 성공한 사례는 아직 없다. 따라서 한국이 OECD 평균 수준까지 출산율을 2배 이상 높이는 것은 사실상 불가능한 일이다.

결론적으로, 한국의 과거 문제 '피크 코리아'의 해결책이 첨단 산업기술이라면, 한국의 미래 문제 '저출산 위기'의 근본적인 해결책 또한 첨단 산업기술이라고 할 수 있다.

첨단기술 선점, 이모작 사회로
인구 감소를 대비하라

●
○

합계출산율이란 여성 1명이 평생 낳는 자녀의 숫자를 의미한다.
합계출산율이 2.1이면 현 인구가 유지되는 셈이다. 그런데 한국의
합계출산율이 그 절반 이하로 떨어진 것은 심각을 넘어 경악할 수준
이고, 위기를 넘어 천재지변급의 재앙이다. 오죽하면 유럽중앙은행
총재 크리스틴 라가르드가 2019년에 한국의 저출산을 '집단 자살
사회'라고까지 표현했을까. 또 2023년 12월에 칼럼니스트 로스 다
우서트는 '한국은 소멸하는가'라는 〈뉴욕타임스〉 칼럼에서 한국의
출산율 0.7은 인구 200명이 한 세대 만에 70명으로 줄어듦을 의미하

며, 14세기 유럽 흑사병에 의한 인구감소를 능가하는 것이라고 지적했다.

2022년 1.79명이던 프랑스의 합계출산율이 2023년 1.68로 떨어질 것으로 예상되자 마크롱 대통령은 저출산 해소를 위한 특단의 대책[3]을 발표했다. 일본도 2022년 합계출산율 1.26에 충격을 받은 기시다 수상이 다자녀가구 지원을 위한 '저출산세'[4] 도입이라는 극약처방 등 저출산 문제 해결에 총력을 다하고 있다. 합계출산율 1.68과 1.26에서 '특단'의 대책과 '극약처방'까지 다 동원해야 한다면, 0.7대의 한국은 과연 어떻게 이 문제를 해결해야 할까?

출산율을 더이상 높일 수 없다면 발상의 전환을 통해 부양비를 개선해야 한다. 한국의 저출산 문제를 노인부양비 측면에서 정리해보면 1999년 이전까지는 25세부터 54세까지 왕성하게 경제활동을 하는 인구 3명 이상이 일해서 55세 이상 고령자 1명을 부양해왔는데 2030년이 지나면 곧 1명이 일해서 1명을 부양하는 시대가 도래할 것으로 보인다. 그렇게 되면 일하는 청년들의 허리가 휘어지다 못해 부러질 판이다.

연금불입자는 줄어들고 연금수급자가 늘어나면 연금이 부도난다. 군복무 의무자가 줄어들면 국가안보가 위험해진다. 납세자가 줄어들면 복지지출이 위축되고 사회안전망이 무너진다. 이러한 문제를 미리 해결하려면 일하는 사람 1명이 3명분의 일을 해내야 한다.

하루 8시간 일하던 사람을 하루 24시간 일하게 할 수는 없는 노릇이다. 그래서 그것은 불가능할 것처럼 보이지만 '생산성 향상'은 첨단 산업기술을 통해 얼마든지 가능하게 할 수 있다. 예컨대 경제활동 인구 1명이 인공지능 로봇 2대를 데리고 함께 일하면 3명분의 일을 해낼 수 있을 것이다. 치킨집에서 3명이 튀기던 닭고기를 사람 1명과 로봇팔 2개가 똑같이 튀겨내는 것과 같다. 첨단 산업기술은 한국을 저출산이라는 전대미문의 위기로부터 구출할 수 있는 궁극적인 해결책이다.

그런데 문제는 첨단 산업기술의 발전 속도보다 저출산으로 인구가 줄어드는 속도가 훨씬 더 빠르다는 사실이다. 하지만 이를 해결할 묘책이 있다. 이것을 '이모작 사회'라고 부른다. 이는 필자의 저서 《은퇴가 없는 나라》에 자세한 설명이 있다. '이모작'이란 부양받는 고령자 중에 상대적으로 젊은 장년(55~74세)을 경제활동 인구로 흡수하면 '노인부양비'를 획기적으로 개선할 수 있다는 것이다. 이것은 발달심리학에서 이미 많이 연구된 바와 같이 젊은 청년들은 유동지능fluid intelligence이 높고 나이든 장년은 결정지능crystallized intelligence이 높다는 사실에 근거한 것이다. 청중년(25~54세)은 유동지능이 필요한 연구개발, 산업기술, 국제경영, 패션디자인 등의 일모작 직업 쪽으로 더 많이 진출하도록 하고, 일모작 직업에서 은퇴한 장년(55~74세)은 결정지능이 필요한 관리, 행정, 교육, 컨설팅, 사회복지 등의 이모작 직업에 종사하도록 하는 세대 간 분업을 뜻한다. 이런 식의 분업이 이루어진다면 출산율을 극적으로 끌어올리지 못해도 노인부양비를 획기적으로 개선할 수 있다.

이 같은 세대 간 분업을 통해 유동지능이 충만한 젊고 우수한 청년들이 첨단 산업기술 관련 분야의 일모작 직업으로 더 많이 진출하면 기술산업이 더 빨리 발전하고 저출산·고령화 문제의 해결도 앞당길 수 있다. 또 첨단 산업기술은 몸에 착용하는 외골격exoskeleton이나 AI 소셜 로봇AI enhanced social robots 등이 고령자의 이모작 작업을 더욱 원활히 하도록 도울 수 있다. 따라서 이모작과 첨단 산업기술 발전의 선순환은 한국의 선진국 도약을 위한 필수적인 국가전략이 될 것이다.

한국보다 저출산 문제를 먼저 겪은 서유럽이나 일본에서 이모작 사회와 같은, 발상을 전환하는 근본적 해결책이 등장하지 않은 것은, 아직 한국 출산율과 같이 절박한 위기 수준에 도달하지 않았기 때문일수도 있다. 결론적으로 한국의 저출산 문제와 피크 코리아 위기를 해결할 방법은 이모작 사회 실현과 함께 첨단 산업기술 개발을 국가전략 차원에서 과감하게 추진하는 것이다.

풀리지 않는
고르디우스의 매듭은 없다

●
○

각 선진국들의 기술패권 경쟁이 격화되고 있다. 지정학적 리스크의 증가로 글로벌 공급망도 재편되었다. 날이 갈수록 첨단 전략산업의 중요성은 더욱 커지고 있다. 한국의 경우, 첨단 전략산업들이 국가 경제에서 차지하는 비중이 특히 높다. 2023년 한국은 약 25년 만에 처음으로 6개월 이상 연속 무역수지 적자를 기록했는데, 그 원인은 반도체 실적 악화에 있었다. 반도체 실적이 상승하자 무역적자도 흑자로 돌아섰다. 한국의 반도체 수출액은 2023년 기준 986억 달러로 2013년 이후 10년 동안 단일 품목 수출 1위를 기록 중이다. 첨단 전략산업의 압도적 비중을 보여주는 예시이다. 첨단 기술산업의 가장 중요한 특징은 경제·안보·전략적 중요성을 동시에 지니고 있다는 점이다. 반도체는 전자기기의 동작에 핵심적 역할을 하는 만큼, AI·빅데이터 등 지식산업시대의 도래에 따라 중요성은 더욱 커지고 있다. 글로벌 반도체 시장은 원천기술을 보유하고 있는 미국이 약 52%를 점유하며 시장을 주도하고 있다. 한국은 D 메모리 부분에서 20년간 1위를 놓치지 않았다. 한국의 반도체 경쟁력은 국제적으로 한국의 외교·안보·경제적 지위를 공고히 하는 데 큰 역할을 하고 있다.

이차전지는 전기에너지를 저장하고 반복 사용하는 매개체이다. 전기차뿐 아니라 거의 모든 전자기기의 전원으로 활용되기 때문에 첨단 기술산업의 발달과 함께 이차전지의 수요 또한 폭발적으로 늘어날 것이다. 2023년 기준으로 국내 배터리 제조 3사의 글로벌 전기차용 배터리 분야 합산 시장 점유율은 23%로 나타났다. 중국 시장을 제외하면 약 45%까지 높아진다. 전기차용 배터리의 시장규모는 2023년 1,210억 달러에서 2025년에는 6,160억 달러까지 급격하게 성장할 것으로 예상하고 있다. 바이오산업의 경우, 지난 코로나 팬데믹에서 그 중요성이 크게 부각된 바 있다. 특히 감염병 주기[*]

◇◇◇

[*] 2002년 SARS, 2009년 신종플루, 2013년 조류독감, 2014년 에볼라, 2015년 메르스, 2019년 코로나19

가 급격히 짧아지고 팬데믹의 위험이 커지면서 국민 생명과 건강 보호 차원에서 보건 안보는 국가의 핵심역량으로 부각되고 있다. 바이오 영역의 글로벌 시장 규모는 2023년 기준 약 5,649억 달러에 달한다. 5,883억 달러인 반도체 시장와 거의 맞먹는 수준이다. 그러나 한국 시장의 점유율은 1%대로 극히 미미한 수준이다. 미국이 전체 중 46%로 1위를 차지하고 있다.

한국 첨단 전략산업이 휘청인다

한국의 첨단 기술산업 경쟁력은 지속적으로 떨어지고 있다. 실제 2022년 기준 우리나라의 6대 국가 첨단 전략산업*의 수출시장 점유율†은 2018년 대비 25.5%로 하락했다.[5] 특히 반도체의 경우, 동기간 한국 수출시장 점유율은 하락(13.0%→9.4%)했으나 대만은 상승(11.2%→15.4%)하면서 점유율 순위가 역전됐다. 이는 주요 경쟁국들의 첨단 기술산업 경쟁력 강화를 위한 국가전략 때문이다. 반도체의 경우 해외 각국들은 반도체 팹Fab의 증설 계획을 잇달아 수립, 진행하고 있다. 한국과 대만을 제외한 대부분의 국가는 적게는 16%에서

◇◇◇

* 반도체, 디스플레이, 이차전지, 미래차, 바이오, 로봇
† 특정 국가의 수출이 세계 수출에서 차지하는 비중으로, 해당 국가의 수출경쟁력을 측정할 수 있는 가장 기본적 지표.

많게는 68%에 이르게 정부의 직접 지원을 기반으로 공장을 증설 중이다. 이것은 최근 반도체 공정에서 차세대 선단공정의 미세화로 인한 난이도 상승과 생산속도 감소로 인한 수급 차질을 대규모 설비 증설을 통한 공급능력 확대로 대처하기 위한 것이다. 경쟁국의 적극적 투자계획은 한국 반도체산업의 가장 큰 위협적 요인으로 평가할 수 있다. 실제 딜로이트 컨설팅 연구결과에 따르면, 국내 팹 증설 제약을 가정할 때, 해외 대비 국내 반도체 시장 점유율은 0.9%p에서 2%p까지 감소하는 것으로 나타났다.

그나마 반도체의 상황은 낙관적인 편이다. 이차전지 분야는 훨씬 더 암울하다. 2018년 한국의 이차전지 수출시장 점유율은 12.7%로 6개국(한국, 미국, 중국, 일본, 대만, 독일) 중 중국(25.9%) 다음으로 높았다. 그러나 2022년까지 중국의 수출액이 크게 증가하면서 한국과 중국 간 수출시장 점유율의 격차가 13.2%p에서 36.0%p로 22.8%p나 벌어진 것으로 나타났다.

전기차와 이차전지의 수요 확대에 따라 시장이 확대된 것은 사실이다. 국내 이차전지 기업의 매출 규모는 2025년도를 기점으로 메모리반도체를 추월할 것이라는 전망도 있다(2023년 코리아 인베스트먼트 위크). 최근 이차전지 시장이 캐즘 현상[‡]을 겪고 있지만, 결국 글로벌경

◇◇◇

‡ 첨단산업이 주류시장으로 진입하기까지 일시적 수요정체나 후퇴 같은 단절을 거치게 되는 현상.

제의 주력산업으로 부상할 것으로 전망된다. 결국 이차전지는 반도체와 함께 명실상부한 국가 양대 안보, 전략 자산으로 자리매김하게 될 것이다.

반면, 시장 플레이어가 증가하고 차세대 이차전지 기술경쟁 등 경쟁구도 또한 심화되고 있다. 경쟁이 치열해지면서 선진 각국은 이차전지에도 가히 천문학적 금액을 정책지원에 쏟아붓고 있다.

보조금의 규모뿐만 아니라 인력 부족 현상도 심각하다. 중국과 단순 비교 시 배터리 관련 학과(학사) 기준 인력 배출 규모는 중국 167만 명, 한국 7만 명(2022년)으로 20배 넘게 차이가 난다.[6] 이는 배터리뿐 아니라 첨단 전략산업 전반에 걸쳐 나타나는 현상이다. 다행히 2023년부터 반도체 특성화 대학을 선정하여 인력 육성에 나서는 등의 변화 조짐이 있는 것은 그나마 다행이다.

이들 첨단산업의 경쟁력 약화는 일부 주력 기업들에 대한 영향으로 그치지 않는다. 배터리산업의 경우만 보더라도, 전체 투자 중 약 40%가 협력업체들의 제조장비에 투입되고 있고 그중 90% 이상을 국산 장비가 차지하고 있다. 통상 100GWh 규모의 해외 투자 시에도 3~4조 원 정도의 국내 제조장비 수출효과가 있다고 한다. 대표적 국내 생산 소재인 양극재는 2018~2022년 사이 연평균 78%로 성장해 2023년 상반기 기준 약 9.7조 원을 수출한 것으로 나타났다. 반도체, 디스플레이 등 타 첨단 전략산업 분야에서도 소재·부품·장비 분야 중소기업의 역할은 크고 중요하다.

현재 한국 첨단 전략산업이 갖고 있는 문제는 복합적이지만 경제, 기업 규모와 정부 지원의 한계로 인한 투자의 제약은 가장 명백한 위험이다. 반도체의 경우, 해외 증설 계획 프로젝트는 총 73건, 540.5조 원에 달하나 국내는 총 8건, 112.5조 원이다. 앞서 기술한 대로 해외에서는 국가별로 16~68%로 정부 직접 지원이 제공되고 있지만 국내에서 정부의 직접 지원은 아예 없다. 첨단 산업기술의 특성상 거대한 규모의 초기투자가 절실하지만 기업단위의 투자 여력은 절대적으로 부족하다. 첨단업종 기업의 70%는 투자 필요 자금 대비 현재 자금확보 비율이 60% 미만으로 조사되었다(대한상공회의소, 2023. 4.). 만성적인 고급 인력 부족 또한 문제다. 첨단설비투자는 우수인재의 확보와 동반하여야 한다. 이차전지 분야의 인력 공급부족은 특히 심각하다. 한국산업기술진흥원이 2024년 5월 발표한 '이차전지·첨단신소재 산업의 산업기술인력 조사 및 전망 결과'에 따르면, 국내 배터리 업계의 부족 인력은 2,565명에 달한다(2022년 말 기준). 이외에도 용수, 전력 등 인프라 부족의 문제, 인허가 규제의 난맥상, 외교통상 이슈 등 국내 첨단 전략산업이 풀어나가야 할 난제가 한둘이 아니다.

선진국들이 먼저 신자유주의를 버리고 있다

산업경쟁력의 비교우위를 향유하던 선진국들은 그간 정부의 산업 개입을 지양하고 자유시장 기능을 최대한 존중하는 입장을 유지해왔다. 그러나 2007년도 글로벌 금융위기와 4차산업혁명의 도래로 선진국들의 비교우위가 흔들리기 시작하자 신자유주의 불개입 원칙을 버리고 산업발전을 위해 정부가 적극 개입하기 시작했다(산업연구원, '선진국 산업전략 분석', 2015. 4.) 미국, 일본, 독일 등 선진국들은 산업 활성화를 위한 국가전략에 골몰하고 있다. 특히 일본은 신성장전략(2010년), 일본재생전략(2012년), 일본재흥전략(2013년) 산업경쟁력강화법 제정 등 능동적인 산업정책을 쏟아내고 있다.

최근 들어 첨단 기술산업의 영역이 경제, 안보, 외교에 미치는 영향이 더욱 커짐에 따라, 이들 기술패권 경쟁은 더 노골적이고 전면전 양상으로 변했다. 러시아—우크라이나 전쟁처럼 지정학적 위기는 각국의 불안감을 현실화시키기에 충분했다. 미국이 칩스Chips법과 IRA법을 통한 파격적인 지원 내용을 발표했을 때, 세계 각국은 미국의 단호한 기술패권 회복 의지를 확인할 수 있었다. EU와 중국도 뒤이어 정책 규모를 확대하는 등 맹렬히 추격하고 있다. 이는 한국의 산업경쟁력 하락을 넘어 국내 산업공동화 현상마저 우려할 정도이다. 최근 5년간의 투자 순 유출 추이를 보면 2018년 341억 달러에서 2020년 458억 달러, 2022년 591억 달러로 지속 증가하고 있기 때문이다.

결국, 한국도 첨단 기술산업 지원을 위한 국가전략의 마련이 시급하다. 기존 정부 영역과 민간 영역에 칸막이를 쳐서도 안 된다. 단순히 반복되는 정부의 지원 확대 논의에 그쳐서도 안 된다. 산업대전환 시기에 맞춰 혁신, 기술개발, 투자, 인력양성, 노동시장, 입지, 인프라, 통상 등 범국가적이고 체계적인 전략이 필요하다. 이를 위해서 첨단 기술산업 분야에 필요한 핵심적 정책들을 총망라하는 작업이 선행되어야 한다. 그 대상은 20년간 OECD 최하위권(2018년 기준 33위)인 PMR 지수(규제 강도)일 수도 있고, 투자 기금 이슈일 수도 있고, 인센티브 영역일 수도 있다. 필요한 부분들을 하나하나 진지하게 연구 검토하여 국가전략 차원의 종합대책을 수립한다면 지금 시점에서 우리를 선진국 대한민국으로 인도할 명쾌한 청사진을 그려낼 수 있을 것이다.

풀리지 않는 고르디우스의 매듭은 없다. 오직 과감하고 단호한 국가전략만이 이토록 복잡하게 얽힌 난제를 단칼에 풀어낼 수 있을 것이다.

Chapter
2

·—·

왜
국가전략인가?

─────────── 세계은행에 의하면 2021년 기준 하루 2달러 이하의 돈으로 생활하는 절대 빈곤층은 전 세계 인구의 9% 이하로 떨어졌다고 한다. 과거 농업사회에서는 절대 빈곤율이 90%를 넘었던 것을 감안하면 이제 인류에게 절대 빈곤은 거의 사라진 셈이다. 세계 인구가 10배 이상 증가했지만, 세계 평균 1인당 GDP도 10배 이상 증가할 수 있었던 것은 산업과 기술의 발달로 인하여 총생산이 100배 이상 증가했기 때문이다. 그런데도 왜 어떤 국가는 부유하고 어떤 국가는 여전히 빈곤에 허덕이는 것일까? 그 성공과 실패를 결정하는 원리는 과연 무엇일까?

부유한 나라의 공통점은 산업과 기술을 먼저 확보했다는 점이다. 또 확대재생산의 반복을 통해 경제가 가속적으로 성장했다는 점이다. 산업사회란 곧 경제가 가속적으로 성장하는 사회이며, 부유한 국가가 된다는 것은 확대재생산 체제를 얼마나 빨리 순환시켜주는 가에 달려 있다. 이것이 부유한 국가와 가난한 국가의 차이이며, 경제성장과 국가발전의 기본원리였다. 그런데 왜 모든 나라가 부자나라가 될 수 없었을까? 이 같은 의문에 답하기 위해 이번 장에서는 경제가 성장하는 원리에 대해서 알아볼 것이다.

확대재생산을 이끄는
내생적 성장이 먼저

●
○

대자연이 아무리 복잡해도 자연의 법칙에 따라 움직이듯 경제가 아무리 난해해도 결국 내생적 성장[1]과 외생적 성장[2]이라고 하는 국가발전 원리에 따라 발전하게 마련이다. 내생적 성장이론endogenous growth theory 은 경제학자 폴 로머Paul M. Romer가 신고전 학설의 성장이론에서 기술의 진보가 외생적으로 결정된다는 가정에서 벗어나, 경제 내에서 내생적으로 발생하여 지속적이고 장기적인 경제성장이 이루어지는 과정임을 설명한 것이다. 이 책에서 정의하는 내생적 혁신에 의한 내생적 성장은 로머의 내생적 성장이론과 같은 맥락에서 이해해도 좋다. 다만 필자가 정의한 '내생적 혁신'은 기술혁신뿐만 아니라 확대재생산 체제의 선순환에 기여하는 모든 경제적·사회적 혁신까지 포괄한 개념이다.

국내에서 민간의 자율적인 경제활동에 의해 일어난 모든 혁신을 내생적 혁신이라고 정의하고 정부가 공권력을 이용해서 확대재생산을 돕는 산업정책은 외생적 혁신이라고 정의했다. 따라서 외국에서 일어난 혁신의 경우 자유시장과 자유무역에 의해 도입된 경우는 내생적 혁신에, 그리고 국가전략 차원에서 정책적으로 도입한 경우는 외생적 혁신에 포함된다.

산업사회는 우리 몸속에 피가 순환하듯 '확대재생산 체제'라고 하는 경제의 혈관을 통해 순환을 반복하며 영양을 공급하여 성장하고 발전한다. 그 경제 혈관을 순환하는 4대 요소는 [그림3]과 같다.

[그림3] 확대재생산 체제

먼저 수요와 공급의 균형을 통해 시장에서 이윤이 창출되면, 소득이 높아지고 자본이 축적된다. 높아진 소득은 구매력을 자극해 상품의 수요를 증가시킨다. 한편 축적된 자본은 기술혁신에 투입되어 신제품 개발을 촉진한다. 신기술에 의해 개발된 신제품은 통상 고가의 사치품으로 거대한 신수요를 창출하여 경제를 질적으로 발전시킨다. 다른 한편 기술혁신은 대량생산을 통하여 경제를 양적으로 확대한다. 그래서 경제가 성장한다. [그림4]처럼 확대된 수요(D^e)와 확대된 공급(S^e)은 시장에서 더 많은 이윤을 창출한다. 이윤이 커지면 성장도 빨라진다. 이런 과정을 반복하는 것이 경제성장 속도가 점점 더 빨라지는 가속사회다.[3] 이 같은 경제성장의 임계경로critical path는 국가발전의 원리 중에서도 가장 핵심적인 부분이다. 이러한 순환 구조를 '확대재생산 체제'라고 한다.

'내생적 성장'이란 자유경쟁 시장에서 또 국제적으로 자유무역에 의해 생산자와 소비자에 의한 민간의 자율적인 경제활동을 통하여 확대재생산을 반복하면서 발전하는 것이다. 이는 자유시장경제의 가장 기본적인 구조이기도 하다. 그런데 내생적 성장의 확대재생산 과정에서 왜 개인의 소득증가에 의한 수요증가는 적고, 신제품에 의한 신수요의 증가는 매우 큰 것일까? 예를 들어 기존의 피처폰 가격은 10만 원인데 새로 출하되는 스마트폰 가격은 100만 원이라고 가정해보자. 저소득층의 소득이 오르면 아직 피처폰을 갖지 못한 이들

[그림4] 확대재생산 체제와 가속하는 산업사회

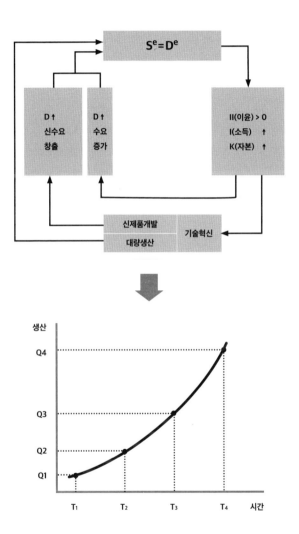

의 수요가 증가할 것이다. 그러나 10만 원대 피처폰의 총 수요증가는 그리 크지 않다. 또 피처폰 판매증가가 연관산업 발전이나 기술혁신에 큰 도움이 되는 것도 아니다. 그래서 소득증가에 의한 소비증가는 양적·질적 측면에서 경제의 성장과 발전에 큰 도움이 되지는 못한다.

그런데 100만 원짜리 고가의 스마트폰이 새로 출하되면 부유층은 새로 스마트폰을 대거 구입할 것이다. 예컨대 10배 비싼 제품이 10배 많이 팔리면 수요가 100배 증가한다. 그러면 기업은 더 좋은 신모델 개발을 위해 기술혁신에 매진하고, 그 효과가 연관산업으로 파급된다. 그래서 값비싼 고급 신제품일수록 양적·질적 측면에서 확대재생산 체제를 더 크게 성장시키고 더 빠르게 가속한다. 값비싼 사치품이 자본주의 사회의 경제성장에 핵심동력인 이유다.

서유럽에서 자본주의는 향신료, 면직물, 설탕, 차 등 부유층의 사치품 혹은 기호품의 무역을 기반으로 발전했지, 의식주와 같은 일반 대중의 생필품 생산에 기반하여 발전한 것이 아니었다. 그러나 농업사회에서 부의 확산 속도는 매우 느렸다. 산업혁명 이전의 사치품 무역은 부유층을 위한 무역이었기 때문이다. 설혹 후추 가격이 떨어져도 서민 대중은 당장 후추를 뿌려 먹을 스테이크가 없기 때문에 후추 소비의 증가 속도는 제한적이었다. 게다가 향신료 등의 사치품은 모두 지역 특산품이자 농산품이었기 때문에 대량생산이 불가능했고, 생산을 아무리 늘려도 생산단가가 크게 낮아지지 않아 서민에게는 그림의 떡에 지나지 않았다.

그러나 산업혁명 이후 완전히 달라졌다. 기술혁신에 의해 출시된 신제품을 먼저 부유층이 고가에 구입했다. 수요가 증가해 대량생산되면 규모의 경제economy of scale와 범위의 경제economy of scope에 의해 생산단가가 급격히 하락하고, 급격한 기술혁신으로 더욱더 새로워진 모델이 출하되면 기존의 제품은 구형이 되어 가격이 더욱 하락했다. 예컨대 불과 얼마 전까지 부유층이 100만 원대에 샀던 스마트폰을 이제 서민 대중이 10만 원대에 사서 쓸 수 있게 되었다. 첨단 신기술에 의한 신제품이 더 많이 출시될수록 또 부유한 소비자가 고가 신제품을 더 빨리 구매할수록, 기존제품의 가격이 더 빨리 하락하며 서민 대중이 값싸고 질 좋은 제품을 마음껏 소비하는 시기를 앞당기게 된다. 그들이 신제품 마니아early adopter든 충동구매자inpulse buyer든 명품족luxury lover이든 상관없이 고가 첨단 신기술제품의 소비는 경제성장과 대중복지에 크게 기여하는 시대가 도래한 것이다.

그래서 산업혁명 이후에는 부유층 소비자가 값비싼 기술집약적 신제품을 많이 소비할수록 경제가 더 빨리 발전하고, 수요 측면에서는 고용증가와 임금상승으로 또 공급 측면에서는 신제품 가격하락으로 이어진다. 결국 서민 대중 소비자의 복지도 질적으로나 양적으로나 엄청나게 향상된다. 바야흐로 소비가 미덕인 시대, 특히 값비싼 사치품 소비일수록 더 큰 미덕인 시대가 도래한 것이다. 물론 이것은 고급 아파트나 골동품, 미술품 같은 소비성 사치품에도 항상 해당하는 것은 아니다[4]. 첨단 산업기술을 기반으로 한 혁신적 상품이나 서비스에만 해당한다.

선발 산업국은 가속하는 경제성장을 먼저 시작해서 오늘날 선진국으로 발전했다. 후발국도 산업화하면 확대재생산에 의해 경제가 가속성장을 하긴 한다. 후발국이 100년 늦게 산업화를 시작했을 경

[그림5] 가속하는 양극화 사회

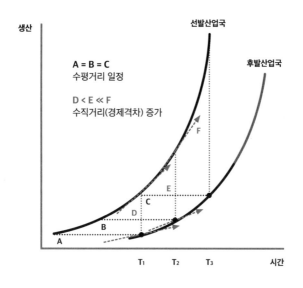

우 경제가 100년 늦게 발전한다는 점에서 시간적 차이만 있을 것 같지만 문제는 선발국과의 상대적 '격차'다.

[그림5]처럼 T_1 시점에서 T_3 시점으로 갈수록 격차가 점점 더 심해진다. 후발국이 자유시장 원리에 따라 내생적 성장만을 지속하는 경우 시간이 지날수록 선진국과의 경제적 격차가 커진다는 것은 경제모델과 통계자료에 의한 실증분석을 통해 확인할 수 있다. 경제성장이 가속하는 산업사회에서 후발 산업국이 내생적 혁신을 아무리

[그림6] 전 세계 지역별 소득 양극화

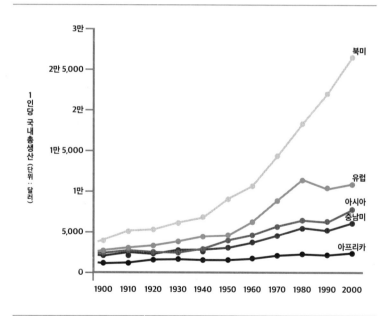

열심히 추진해도 선발국의 경제성장 속도를 절대로 따라갈 수 없는 이유는 다음과 같다.

첫째, 기술 수준과 종류에 현격한 질적 차이가 있기 때문이다. 예를 들면 흑백 TV를 만드는 나라와 컬러 TV를 만드는 나라, 피처폰을 만드는 나라와 스마트폰을 만드는 나라 그리고 AI 스마트폰을 만드는 나라 간에는 경제성장 속도에 차이가 날 수밖에 없다.

둘째, 자본축적 수준과 기업의 경영능력 측면에서 상당한 차이가 나기 때문이다. 후발국의 자본은 상대적으로 왜소할 뿐만 아니라, 해외에서 차관을 도입하거나 국내에서 급조되어 수익성이 낮을 수밖에 없다. 또한 자본축적 과정에서 함께 축적되는 경영기법 또한 선발 산업국 대비 상대적으로 후진적이고 비효율적이다. 결국 거대 자본을 선진 경영기법으로 운용하는 선발국의 경제성장 속도를 후발국은 절대로 따라갈 수 없다.

셋째, 확대재생산 체제의 내생적 성장은 성장 속도가 점점 더 빨라지는 가속하는 속성이 있어 더 많은 원자재와 더 큰 시장을 필요로 한다. 선발 산업국은 이미 세계 곳곳에 정치적·경제적 식민지를 두고 천연자원과 상품시장을 선점하고 있다. 후발국이 부족한 원자재를 새로 확보하고 시장을 개척해가다 보면 선발국보다 경제성장이 느릴 수밖에 없다. 그래서 후발 산업국이 내생적 성장만 해서는 선진국을 추격하기는커녕 경제적 격차가 점점 더 확대될 수밖에 없다.

먼저 산업화한 선발 산업국은 내생적 성장만으로도 모든 농업국을 따돌리고 앞서나갈 수 있었다. 그러나 역사상 후발 산업국이 자유시장과 자유무역에 의한 내생적 성장만으로 선발국 추격에 성공한 사례는 찾아볼 수 없다. 내생적 성장만으로는 선진국과의 격차를 좁힐 수 없음을 깨달은 후발국의 뜻있는 지도자는 또 다른 경제성장 방안을 모색하기 시작했다.

후발국은 어떻게
선진국을 추격하고 추월하는가?

후발국이 내생적 성장으로 인한 선후발국 간의 격차 확대를 과연 어떻게 극복하고 선진국 추격과 추월에 성공하였는지를 네덜란드, 영국, 미국으로 이어지는 근현대 패권국의 역사를 통하여 알아보자.

네덜란드[5]는 낮은 땅, 즉 저지대低地帶란 뜻이다. 이 지역을 통하여 라인강, 마스강Maas, 스헬더강Scheldt이 북해로 흘러들었다. 이 같은 교통과 물류상의 잇점을 기반으로 홀란트Holland, 제일란트Zeeland, 위트레흐트Utrecht 등 7개 도시가 형성되었다. 이 도시들이 모여 1569년 네덜란드 공화국을 수립하고 1567년 독립전쟁을 시작하여 1648년

베스트팔렌 조약에 의해 스페인으로부터 독립을 국제적으로 인정받는다. 이들 부유한 도시들이 함께 만든 나라 네덜란드는 건국 당시부터 원래 부유한 나라였다. 80여 년간의 독립전쟁 중에도 또 독립 후에도 이상 7개 도시는 활발한 자유무역을 통해서 국부를 축적해나갔다. 네덜란드는 최초의 근대적 경제 패권국으로서 자유시장과 자유무역에 기반한 '내생적 성장'으로 발전한 나라라고 할 수 있다. 한때 유럽 전체의 무역선 2만 척 중 약 1만 5,000척이 네덜란드 국적선이었다고 하니 네덜란드의 월등한 경제력을 미루어 짐작하고도 남을 만하다.

유럽의 변방, 영국을 패권국으로 만든 전략

왕정을 타도하고 집권한 영국의 독재자 올리버 크롬웰은 1651년 '영국이나 영국식민지로 들어가는 상품은 영국 선박 또는 상품생산국의 선박을 이용해야 한다'는 항해법Navigation Act[6] 등 일련의 보호무역 조치를 시행하였다. 이것은 자유무역 시장에서 월등한 경쟁력을 갖춘 네덜란드를 견제하기 위한 것이었다. 또 공식적인 국가기구로서 해군을 창설하여 함대 규모를 2배로 늘리고 영국 동인도회사EIC를 확대 개편하여 네덜란드의 연합 동인도회사를 제압하는 등 영국은 자유시장과 자유무역이 아닌 국가전략으로 네덜란드 경제에 타격을 가하기 시작하였다.

이에 반발한 네덜란드와의 3차례에 걸친 영란전쟁에서 결정적 승리와 패배는 없었지만, 영국의 항해법이 네덜란드로부터 인정받아 결국 영국은 경제적 우위를 확보할 수 있었다. 1688년 명예혁명으로 네덜란드의 오라녀Oranje공 빌럼이 잉글랜드의 왕 윌리엄 3세로 즉위한 이후 이전에 적대적이었던 양국의 관계가 우호적 동맹으로 바뀌었다. 그리고 영국은 의회민주주의를 기반으로 한 근대적 선진국의 모습을 갖추기 시작했다.

1721년 이래 월폴Robert Walpole이 주도한 영국의 관세 관련 조치는, 공산품 생산에 필요한 원자재의 수입관세는 낮추거나 폐지하고, 수출용 공산품 생산을 위한 수입 원자재에 부과된 관세는 환급하며, 대부분의 공산품에 대한 수출관세를 폐지하는 것을 기본 골격으로 하였다. 영국은 보호무역을 기반으로 한 '외생적 성장'으로 앞선 선진국을 추월하고 패권국으로 등극한 최초의 성공사례다. 이러한 측면에서 외생적 성장이라는 국가전략은 영국의 발명품이라고 할 수 있다.

그런데 세월이 흘러 산업혁명과 세계 최고의 상품 경쟁력을 갖추게 된 영국은 보호무역 국가에서 자유무역 국가로 변신한다. 때마침 애덤 스미스가 《국부론》을 1776년에 발표하여 중상주의mercantilism를 비판하고 자유무역의 이론적 기반을 제공했다. 그래서 영국은 종종 자유무역의 종주국으로 인식되기도 한다. 그러나 이처럼 보호무역이라는 국가전략으로 성공한 나라가 자유무역의 당위성을 설파하고 여타 후발국들에게는 보호무역 같은 국가전략을 허용하지 않는 것을 '사다리 걷어차기ₖkicking away the ladder*'라고 한다. 영국은 자유시장경제라고 하는 내생적 성장과 국가전략에 의한 외생적 성장을 시의적절하게 구사해가며 세계 최고의 산업경쟁력을 확보하고 사다리 걷어차기를 통해 후발국의 추격을 효과적으로 뿌리침으로써 '팍스 브리태니카'라는 전설의 주인공이 된 것이다.

미국 남북전쟁은 사실상 산업전쟁이었다

1776년 영국으로부터 독립한 미국은 순수한 농업국이었다. 당시에는 유럽 각국에서 토지를 소유하지 못한 가난한 소작농들이 자영농이라는 아메리칸 드림의 부푼 꿈을 안고 미국에 이민 온 경우가 대부분이었다. 신대륙에서는 원주민을 몰아내고 새로운 경작지를 거의 무한정 개간할 수 있었기 때문이었다. 게다가 영국은 사다리 걷어차기의 일환으로 식민지에 제조업과 제철업 같은 산업기술 이전을 철저히 금지했다. 따라서 독립 후에도 미국은 영국으로 농산품

◇◇◇

* 같은 표현을 쓴 장하준의 저서 《사다리 걷어차기》도 있다.

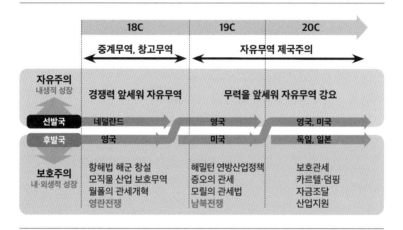

[그림7] 후발국의 보호주의 산업정책 vs 선발국의 자유주의(1)

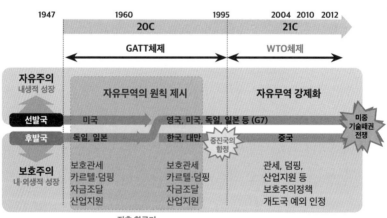

[그림8] 후발국의 보호주의 산업정책 vs 선발국의 자유주의(2)

과 원자재를 수출하고 제조업 상품을 수입하는 경제적 식민지 상태를 벗어날 수 없었다.

독립 초기 지도자들 사이에서 미합중국의 미래 발전 방향에 관해 2가지 의견이 첨예하게 대립하였다. 공화파 토마스 제퍼슨(1743~1826년)은 미국이 농업제국으로 발전해야 한다고 주장했고 연방파 알렉산더 해밀턴(1755~1804년)[7]은 미국이 산업제국으로 발전해야 한다고 주장했다. 이때 미국이 만약 농업국을 추구하는 선택을 했더라면 아마 미국도 현재 남아메리카 국가들의 경제 상황과 유사한 수준에 머물게 되었을지도 모른다.

1828년 미국 산업을 보호하기 위해서 도입된 관세는 세율이 60%

[그림9] 총수입량에 대한 평균 관세 비율, 1830~2000[8]

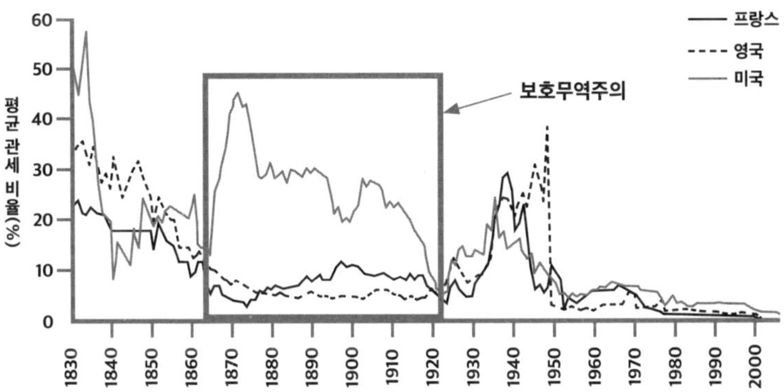

를 넘어설 만큼 과격했고 남부의 강력한 반발을 초래해 '증오의 관세Tariff of Abominations'라고 불렸다. 그 후 한때 하락했던 관세가 1861년 제정된 '모릴 관세법Morrill Tariff'에 의해 2~3배 인상되어 49%까지 치솟게 되자 이에 격분한 남부 동맹은 '섬터 요새 전투Battle of Fort Sumter'를 일으켰고 이것이 남북전쟁의 도화선이 되었다. 미국이 유럽 제조업 상품에 관세를 높일수록 북부 공장주의 이윤은 증가했지만, 유럽 각국도 미국 목화 수출에 보복관세를 부과하여 남부 농장주의 손실은 커져만 갔기 때문이다.

미국 북부가 노예해방에 찬성하고 남부가 반대한 것은 사실이지만 노예해방을 위해 남북전쟁을 한 것은 아니었다. 미국 남북전쟁의 주된 원인은 미국을 산업국으로 발전시키기 위한 것이었으며 고율의 수입관세 부과가 남부의 연방 탈퇴와 전쟁의 도화선이 되었다. 남북전쟁으로 인한 사망자 수는 남군과 북군 합계 총 61만 8,000명으로 추산되는데 당시 미국 인구가 3,600만 명 정도였음을 감안할 때 이 전쟁이 얼마나 피비린내 나는 대량살상 전쟁이었는지 알 수 있다.

60만 명이 넘는 청년들의 고귀한 목숨을 대가로 미국이 얻은 것은 과연 무엇일까? 그 값진 대가는 바로 미국의 산업화, 즉 '첨단 산업기술'이었다. 농업국 미국이 오늘날 세계 최강의 초강대국으로서 '팍스 아메리카나Pax Americana' 시대를 구가하는 첨단 산업기술 대국으로 거듭나게 된 그 원대한 시작이 바로 남북전쟁에서 거둔 산업세력의 승리라고 할 수 있다.

미국은 1차세계대전 직전인 1913년까지 고율의 관세를 유지하며 자국 내 제조업을 보호, 육성했고, 2차세계대전이 끝날 즈음까지 30% 이상의 고율 관세를 유지했다. 영국의 패권에 이어 미국의 패권도 자유시장 경쟁과 자유무역에 의한 내생적 성장을 기반으로 성취한 것이 아니라 보호무역이라는 국가전략, 즉 외생적 성장을 통해 쟁취한 것이었다. 미국이 본격적으로 관세를 낮추고 자유무역을 시작한 것은 2차세계대전이 끝난 후 유럽과 일본 등 산업국들이 전쟁의 파괴와 후유증에서 벗어나지 못해 미국 산업경쟁력의 독보적인 위상이 확립된 이후의 일이었다.

왜 선진국이 주도하는 경제질서에
순응할 수밖에 없는가?

●
○

GATT는 '관세와 무역에 관한 일반 협정General Agreement on Tariffs and Trade'의 줄임말로, 전후 1944년 미국 뉴햄프셔의 브레튼우즈 회의의 결과로 선포되었다. 이 협정은 관세 및 기타 무역장벽을 크게 낮추는 것을 목적으로 미국 주도하에 100여 개국이 참가했다. GATT의 가장 중요한 원칙 중 하나는 '최혜국 대우 원칙Most Favored Nation treatment'이다. 가장 낮은 수준의 무역 제한 조치가 모든 국가에 동등하게 적용되어야 한다는 것이다. 이 협정은 무역장벽의 완화와 차별대우의 폐지를 통해 세계무역을 확대함으로써, 생활수준의 향상과 고용증대, 실질소득과 유효수요의 증가, 그리고 세계 자원의 효율적 이용 및 상품생산과 교역의 지속적인 확대를 도모하려는 목적으로 만들어진 협정이다. 한마디로 자유무역이라는 원칙의 선언이었다.

사다리 걷어차기를 국제질서로 만들다

이러한 자유무역 이론은 데이비드 리카도David Ricardo(1772~1823년)의 '비교우위론Comparative advantage'에 기반한 것이었다. 비교우위론은 세계 각국이 각자 가장 잘 생산할 수 있는 제품을 생산하여 서로 자유롭게 교역하면 결과적으로 모든 나라가 더 많은 제품의 생산과 더 많은 제품의 소비를 통해 효용을 극대화할 수 있다는 이론이다. 리카도는 저서 《정치 경제학 및 조세 원리On the Principles of Political Economy and Taxation》(1817년)에서 영국의 직물과 포르투갈의 포도주를 사례로 들어 산업기술이 발달한 영국은 같은 노력으로 직물을 더 잘 또는 더 많이 생산할 수 있고, 기후가 포도 생산에 적합한 포르투갈은 같은 노력으로 포도주를 더 잘 또는 더 많이 생산할 수 있기 때문에 영국은 오직 직물만 생산하고, 포르투갈은 오직 포도주만 생산하여 서로 필요한 만큼 자유롭게 교역하도록 하면 양국이 같은 노력으로 더 많은 제품을 생산하고 더 많이 소비할 수 있다는 사실을 이론적으로 증명했다.

리카도의 이러한 천재적인 발상과 치밀한 논리는 세상을 설득하기에 부족함이 없는 완벽한 이론으로 보였다. 미국이 과거 보호무역이라는 국가전략을 통하여 산업경쟁력을 확보했던 역사적 사실에도 불구하고 태세를 전환해 홀연히 자유무역을 주창했는데, 여기에 아무도 이의를 제기할 수 없었다. 이것은 리카도의 자유무역 이론을 대체할 더 나은 무역이론을 찾을 수 없었기 때문이기도 하다. 그러나 리카도는 직물만 생산하는 영국과 포도주만 생산하는 포르투갈의 미래에 관해서는 말하지 않았다. 세월의 흐름에 따라 영국의 산업은 직조를 위한 공작기계산업으로, 또 염료를 위한 화학산업으로 발전했다. 반면 포르투갈의 산업은 포도 과수 농업이나 포도주 와이너리 관광업으로 발전했다. 당장 직물과 포도주라는 1개 산업의 작은 비교우위가 미래에 첨단 산업기술 대국이라는 선진경제와 농업 관광 기반 후진경제라는, 엄청난 국가 경제적인 절대우위를 초래하고 말 것이라는 사실이 제대로 적시되지 않은 이유는 영원한 의문으로 남아 있다.

독일 경제학자 프리드리히 리스트Friedrich List(1789~1846년)가 미국에서 연구하고 저술한 《정치 경제학의 국민적 체계Das Nationale System der politischen Öekonomie》(1841년)에서 후진국 독일이 선진국 영국에 대항하기 위해서는 산업자본을 형성해야 하고, 후진국이 발전하기 위해서는 국내 생산력을 키우고 시장을 육성해야 하며, 보호무역을 통해 낙후한 국내 유치산업을 육성, 발전시켜야 한다고 했다. 한마디로 영국과 미국이 했던 것처럼 독일과 다른 후진국들도 보호무역이라는 국가전략을 통해서 발전해야 한다는 것이었다. 이것은 자유시장과 자유무역에 의한 내생적 성장, 즉 선발국의 발전원리와 대비 또는 상충하는 보호무역과 국가전략에 의한 외생적 성장, 즉 후발국의 발전원리를 체계화한 이론이었다. 그의 이론이 독일 발전에 실제 어떻게 기여했는지는 알려진 바가 없다.

자유무역이 전 세계를 삼킨 이유

리스트의 후발국 발전원리가 세계적으로 또 학계에서 크게 주목받지 못한 첫 번째 이유는 전후 30년 이상 이어온 미국 주도의 GATT 체제에서 세계 경제가 황금기를 맞이하여, 서방세계가 산업화, 국제무역 확대, 고용증가, 사회복지 증진 등의 눈부신 발전을 하고 있었기 때문이었다. 세계 각국의 경제가 동반성장을 하고 있었기 때문에 후발국의 발전원리를 애써 찾을 필요를 당장 느낄 수 없었다.

두 번째 이유는 공산주의의 몰락 때문이었다. 자본주의적 자유경쟁 시장에는 승자와 패자가 있게 마련이다. 자유시장에서 내생적 성장으로는 선발국을 따라잡을 수 없음을 알아차린 카를 마르크스와 프리드리히 엥겔스는 마르크스주의 이론을 개발하고 공산주의를 창안했다. '능력에 따라 일하고 필요에 따라 소비하는 사회…' 《공산당 선언》의 이 한 구절만으로도 유토피아를 꿈꾼 이상주의자, 정의로운 사회를 추구하는 지식인, 혈기 넘치는 순수한 젊은이의 가슴에 불을 지르기에 충분한 것이었다.

공산주의는 자유시장과 자본주의를 거부함으로써 내생적 성장을 버리고 오직 경제개발 5개년 계획 같은 국가전략에 의한 외생적 성장만으로 경제를 발전시켜보려는 시도였다. 그러자 공산주의 사회의 노동자들은 계획된 목표는 달성하되 인간의 이기적인 본성에 따라 노력의 투입을 최소화하기 시작했다. 열심히 일해서 목표를 달성하고 창의적인 신기술을 개발한다고 해도 항상 그만큼 공정한 인센티브가 주어지는 것이 아니었다. 반대로 목표를 달성하지 못한다 해도 누구의 잘못 때문인지 제대로 규명하는 것 또한 사실상 불가능했다. 이런 이유로 공산주의 사회의 생산성 하락과 기술개발의 정체가 누적된 결과 1989년 동독 공산주의 체제의 붕괴를 시작으로 동유럽 공산주의 체제가 일제히 동반 몰락하기에 이르렀다.

이기심이라고 하는 인간의 본성을 무시한 이상론의 처참한 실패였다. 이것은 내생적 성장에 기반하지 않은 외생적 성장, 즉 자본주의적 자유경쟁 시장의 효율이 전제되지 않은 계획경제 국가전략에 의한 외생적 성장은 결코 성공할 수 없음을 엄청난 시행착오를 통해 증명한 것이었다. 그러나 국가발전 원리에 대한 이해가 부족한 사람들은 계획경제 국가전략이 원래 나쁜 것이라서 공산주의가 몰락한 것으로 오해했다. 이것은 영양공급과 운동이 건강의 비결이라고 가정할 때, 영양부족 상태에서 무리한 운동으로 건강을 망친 경우를 보고 운동이 건강에 나쁜 것이라고 착각하는 경우와도 같은 것이었다.

세 번째 이유는 조지프 나이Joseph Nye가 정의한 소프트파워soft power, 즉 연성권력 때문이다. 하드파워hard power, 경성권력은 군사력, 경제력 등 국제사회에서 강대국의 정책을 강요하여 관철하는 물리적인 힘이다. 소프트파워는 문화, 교육, 예술, 정치적 가치 등 국제사회에서 선진 강대국의 정책을 설득과 회유로 관철하는 또 다른 힘이다. 소프트파워의 가장 큰 장점은 후발국들이 선진 강대국의 의사에 매력을 느껴 자발적으로 동의하든가 아니면 설득당하더라도 선진국 체제에 대한 신뢰를 기반으로 반발을 최소한으로 줄일 수 있다는 점이다. 이런 측면에서 하드파워만 강한 나라가 강대국이라면 소프트파워까지 두루 강한 나라를 선진 강대국이라고 할 수 있다.

자유시장과 자유무역에 기반한 국제관계가 선진국에게 유리한 것임에도 불구하고 세계 각국이 순응하는 국제질서로 자리매김할 수 있게 된 것은 학문과 교육을 통하여 선진국 특히 미국의 소프트파워가 강력한 힘을 발휘한 결과이다. 선진국 대학과 연구소에서는 선진국에 유리한 선발국의 발전원리를 연구하고 교육할 따름이지

선진국에 불필요하며 또 불리하기까지 한 후발국의 발전원리를 애써 연구할 이유도, 교육할 이유도 없다. 따라서 선진국의 학문을 공부하고 선진국에 유학한 후발국 지도자들은 후발국의 발전원리를 공부하고 배울 기회가 없기 때문에 자연스레 선진국이 주도하는 세계 경제 질서에 순응하고 추종하게 된다. 그러한 힘이 바로 소프트파워의 매력魅力, attraction이자 마력魔力, spell인 셈이다.

영국문화원의 조사에 따르면, 30개국 현직 전문 분야 리더들 가운데 학부 교육을 받기 위해 유학한 사람 중 40%가 미국에서 공부한 것으로 나타났다. 조사기관에 따라 다소 차이는 있지만 세계 대학 랭킹 상위 10위에 하버드, 스탠퍼드, MIT, 칼텍 등 7~8개를, 그리고 랭킹 100위 중 30~40%를 미국 대학이 차지하고 있다. 2022~2023학년도에 세계 각국에서 온 외국인 유학생의 숫자는 무려 100만 명을 넘었다. 그들은 본국에서 가장 우수한 학생들로서 학업을 마치고 귀국하면 학계, 경제계, 정치계, 사회계 등을 이끌어갈 사회지도층 엘리트 그룹의 주역을 담당할 사람들이다. 특히 국제관계에 가장 큰 영향을 미치는 경제학의 경우 역대 노벨 경제학상 수상자 총 93명 중 미국인(이중국적 포함)은 69명으로 74%나 된다. 영국 씽크탱크 고등교육정책연구소HEPI가 발간한 '연성권력 지수Soft-Power Index'에 의하면 2022년 현재 세계 각국의 최고 지도자 67명이 미국에서 교육받은 사람들이라고 한다. 이것만 보아도 미국의 소프트파워가 국제사회에서 후발국들에게 얼마나 막강하고 압도적인 영향력을 행사하고 있을지 미루어 짐작할 수 있다.

워싱턴 컨센서스와
시카고 보이즈

●
○

1990년대 미국 행정부와 IMF, 세계은행이 당시 경제적 어려움을 겪고 있던 중남미 국가들을 미국식으로 발전시키기 위해서 권장하고 추진했던 정책을 경제학자 존 윌리엄슨_{John Williamson}이 '워싱턴 컨센서스_{Washington Consensus}'라고 부르기 시작했다. 그것은 사유재산권의 보호, 정부규제 축소, 국가기간산업의 민영화, 외국자본에 대한 규제철폐 등을 기본 골격으로 하는 자유무역에 기반한 내생적 성장 전략이었다. 물론 중남미 국가가 모두 미국의 워싱턴 컨센서스를 그대로 따르고 실천한 것은 아니다. 그나마 경제 상황이 좋은 나라들을 중심으로 시도되었지만 결과적으로 성공했다는 증거는 없다.

중남미에서 유엔개발계획 인간개발지수Human Development Index, HDI 기준 선진국으로 분류되는 우루과이, 칠레, 아르헨티나의 2022년 기준 1인당 국민소득은 1만 8,000달러, 1만 5,360달러, 1만 1,620달러다. 일반적인 선진국 기준인 3만 달러에는 크게 못 미치는 수준이다. 남미의 유럽국이라고 불리기도 했던 우루과이는 19세기 말까지만 해도 영국, 네덜란드 등과 1인당 GDP(PPP) 순위를 다투기도 했다. 칠레는 세계 구리의 약 43%를 생산하는 등 지하자원이 풍부하고 과일, 어류, 목재, 농작물 등을 많이 생산하는 천혜의 자연조건을 갖추고 있다. 1890~1939년 아르헨티나의 1인당 국민소득은 영국, 프랑스와 같은 수준이었고, 1950년까지 스페인의 2배, 일본의 3배에 달했다. 그러나 이들 남미의 대표 국가들의 경제는 지금 정체와 파탄의 악순환을 반복하고 있다. 1960~2022년 경제성장률이 마이너스를 기록한 횟수가 아르헨티나 24회, 우루과이 13회, 칠레 9회였다. OECD 국가 평균 2회와 비교해볼 때 남미 경제가 얼마나 불안정한지 알 수 있다.

광활한 국토, 풍부한 천연자원, 그리고 유럽의 이민으로 성립된 남미국가들이 유사한 조건의 미국이나 캐나다처럼 선진국으로 발전하지 못한 이유는 무엇일까? 극심한 빈부격차, 원주민들의 민중주의, 공산주의와 좌파 이념의 유행, 정치적 불안정 등 남미국가들이 경제를 성장시키지 못한 이유는 국가별, 시대별로 매우 복잡하고 다양하다. 그러나 미국식 자유시장과 자유무역 정책이 남미국가의 경제적 번영에 단 한 번도 성공한 적이 없다는 사실만은 눈여겨보아야 할 대목이다.

'시카고 보이즈Chicago boys'란 말이 있다. 미국에서도 가장 자유주의적 경제이론의 본산이 바로 시카고대학교인데, 그곳에서 유학하고 돌아가 (시카고대 교수들의 지도 하에) 칠레 경제를 미국식으로, 즉 시장주의 개방정책을 통해 발전시켜보려고 한 야심 찬 칠레의 경제학자와 기술관료들을 지칭한다. 시카고대학교는 노벨 경제학상을 33개나 배출한(2024년 현재) 경제학 분야 최고의 명문대학이다. 이런 시도는 한때 성공사례로 거명되기도 했지만 금융자본과 금융시장에 초점을 맞춘 이들의 경제정책은 금융 버블과 외채로 인해 무너져 소득 하락과 경제 불안을 초래하고 말았다. 결국 '시카고 보이즈'의 칠레 실험은 완전한 실패로 막을 내렸다.

1989년에 집권한 아르헨티나의 카를로스 메넴Carlos Menem 정부는 가격 통제 제도를 폐기하고 외국인투자 유치에 힘썼으며, 아르헨티나 페소를 미국 달러에 고정시키는 페그 제도peg system를 도입하는 등의 일련의 조치로 인해 재정적자 감소, 물가안정, 해외투자 유치 등의 성과를 거두었다. 이것은 한때 자유화와 개방화를 기본 골격으로 하는 워싱턴 컨센서스의 가장 큰 성공사례 중의 하나로 평가되었다.

그러나 빈부격차, 과소비, 외채급증 등으로 결국 아르헨티나에 경제적 재앙이 초래되고 말았다. 이를 환율정책의 실패나 현실 상황을 고려하지 않은 일방적 추진 등 정책추진 과정의 미숙함 때문이라고 변명하는 이도 있다. 만약 그렇다면 브라질, 아르헨티나 등 중남미 여러 나라에서 시도된 워싱턴 컨센서스로 경제발전에 성공한 나라도 있기는 해야 할 텐데 현재 단 1개의 성공사례도 남지 않았다. 이러한 사실은 자유시장과 자유무역에 기반한 자유주의적 내생적 성장만으로는 후발국이 선진국 추격에 결코 성공할 수 없다는 사실을 다시 한번 확인시켜주는 증거이다.

영국과 미국에 이어 선진국 추격에 성공한 후발국은 독일과 일본이다. 비스마르크의 철혈정책으로부터 나치 독일에 이르기까지, 또 메이지유신에서 군국주의 일제에 이르기까지 양국은 국가전략으로서 후발국 발전원리를 가장 충실하게 실천한 나라로 꼽는다. 자유시장 기능은 유지하되 자본을 국가 주도로 축적하고 기술도 국가 주도로 확보하며 기업마저 국가 주도로 육성하는 등 선발국 대비 불리한 시장 여건으로 인한 내생적 성장의 한계를 국가전략이라는 외생적 성장으로 극복하였다.

물론 양국의 외생적 성장 전략이 파시즘과 침략전쟁으로 비화한 것은 절대로 용납할 수 없는 범죄행위다. 그러나 그것을 제외하면 선발 산업국 영국과 미국의 성공사례를 벤치마킹하여 선진국을 추격하는 모습은 후발국 발전원리에 입각한 것이었다. 세계대전과 패전이라는 우여곡절은 겪었지만, 전후 독일과 일본은 산업기술 대국으로 부활하여 미국과 함께 3대 경제대국으로 또 G7의 일원으로서 명실공히 선진강대국으로 자리매김하였다. 이들 양국의 발전과정을 다시 한번 배우고 연구하여 가장 효율적으로 경제발전에 성공한 나라가 한국과 대만이다.

선진국의 사다리 걷어차기에 넛크래커가 된 한국 경제

●
○

한국의 성공을 '한강의 기적'이라고 하는데 그것이 기적 중 기적인 이유는 소위 경제성장의 3대 요소라 일컫는 자원, 자본, 기술 중 단 하나도 없는 상태에서, 가장 단기간에 또 그 어떤 성공사례보다도 더 평화적인 방법으로 경제를 발전시켰기 때문이다.

경제적 압축성장과 정치적·사회적 민주화가 항상 조화롭게 선순환하는 것은 아니다. 고도성장을 위한 경제전략이 민주적 절차와 충돌하는 과정에서 우여곡절을 겪었으며 정권교체가 이루어졌다. 오직 반독재라는 단순한 명분으로 탄생한 문민정부는 과감한 민주화

조치를 통해 정치적 자신감으로 충만했다. 그러나 1994년 성수대교와 1995년 삼풍백화점 붕괴 등 연속된 사고로 '사고 공화국'이라는 오명을 눈가림하려고 '선진국 클럽'이라고 알려진 OECD 가입을 서둘렀다. 아직 선진국이 되지 않았는데 선진국 흉내를 내기 시작한 것이다.

한국은 1996년 준비되지 않은 상태로 OECD에 가입하면서 세계화와 함께 선진국 기준의 제도와 국제규범을 수용했다. 자본시장, 서비스시장을 개방하고 외국인투자를 자유화하는 등 후발 개도국으로서 경제에 대한 보호장치를 자진 철폐한 것이다. 이것은 마치 약한 나라가 강대국 흉내를 내느라고 국경을 철폐하고 침략군의 진입을 허용하여 국가적 위기를 자초하는 것과도 같은 어리석은 짓이었다.[9]

금융시장이 개방되고 원화가 고평가되자 선진국으로부터 단기자본이 밀려들어 왔다. 금융기관은 외채를 도입하고 기업은 어음을 발행했다. 그런 와중에 동남아 국가들이 외환위기로 달러 부족 사태를 겪자, 외국 투자자들은 한국 경제에도 불안감을 느껴 단기로 투자한 자금을 연장하지 않고 회수하기 시작했다. 당시 한국이 외국에 갚아야 할 돈은 1,500억 달러가 넘었는데, 가지고 있는 외화는 40억 달러에도 못 미쳤다. 빚을 갚지 못한 기업이 무너지고 국가는 부도 위기에 직면하게 된 것이다. 정부는 IMF에 금융지원을 요청했다. 이는 정부의 섣부른 세계화에 의한 금융정책의 실패가 부른 '인재'였다.

IMF의 지원 조건은 신자유주의를 무조건 수용하라는 것이었다. 자본시장을 개방하여 외국자본이 마음대로 드나들 수 있도록, 국제 금융 자본이 한국 기업을 쉽게 인수합병할 수 있도록 했다. 나아가 국내 고금리정책을 써서 부채가 많은 기업은 빨리 도산시키는 소위 부실기업 정리를 강행했다.

또한 공기업도 사업축소와 인원감축 같은 고강도 구조조정을 하고 민영화해 외국자본이 손쉽게 인수합병할 수 있도록 만들었다. 1998년, 결국 대기업 39개 사를 비롯하여 1만 개의 이상의 중소기

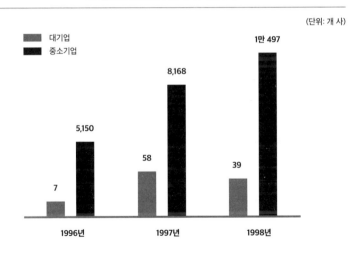

[그림10] 외환위기 당시 부도업체 수

업이 부도처리 되었다. 특히 상위 30대 그룹 중 대우, 쌍용, 동아 등 11개 사가 퇴출당했다. 은행이 망한다는 것은 상상도 하지 못한 일이었지만, IMF 이후 동화, 대동 등 9개의 은행도 문을 닫거나 흡수, 병합되고 말았다.

그에 따라 실업률도 크게 증가했다. 실업자도 전년보다 8.4만 명증가하여 12.5만 명으로 집계됐다. 이는 IMF 전보다 2배 늘어난 것이었다. 노동자의 해고가 쉬워지고 정규직 대신 비정규직 노동자가 늘었다. 경제성장률은 마이너스 7%대까지 내려갔다. 자살률 또한 50% 상승했다. 하지만 우리는 정부와 국민이 일치단결하여 금모으기를 하는 등의 노력으로 2001년 8월에 빌린 돈을 모두 갚고 IMF 관리 체제를 예정보다 일찍 끝낼 수 있었다.

비록 당시에는 국가부도를 막기 위한 불가피한 선택이었는지 모르지만, 그것은 국가 경제의 미래 성장 잠재력을 희생함으로써 얻은 상처뿐인 영광이었다. 살릴 수 있는 기업을 죽이고 자생력 있는 기업을 팔아치우는 등 과잉희생의 대가로 당면한 위기를 모면한 것이었다. 응급처치로 당장 목숨은 살렸다고 하나 과잉수술로 난도질 당한 몸이 정상으로 돌아갈 길이 요원해진 셈이다. 과잉처방으로 한국 경제의 성장동력이 심각하게 손상되었기 때문이다. 암을 치료하려고 항암제를 썼는데 약이 너무 강해 암세포뿐만 아니라 건강한 세포까지 대량 죽여버린 것과도 같았다.

IMF 외환위기가 닥치자 신자유주의적 선진국 논리에 물든 이들은 외환위기의 원인이 시장원리가 제대로 작동하지 못했기 때문이라는 원론적 주장을 되풀이했다. 그들은 정부의 정책을 관치 government intervention라고 비판하기 시작했다. 은연중에 한강의 기적 또한 사상누각으로 매도되었다. 그들이 자유시장이라는 환상에 사로잡혀 현실을 직시하지 못한 것은 정말 안타까운 일이다. 1997년 외환위기 당시에는 당장 국가부도를 막기 위해서 IMF가 요구한 신자유주의 정책을 수용하지 않을 수 없었다. 그러나 그들은 2008년 글로벌 금융위기가 발생하자 아예 자발적으로 신자유주의를 앞서 받아들이기 시작했다. 그들은 신자유주의 대안을 찾을 능력도 없었고

[그림11] 우리나라 실질 GDP 성장률

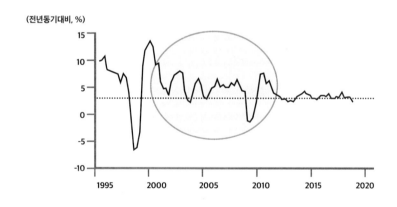

(전년동기대비, %)

그럴 생각도 없었다. 이는 외부적 요인에 의해 난파선이 된 배에서 내부적 요인에 의해 난파선이 된 배로 옮겨 탄 것과 같은 처량한 모습이었다. 한국의 경제성장률도 마이너스 1.9%를 기록했다.

IMF 외환위기를 막 벗어난 한국에 금융자본주의 세력이 만든 글로벌 경제위기는 또 한 번 치명상을 입혔다. 섣부른 세계화와 OECD 가입으로 외환위기가 닥쳤고, IMF 지원으로 국가부도를 막기 위해 신자유주의를 일단 수용할 수밖에 없었다. 그리고 2008년 금융위기로 한국 경제는 신자유주의를 맹목적으로 수용했다. 그래서 오늘날까지 한국의 GDP 성장률은 대세하락을 지속하고 있다. 매 정부마다 성장률이 평균 1%씩 하락한 셈이다.

선진국의 문턱에서 좌절한 한국

상황이 이렇게 흘러온 건 세계대전 이후 자유무역 원칙만 천명한 GATT 체제가 WTO 체제로 바뀌면서 자유무역과 자유금융이 글로벌 스탠더드로 자리 잡았기 때문이다. 또한 국내 학자와 관료 대부분이 미국, 영국 등에서 공부한 이들이어서 신자유주의에 깊이 물들어 있었기 때문이기도 하다.

자유주의 시장경제 이론은 앞서 설명한 것처럼 내생적 성장이론이다. 이들은 현재 선발 산업국으로 분류되고 있는 영국과 미국이 강력한 보호무역이라는 외생적 성장을 통해 앞선 선진국을 추격하고 또 추월했다는 사실을 몰랐다. 또 후발 산업국 독일과 일본의 성공도 제대로 설명하지 못한다. 특히 한강의 기적이 왜 성공할 수 있었는지에 대한 이론적 설명은 아예 불가능하다. 그들은 선진국 학자들이 표방하는 선택적 진실을 무비판적으로 암기한 사람들이다. 선진국의 소프트파워에 세뇌된 것이다.

이들의 사고의 지평은 시대착오적인 조선의 위정척사파와 놀랄 만큼 닮았다. 맹신의 대상이 주자학에서 자유시장으로 바뀌었을 뿐이다. 국익과 민생 차원에서 득과 실을 꼼꼼히 따져보지도 않고 오직 대의명분이라는 이름으로 사대事大를 서슴지 않았던 사람들과 크게 다를 바 없다. 후발국은 외생적 성장에 의해, 즉 확대재생산 체제의 임계 경로를 국가전략으로 확장해주어야만 선발국을 추격할 수 있다. 그런데 신자유주의를 주장하는 선진국 학자들이 외생적 혁신을 정말 모르는지 아니면 알고도 언급하지 않는 것인지는 정말 알 수 없는 일이다.

우여곡절을 겪으며 자의 반 타의 반으로 수용할 수밖에 없었던 신자유주의적 국제경제 질서 때문에 이제 외생적 성장이 점점 더 어려워지고 있다. 우리는 선진국 진입 문턱에서 중진국 함정에 빠져든 한국 경제의 모습을 넋 놓고 바라볼 수밖에 없었다. 그동안 정권이 여러 번 바뀌었지만, 경제를 발전시키기 위한 국가전략, 즉 외생적 성장을 추구하는 정파나 정권은 없었다.

보수 우파는 내생적 성장을 위한 자유시장 환경을 조성하는 것이 정부 역할의 전부라고 생각했다. 외생적 성장은 '관치'라는 이름으로 매도되었다. 진보 좌파는 정부의 역할이 성장이 아니라 복지라고 생각했다. 경제적 불평등 해소라는 명분은 외생적 성장과 반대되는 개념으로 사용되었다. 상대적으로 불리한 위치에 있던 후발국 한국의 기업과 기술이 더욱 불리한 환경으로 내몰리고 있었다.

선진국의 내생적 성장과 중국 등 개도국의 외생적 성장 사이에서 한국 경제가 넛크래커nut-cracker 신세로 전락하며 성장동력을 상실한 것은 변명의 여지가 없는 정권의 실패였고 또 정부의 실패였다. 오늘날 우리가 처한 암울한 경제 상황은 결국 보수 우파와 진보 좌파 모두 국가발전 원리에 대한 이해가 부족했기 때문에 초래된 의도치 않은 합작품이라고 해도 과언이 아니다.

아직도 한국의 경제성장률은 30년 이상 대세 하락 기조를 이어가고 있다. 외생적 성장을 하느냐 못하느냐는 선진국 대열에 진입하느냐 아니면 중진국 함정에 빠지느냐의 문제였다. 신자유주의 국제질서 도입과 외생적 성장의 자발적 포기가 한국 경제를 중진국의 함정에 밀어 넣은 것이다. 우리가 천신만고 끝에 이룬 한강의 기적이 이렇게 절반의 성공으로 끝나고 말았다.

WTO, 극복할 수 없다면 활용하라

전후 미국의 황금기(1945~1975년)는 30여 년 만에 종말을 고했다. 1,500만t 이상의 폭탄 투하와 연인원 260만 명의 병력파견으로 인한 베트남전쟁의 경제적 부담에 시달리던 미국은 1970년대 두 차례의 오일쇼크(1973년, 1979년)로 인해 인플레이션과 저성장이 동반하는 스태그플레이션stagflation 현상을 겪었다. 또 일본과 독일 등 서유럽 국가들의 경제적 도전으로 무역수지가 계속 악화되고 있었다. 마셜 플랜(2차세계대전 후 서유럽에 대한 미국의 경제원조 계획) 등으로 패전국과 유럽 경제를 재건하고 전후 독보적인 경제력을 기반으로 서방세계 경제부흥에 앞장선 미국은 GATT 체제가 정하는 자유무역 원칙을 벗어나는 각국의 보호무역을 크게 문제 삼지 않았다.

그러나 미국 경제가 국제경쟁력을 상실해가기 시작하자 더이상 물러설 여유가 없어진 미국은 후발 경쟁국들의 추격을 뿌리치기 위해서 자유무역 체제를 강화할 필요를 절감하게 된다. 과거 GATT 체제는 법적 강제력이 없는 쌍무협정에 불과했기 때문에, 미국은 GATT 체제를 다자간 협정을 통해 국제분쟁에 대한 사법적 판결권과 판결의 강제집행권을 가진 세계무역기구World Trade Organization, 즉 WTO 체제로 대체했다. 또 국제교역의 대상을 상품뿐만 아니라 서비스, 지식재산권, 국제투자 규범 등으로 확장했다. 이는 현대 산업사회가 미래 지식산업사회로 이행하는 과정에서 나타난 자연스러운 현상이라는 측면도 있다. 그러나 이는 상품보다 자본, 기술, 서비스 측면에서 가장 앞서 있는 선진국, 특히 미국의 이익을 보호하기 위한 한층 더 강력한 보호무역 조치라고 볼 수 있다.

이러한 측면에서 WTO 체제는 산업과 기술을 먼저 발전시킨 선발국들이 그들의 기득권을 보호하기 위해서 후발국들의 추격을 범세계적으로 원천봉쇄하는 '사다리 걷어차기의 국제규범화'라고 할 수 있다. WTO 체제는 최빈국 개도국에 대한 예외규정을 두고 있다. 선진국의 경쟁상대가 되지 않는 나라들은 보호무역을 해도 눈감아 주겠다는 것이다. 그렇다면 WTO 체제가 표적으로 삼은 나라는 선진국을 치열하게 추격하고 있는 예비 선진국이라고 할 수 있다. 그리고 그 첫 희생자가 한국과 대만인 셈이다. 한국과 대만이 선진국 대열 진입 직전에 중진국의 함정에 빠지게 된 국내외적인 원인은 제각기 매우 복잡하고 다양하다. 그런데 이러한 현상이 WTO 체제의 발족과 결코 무관하지 않다는 것은 국제경제 전문가들 사이에서는 잘 알려진 사실이다.

물론 한국과 대만도 반도체 등 여타 선진국을 능가한 수준의 산업 분야에서는 WTO 체제가 다른 나라의 추격을 뿌리치고 상대적 우위를 유지하는 데 도움이 되는 것 아니냐고 반문할 수 있다. 물론 그런 측면이 전혀 없지는 않겠지만 항상 그런 것도 아니다. 미국의 제조업 육성과 기술적 우위 유지를 목표로 한 '인플레이션 감축법'이나 '반도체 지원법'이 미국에 300조 원이 넘는 투자액을 유치한 것으로 추산된다.

한국과 대만이 본국이 아닌 미국에 투자하여 공장을 건설하는 이유가 뭘까? 미국 반도체 지원법에 의한 반도체 생산 보조금과 연구개발 지원금 때문이다. 그러나 좀 더 근본적으로는 반도체 생산을 위한 원천기술 및 반도체 장비 생산을 위한 원천기술 등 첨단 산업 기술의 원천을 미국이 확실하게 장악하고 있고, 그러한 원천기술을 WTO 체제를 통해 보호받고 있기 때문에 미국의 조치에 대항할 수도, 거역할 수도 없다. 전기 자동차, 배터리 등 다른 첨단 산업기술 분야에서도 같은 현상이 나타나고 있다.

이와 같은 사실에도 불구하고 WTO 체제가 한국에 유리하게 작용하는 측면도 있다. 미국이 WTO 체제에 중국을 편입시킴으로써 한국이 대중국 무역에서 엄청난 흑자를 내며 경제적 혜택을 보기도 했다. 또 미국이 작성한 중국의 WTO 의무 위반 보고서에 근거한 '칩4동맹Fab4' 같은 대중국 첨단기술 금수조치로 인하여 첨단 기술산업 분야에서 중국의 추격으로부터 우리의 상대적 우위를 간신히 지켜나가는 데 크게 도움이 되고 있다. WTO 체제가 우리에게 불리하든 유리하든, 우리에게는 WTO 체제에 영향력을 행사할 능력도 방법도 없다. 과장이 허락된다면, 지금 미국이 주도하는 세계질서는 대자연의 섭리처럼 작동한다. 인류가 대자연에 그저 순응하는 대신 이를 이용해 문명을 건설했듯, 한국도 국제사회의 법칙을 슬기롭게 활용하여 선진 대한민국을 건설해야 할 것이다.

수천 년간 감속하던 고대문명 이래 처음으로 경제성장이 가속하는 자본주의적 근대문명이 시작된 곳은 네덜란드다. 네덜란드는 자유시장과 자유무역을 기반으로 한 내생적 성장만으로 경제 패권국이 되었지만, 그 후 패권국으로 등장한 영국, 미국은 물론이고 선진 강대국 대열에 합류한 독일, 일본도 모두 내생적 성장을 기반으로 하되 국가전략에 의한 외생적 성장으로 경제발전에 성공했다. 한국과 대만도 그랬지만 공산주의를 표방하는 중국조차도 '계획경제를 통한 외생적 성장'이라는 국가전략 위에 '자본주의적 내생적 성장'이라는 시장원리를 접목해 경제력 측면에서 미국을 위협할 수준에 이를 수 있었다.

반대로 어떤 후발국도 내생적 성장만으로 선진국 추격에 성공한 사례는 없다. 물론 홍콩, 싱가포르 또는 아일랜드 등 내생적 성장에 의해 경제성장에 성공한 사례도 있기는 하다. 그러나 이들은 국가의 운명을 주변 경제권에 의탁하는 소규모 도시국가 수준의 의존경제라서 국민국가nation state 수준의 독립경제권으로 인정할 수는 없다.

그런데 한국이 올바른 국가발전 원리에 입각해 내생적 성장과 외생적 성장을 잘한다고 해서 과연 영국이나 미국 같은 패권국의 반열에 오를 수 있을까? 당장 이웃에 인구 14억의 G2 중국과 한국 경제의 롤모델이던 G3 일본과의 경쟁에서 이길 수 있을까? 이러한 의문이 드는 것도 사실이다. 그렇다며 한국의 성공을 약속하는 국가전략은 과연 무엇일까?

강소국의 필승전략 1.
과점패권 전략

●
○

　농업사회에서는 농산물, 광산물, 축산물, 임산물, 수산물 등 모든 가치가 영토를 기반으로 창출된다. 그래서 농업사회에서 강대국의 경제적 패권은 독점적일 수밖에 없었다. 산업사회에서는 '자본'과 '노동'과 '기술'이 '기업'을 통해 원자재를 상품과 서비스로 만들어 가치를 창출한다. 이상 4가지 생산요소가 모두 한 국가 내에 항상 존재하는 것이 아니다. 게다가 생산과정에서 수없이 많은 소재와 부품, 장비(이하 소부장)를 필요로 한다. 이들 소부장산업은 세계 수많은 나라가 제각기 최고의 기술과 기업을 나누어 가지고 있다. 아무리 강대국이라 하더라도 외국으로부터 생산요소 또는 소부장의 일부를 수입하지 않을 수 없다. 따라서 산업사회에서 강대국의 경제적 패권은 완전히 독점적일 수 없고, 다른 경쟁력 있는 나라와 함께 분점分店 또는 과점oligopoly 체제를 구축할 수밖에 없다. 결국 한국 같은 강소국이 추구해야 할 국가전략은 '과점패권 전략'이다.

영토확보를 지상목표로 하는 농업국의 발전전략은 '원교근공遠交近攻'이다. 영토란 국경을 접한 이웃 나라에서만 빼앗을 수 있으니, 그 이웃 나라와 또 다른 영토 다툼을 할 먼 나라와 연대하여 이웃 나라를 협공하는 것이 가장 효과적인 국가전략이다. 적국의 적국은 곧 우방국이기 때문이다. 그런데 산업국의 발전전략은 경쟁과 보완이다. 유사제품이나 서비스를 잘 생산하는 나라들과는 치열한 경쟁을 통해서 기술을 혁신하고 생산역량을 키워야 한다. 그러나 경쟁에는 승패가 뒤따르기 마련이니 경쟁국은 잠재적인 적국일 수밖에 없다. 서로 다른 생산요소나 소부장을 나누어 생산하는 나라들과는 안정적인 수입과 수출을 통해 건실한 보완관계를 유지하고 발전시켜 나가야 한다. 보완은 곧 상생win-win이니 보완국은 우방국이다. 경쟁과 보완의 원리는 원교근공에서와 같이 적국과 우방국들의 다양한 조합을 이루게 된다. 이를 '1·3·5 전략'이라고 명명하고자 한다. 한국 입장에서 세계 각국을 5개 국가군으로 분류하면 예컨대 1군은 단연 최선두에선 미국이다. 2군은 앞선 미국과 경쟁하되 동시에 뒤쫓는 한국과도 경쟁하는 EU, 일본 등 선진국이다. 3군은 한국이다. 4군은 산업화로 한국을 뒤쫓는 중국 등 여타 개도국들이다. 5군은 러시아 같은 나라, 주로 농산물, 광물, 에너지 자원을 생산해 수출하는 나라들이다. '1·3·5 전략'은 3군인 한국이 보완관계에 있는 1군, 5군 국가와는 연대를 강화하고, 경쟁 관계에 있는 2군, 4군 국가와는 더 치열하게 경쟁해서 국가를 발전시키는 전략이다. 산업사회에서 보완관계는 농업사회의 원교遠交에 해당하고 경쟁관계는 근공近攻에 해당하기 때문에 1·3·5 전략은 산업사회의 복합적 원교근공 정책이라고 할 수 있다.

이러한 1·3·5 전략을 가장 적극적으로 또 성공적으로 구사하고 있는 나라는 미국이다. 1980년대 미국을 뒤쫓던 일본에 대한 철강, 자동차, 반도체 등 수출자유규제 협정과 플라자합의는 2군 국가에 대한 근공 전략이었다. 당시 3군 국가에 해당하는 한국, 대만 등은 미국의 원교 전략의 수혜자였다. 최근 미국은 중국을 미국과 가장 치열하게 경쟁하는 2군국으로 간주하기 때문에 중국에 대한 무역제재, 첨단기술 봉쇄에 나서고 있다. 그중에서도 칩4 동맹은 1군국 미국이 2군국 중국을 견제하기 위해 3군국 한국, 대만, 일본과 연대하는 가장 전형적인 1·3·5 전략이라고 볼 수 있다.

이를 두고 "안보도 중요하고 명분과 가치도 중요한데 어떻게 경제 일변도의 국가발전 전략만 이야기하는가?" 하는 의문을 가질 수 있다. 그러나 경제력과 첨단산업 기술력이 전쟁의 승패를 좌우하는 현대사회에서 '경제는 곧 안보'다. 경제적 과점패권은 곧 군사적 과점패권이고, 국가와 국민의 안전보장을 의미한다. 게다가 명분과 가치란 패권국의 행위를 정당화하기 위한 수사rhetoric로서 패권국이 휘두르는 채찍과 당근 중 당근에 해당하는 것이다. 채찍이 군사력, 경제력 같은 하드파워라고 할 때 당근은 명분과 가치와 같은 소프트파워인 셈이다. 이러한 소프트파워의 경우에도 선진 강대국이 후발 개도국 지식인을 어떻게 세뇌하여 자발적 동의를 이끌어내는지 그 구체적 사례는 자유무역과 보호무역에 대한 설명으로 갈음하고자 한다.

산업 측면에서 또는 기업 입장에서는 거시적·국가적 1·3·5 전략을 기반으로 하되 그 경쟁과 보완의 대상을 제각기 5개의 군으로 분류하고 새롭게 분류된 산업 기술군과 기업군 사이에서 한국의 원교근공 전략을 융통성 있게 적용할 필요가 있다.

강소국의 필승전략 2.
초격차 전략

●
○

산업사회에서도 국토가 크고 인구가 많은 강대국은 생산요소나 소부장의 국제무역 의존도가 상대적으로 낮다. 자국에서 소비되는 제품과 서비스 대부분을 국내에서 생산할 수 있기 때문이다. 그래서 모든 산업과 기술을 균형 있게 발전시켜야 한다. 그러나 국토도 좁고 인구도 적은 강소국은 생산요소나 소부장의 대부분을 수입에 의존한다. 이들 수많은 제품과 서비스를 자국 내에서 모두 생산할 능력이 없다. 그리고 세계 각국의 대표상품과 경쟁할 만한 우수상품을 생산하는 것은 더더욱 불가능하다. 어차피 수입에 의존할 수밖에 없는 상황에서 강소국이 취할 수 있는 최선의 전략은, 자국이 비교우위를 가지고 있는 국제경쟁력이 가장 높은 상품을 더 잘 만들어 더 비싼 값에 수출함으로써 더 좋은 제품을 더 많이 수입하는 것이다. 이것을 '초격차 전략'*이라고 명명했다. 초격차 전략으로 가장 잘 만들던 한 가지 상품을 더욱 잘 만들어 경쟁 제품과의 격차를 크게 만들면 거기서 확보한 자금과 기술을 바탕으로 새로운 초격차상품을 연이어 발굴해 나갈 수 있다는 점이 초격차 전략의 더 큰 장점이다.

국가전략으로서 초격차 전략의 성공사례는 네덜란드에서 찾아볼 수 있다. 15세기 들어 북해에 청어어장이 형성되자 네덜란드는 영국, 덴마크, 독일, 스칸디나비아 국가들과 치열하게 경쟁했다. 네덜란드는 한때 인구의 반 이상이 청어잡이 관련 산업에 종사했을 정도로 청어산업이 곧 국가전략 산업이었다. 청어잡이를 위해 특별한 배 herring buss를 건조하다 보니 조선업이 발전했고, 발전된 조선기술은 상품 적재량 대비 항해에 필요한 필수인력을 1/3로 줄인 플루트선 Fluyt 같은 효율적인 무역선의 개발로 향신료 무역시장을 장악한다. 청어잡이에서 조선으로 또 해운으로 초격차산업이 새로운 초격차 산업을 연이어 발굴해나감으로써 결국 경제 패권국으로 등극한 네덜란드의 사례가 바로 초격차 전략의 모범사례였다.

◇◇◇

* 권오현 전 삼성전자 회장의 저서 제목에서 이름을 차용.

한국이 세계 최초로 256M DRAM을 개발하여 메모리 반도체 분야에서 세계 최고가 된 것은 1994년의 일이었다. 그때 한국의 학자와 정책결정자 그리고 언론 등 대부분 지식인은 이제 반도체는 잘되고 있으니 국가 균형발전 차원에서 다른 기술, 다른 기업을 지원해야 한다는 데 뜻을 같이했다. 삼성전자와 SK하이닉스는 아직도 DRAM 메모리 반도체 분야에서는 70% 이상의 시장점유율을 유지하고는 있으나 시스템 반도체 분야에서는 존재감이 미미한 수준이다. 최근 CPU와 GPU 분야에서는 인텔, AMD, 엔비디아 등 미국 기업이 주도권을 유지하고, 모바일 반도체 분야에서는 영국 ARM과 미국 퀄컴이 주도하고 있다. 기술 수준은 물론이고 AI 시대에 필요한 시스템 반도체나 소부장산업에서도 존재감이 미미하기는 여전하다.

만약 30년 전에 한국이 세계 최고의 DRAM 반도체산업을 더욱 발전시키는 초격차 전략을 선택했더라면, 반도체 관련 전후방산업은 물론이고 반도체에서 습득한 첨단기술을 기반으로 AI 분야에서도 주도권을 잡았을 것이다 이러한 사실은 한국이 현재 국제적 비교우위를 가지고 있는 배터리, 디스플레이 등의 첨단 산업기술 분야에서도 마찬가지다.

그런데 이러한 첨단 산업기술을 보유한 곳이 모두 대기업이기 때문에 중소기업을 우선적으로 지원해야 한다고 주장하는 사람도 많다. 물론 중소기업을 중견기업으로 또 대기업으로 키워나가는 정책은 매우 중요하다. 그러나 이는 중소기업과 대기업 간의 건실한 협력관계 구축을 통해서 가능한 것이지 중소기업을 무조건 지원한다고 되는 것은 아니다. 현재 독일의 강소 기술기업과 일본의 소부장 산업 등 중소, 중견기업 규모의 히든챔피언들도 그 기술과 기업의 연원을 거슬러 올라가 보면 2차세계대전 당시 국가전략으로 육성한 대기업 혹은 그 협력기업들에 뿌리를 두고 있다.

예외적으로 대기업 없이 중소기업 육성에 성공했던 대만의 경우는 전 세계에 흩어져 있는 화교와 화상들이 국내의 대기업 대신 중소기업을 키우는 우산 역할을 해주었기 때문에 가능했다. 실리콘밸리에서 새롭고 창조적인 기술벤처가 우후죽순처럼 등장할 수 있었던 이유도 미국의 연방정부 국가전략으로 우주 및 방위산업 기술이 대학에서 연구, 발전되고 기술과 인력이 대거 육성되었기 때문에 시작될 수 있었다. 그리고 실리콘밸리 기업들은 기존 대기업이 개발한 경영, 기술인력과 노하우를 흡수함으로써 오늘에 이를 수 있었다.

초격차 전략은 경제뿐만 아니라 국가안보에 더 결정적으로 기여한다. 예컨대 미국이 대만의 안보를 지키는 가장 큰 이유 중 하나가 반도체 파운드리에 초격차를 유지하고 있는 TSMC 때문이다. 그래서 대만에서는 TSMC를 호국신산護國神山이라고 부른다. 결국 대한민국의 과거와 현재, 자연조건과 산업기술 현황 등을 모두 감안할 때 '초격차 전략'은 우리가 선택할 수 있는 여러 대안 중의 하나가 아니라 지금 우리가 국가전략 차원에서 꼭 선택하지 않으면 안 될 필수 전략이라고 할 수 있다.

강소국의 필승전략 3.
첨단 산업기술 올인 전략

●
○

대항해시대와 산업혁명을 거치면서 영국을 위시한 서유럽 국가들은 전 세계에 식민지를 건설해 원주민을 몰아내고 이민을 장려함으로써 세상을 그들의 것으로 만들어나갔다. 영국의 식민지로 시작한 미국, 캐나다, 오스트레일리아 등을 보면 인구밀도가 1km²당 각각 약 34명, 4명, 3명밖에 안 되는 거대한 국토를 보유하고 있다. 지하에는 석유 등 지하자원이 엄청나게 많고, 지상에는 숲과 농지가 한없이 펼쳐져 있다. 게다가 그동안 축적한 자본과 기술을 후손들이 이어받아 선진 강대국으로 풍요와 평화를 맘껏 누리고 있다.

메이지유신으로 뒤늦게 산업혁명에 성공한 일본은 패전으로 한때 침략했던 지역을 대부분 회수당했으나, 남으로 오키나와에서 북으로 홋카이도에 이르는 큰 영토를 여전히 보유하고 있다. 양무운동과 신해혁명으로 불완전하게나마 산업화와 근대화를 시도한 중국은 티베트, 신장위구르, 그리고 내몽골에 이르기까지 대청제국 영토의 상당 부분을 지킬 수 있었다. 그런데 산업혁명에 소외된 조선은 간도를 빼앗기고 망국의 치욕과 고통의 우여곡절을 겪으며 국토마저 남북으로 분단되었다. 현재 한국은 석유 한 방울 나지 않는 척박한 국토에 인구밀도는 1km²당 517명으로 세계 최고 수준이다. 중국과 일본이 주장하는 해양영토와 영공 및 항공식별구역Air Defense Identification Zone, ADIZ은 한반도를 겹겹으로 둘러싸 숨 쉴 틈 없이 포위하고 있다.

모든 가치가 자연에서 창출되는 농업사회였다면 이런 상황에서 특별한 국가 발전전략이 있을 수도 없고 열심히 찾아봐야 국가발전에 크게 도움이 되지도 않았을 것이다. 그런데 산업사회는, 혹은 산업국의 경우는 크게 다르다. 국토보다 기술과 기업이 가치창출의 원천이기 때문이다. 예컨대 2022년 삼성그룹 주요 15개 사의 매출은 약 3,500억 달러로 홍콩(3,598억 달러), 콜롬비아(3,439억 달러) 등 한 나라의 GDP와 맞먹는다.

예를 들면 삼성그룹과 같은 기업을 하나 새로 만들면 가치창출

측면에서 콜롬비아 국토면적 114만km²의 영토를 새로 확보한 것과 대등한 것이라 할 수 있다. 이러한 측면에서 비록 현재 중국과 일본에 둘러싸여 한반도 남단 10만km²의 좁은 땅에 갇혀 있지만, 우리가 개척하고 확장해나갈 영토는 '첨단 산업기술 대륙'이라는 미지의 사이버 대륙으로 한없이 크게 펼쳐져 있는 셈이다. 앞으로 개척할 첨단 산업기술 대륙은 과거 제국주의자들이 개척한 신대륙과는 근본적으로 다르다. 그들은 원주민을 학살하며 남의 땅, 남의 행복을 빼앗아 자기 것으로 만들었다. 그러나 우리는 새로운 대륙에서 새로운 가치를 창출함으로써 새로운 행복을 만들어 이웃과 더불어 나누며 다 함께 잘살 수 있는 세상을 만들어갈 것이다.

그러나 산업기술 전략은 우리만 할 수 있는 것은 아니다. 그동안 섬유, 가전, 조선, 자동차, 반도체 등 산업기술 영토를 우리에게 잠식당해온 일본은 소부장산업을 지렛대 삼아 절치부심 반격을 시도하고 있다. 또 중국의 거대자본과 거대 국내시장을 기반으로 한 '굴기'라는 독점적 국가전략은 이미 대다수의 첨단 산업기술 분야에서 한국을 압도하기에 이르렀다. 앞선 일본의 반격과 뒤쫓던 중국의 굴기 사이에 낀 한국의 첨단 산업기술의 모습은 일본 열도와 중국 대륙 사이에 갇힌 한반도의 모습과도 흡사하다. 이렇게 강대국 사이에 낀 강소국 한국의 필승전략은 과연 무엇일까?

올인(all in)하지 않으면 모두 잃을(all lose) 것이다

한마디로 첨단 산업기술에 올인all in하는 전략밖에 없다. 올인 전략에는 3가지 조건이 필요하다. 첫째, 인내자본patient capital*을 투자한다. 둘째, 규제를 최대한 철폐한 가운데 투자한다. 셋째, 더 빨리 더 과감하게 투자한다. 이것은 강소국의 필승전략인 동시에 사면초가의 위기에 처한 대한민국의 생존전략이다.

첨단 산업기술의 경우 상업화에 성공하기까지 장시간이 소요된다, 가령 rRNAribosomal ribonucleic acid(리보솜리보핵산)의 경우 1961년에 발견되어 백신으로 활용하는 기술로 상용화하는 데까지 40여 년이 소요되었다. LCD의 경우에도 국내에서 1986년 기술개발을 시작한 후 8년이 지나고 나서야 첫 제품을 출시할 수 있었다. 4차산업혁명의 성숙과 함께 기술이 고도화되고 첨단화할수록 점점 더 긴 시간을 연구에 투입해야 더 큰 규모의 성과를 얻을 수 있다. 그래서 장기적인 안목으로 자본을 계속 공급하는 '인내자본'의 역할이 중요하다. 민간자본의 경우 수익률에 대한 민감성과 회수에 대한 조급성, 그리고 미래에 대한 불확실성 때문에 인내자본을 충분하게 공급하기 어려운 것이 현실이다. 결국 인내자본 조성에는 정부의 역할이 중요하

◇◇◇

* 혁신에 적합한 인내심 있는 자본. 장기투자를 통해서 수익을 포착하는 것을 목표로 하면서, 기업 경영자가 단기적인 시장 압력에 대응하지 않을 경우에도 투자나 대출을 회수하지 않는 자기자본 또는 부채.

다. 현재 주요국에서는 국가 미래 산업기술 확보를 위해 정부가 주도하는 인내자본 투자기구를 출범, 운용 중이다. 영국의 '인내자본 리뷰Patient Capital Review', '소셜 임팩트 본드Social Impact Bond', 프랑스의 공공투자은행인 'BPI 프랑스Bpifrance', 싱가포르 정부가 보유한 투자지주회사인 '테마섹Temasek' 등은 대표적인 정부 주도의 인내자본 조성 사례들이다.

한국의 첨단 산업기술 올인 전략도 고위험, 고성장의 미래전략기술을 중심으로 한 인내자본 투자로부터 시작되어야 한다.

두 번째 조건인 '규제철폐'는 미래를 향한 첨단 산업기술의 생명선lifeline이다. 영국은 위험을 무릅쓰고 거친 파도를 뚫고 미지의 세계로 나아가 팍스 브리태니카의 영광을 쟁취했다. 그러나 왜구로부터 인명을 보호한다는 허울 좋은 명분으로 항해를 금지한 조선의 해금정책海禁政策은 민간의 기업적 무역활동을 원천봉쇄함으로써 결국 조선의 쇠락과 멸망을 자초하고 만다. 규제하지 않는 나라는 성공했고 규제하는 나라는 실패했다는 역사적 사실은 만고불변의 진리다.

근로자의 인명보호를 위해 2021년 제정된 '중대재해처벌법'이, 아직 어떤 위험이 도사리고 있는지 아무도 알 수 없는 미래 첨단 산업기술 분야에 무제한 적용될 경우 조선의 해금정책과 같은 참담한 실패를 반복할 수 있다. 특히 창조적 아이디어와 첨단 산업기술을 바탕으로 도전을 시작하는 벤처기업은 규모나 자금 면에서 안전에 만전을 기하기 어렵다. 벤처venture란 위험을 무릅쓰는 모험 그 자체이기 때문이다. 흔히 신대륙을 발견한 콜럼버스를 '최초의 앙트레프레너'라고 하는데 만약 당시 유럽에 중대재해처벌법이 있었다면 콜럼버스는 중죄인으로 처벌받고 해가 지지 않는 나라 스페인제국과 대영제국의 영광도 없었을 것이다. 왜냐하면 콜럼버스는 1492년 항해에서 산타마리아호의 좌초로 40여 명의 선원을 서인도제도에 남겨두고 귀환했는데, 그들은 결국 전원 사망하고 말았기 때문이다.

규제철폐의 핵심은, 위험을 무릅쓸 미래지향적 첨단 산업기술의 '인재 채용'과 사후 발생한 사고에 대한 '법적·제도적 관용'이다. 전통기업이 첨단 산업기술 분야로 진출할 경우 기존 인력을 첨단기술 인력으로 대체할 수 있도록 고용이 유연화되어야 한다. 기존 인력 해고에 따른 보상 및 재교육 등 모든 경제적 책임은 기업이 부담하되, 법적·제도적 사후 처리는 정부 혹은 공공기관이 대행하도록 하면 해결된다. 또 2013년 제정된 '유해화학물질관리법', 2021년도에 제정된 '중대재해처벌법' 등을 업종별 특성이나 상황에 맞게 개정하여 혁신적인 기업가가 첨단 기술산업 분야에 위험을 무릅쓰고 뛰어들어 미래 성장동력을 개발하는 선도자가 될 수 있도록 법과 제도를 정비해야 한다.

세 번째 조건인 '더 빠르고 더 과감한 투자'는 강소국이 강대국을 이길 수 있는 거의 유일한 비법이다. 현실 세상에서는 다윗과 골리앗의 싸움에서 다윗이 이길 확률이 매우 낮은 것이 사실이다. 그러나 방법은 있다. 뉴턴의 제2운동 법칙인 '가속도의 법칙'에 따르면 $F=ma$, 즉 힘의 크기는 질량과 가속도의 곱과 같다. 질량이 반이면 가속도를 2배 이상, 질량이 1/10이면 가속도를 10배 이상 높임으로서 더 큰 힘을 낼 수 있다는 것이다.

이처럼 강소국이 강대국과 경쟁에서 이기는 방법은 양적 규모의 열세를 더 빠르고 더 과감한 투자로 극복하는 방법밖에는 없다. 다윗이 골리앗을 이길 수 있었던 비결은 골리앗의 육중한 철창보다 작지만, 훨씬 더 빠른 무릿매(작은 돌을 끈에 맨 후 끈의 양 끝을 잡고 휘두르다가 한 쪽 끝을 놓아 돌을 멀리 던지는 팔매)를 무기로 썼기 때문이라는 것은 가속도의 법칙이 증명된 사실이며, 지금 우리에게도 시사하는 바 크다.

세상사란 항상 의도한 방향대로 잘 풀려나가지는 않는다. 국내에서 불의의 사건, 사고를 만날 수도 있고 국제적으로 뜻하지 않은 강대국 간의 다툼에 휘말릴 수도 있다. 강소국 입장에서 첨단 산업기술에 대한 과감한 투자는 성공하지 못하는 경우 당장 국가적 위기로 비화할지도 모른다. 하지만 첨단 산업기술에 대한 투자에 영원한 실패는 없다.

한때 전 세계 휴대폰 시장을 제패한 노키아는 첨단 기술산업의 상징이었고 핀란드 경제의 주축이었다. 전체 수출의 25%, 헬싱키 증시 시가총액의 70%를 점한 노키아는 핀란드의 자랑이자 우려의 대상이기도 했다. 애플 아이폰의 등장으로 노키아가 도산하자 2009년 핀란드 수출은 전년 대비 31.3% 급감하고 무역수지는 적자로 돌아섰다. 노키아에 대한 우려가 핀란드의 재앙이 되는 듯했다. 그러나 2011년 〈월스트리트저널〉은 '노키아의 몰락이 핀란드의 이익이 되다'라는 기사에서 노키아에서 퇴사한 기술인력이 스타트업 생태계를 활성화하고 핀란드 중소기업의 경쟁력을 높였다고 분석했다.

정부의 지원정책을 통해 노키아에서 일하던 기술자들이 주축이 되어 '앵그리버드', '클래시 오브 클랜', '스포티파이' 등의 성공이 쏟아져 나왔다. 2016년 핀란드 제조업 생산의 77%를 중소기업과 스타트업이 담당하게 되었으며, 유럽 인구의 4%밖에 안 되는 핀란드에서 유럽 전체 스타트업의 25%가 탄생하고 있다. '노키아가 죽어서 핀란드를 살렸다.'는 것은 '첨단 산업기술 투자에 고난은 있어도 실패는 없다.'는 사실을 증명한 것이다.

이어지는 파트 2에서는 강소국의 3대 필승전략인 과점패권 전략, 초격차 전략, 올인 전략에 대한 세부적인 과제와 문제 해결방안을 자세히 알아볼 것이다. 외국인투자부터 규제철폐, 인프라 정책, 인재 확보, 국가재정 전략까지, 각 분야 최고 전문가의 고견을 정관계, 학계, 산업계 모두가 함께 나누고 또 진지하게 토론하는 기회가 되길 기대해본다.

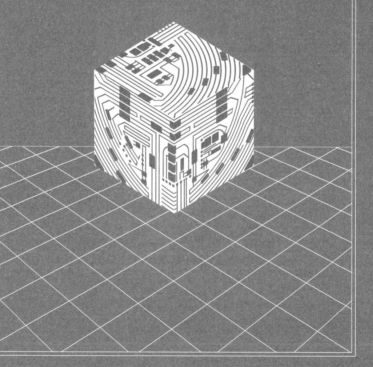

Part 2

어떻게
선도할 것인가?

: 첨단산업 국가전략 과제

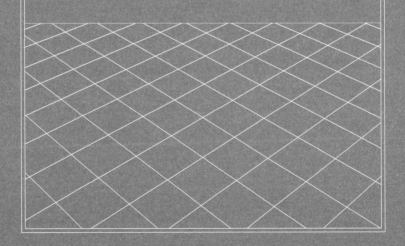

Chapter
3

과점패권
전략

외국인투자, 리쇼어링,
어떻게 활성화할까?

조재한
산업연구원 선임연구위원

한국 첨단산업에 메시가 온다면

아르헨티나 축구영웅 리오넬 메시가 2022년 미국 프로축구 MLS의 인터 마이애미 CF로 이적했다. 인터 마이애미는 만년 하위 팀이었지만, 메시가 입단 후 동료에게 기술을 전수하고 연승을 이끌며 승리 DNA를 심었고, 팀 동료들도 자신감을 되찾았다. 급기야 인터 마이애미는 2023년 8월 창단 후 첫 리그컵 우승을 차지했다.

첨단 산업생태계도 이와 다르지 않다. 반도체, 배터리 등 첨단산업을 육성하려면 해당 산업의 혁신적 제품과 R&D, 첨단기술을 활용한 대규모 생산역량, 이를 뒷받침하는 자본과 시설, 숙련된 인력 등 다양한 요소들이 복합적으로 요구된다. 하지만 이러한 역량을 갖춘 선도 기업은 전 세계에서도 소수에 불과하다. 따라서 국내 기업이 첨단산업의 모든 분야에서 혁신역량을 축적하는 데 필요한 시간과 한계를 고려할 때, 메시 같은 글로벌 선도 기업의 유치는 단기간에 핵심역량을 증폭시킬 수 있는 매우 효과적인 방법이다.

그뿐만 아니라, 외국인투자는 첨단산업의 기술력 향상과 더불어 공급망 안정화에도 기여한다. 해외 기업이 국내에 생산시설을 세우는 등 외국인투자가 증가하면 한국과 투자국 간 상호 경제적 이해관계는 깊어질 수밖에 없다. 그렇게 되면 산업 주요국들이 주도적으로 공급망을 재편할 때 그들 기업이 한국 내 기업활동에 피해를 보지 않도록 한국을 배려할 가능성 역시 커질 것이다.

외투유치 호기 잡은 한국

최근 한국 첨단산업 분야에서 국내 기업의 과감한 투자에 발맞추어 관련 첨단 소부장 외국 기업 투자가 확대되고 있다. 산업통상자원부에 따르면, 최근 2023년 반도체 제조용 감광액 공장과 연구개발센터, 이차전지 양극재 생산공장, 바이오 원부자재 생산공장 등 해외 기업의 투자가 신고되었다.[1] 이들 기업의 투자는 국내 산업생태계의 상대적 취약점으로 언급되는 첨단산업 소부장 경쟁력을 강화하고 국가 첨단산업 육성에 이바지할 것으로 기대된다.

전반적인 글로벌 기업의 한국 투자 수요는 증가하고 있는 것으로 보인다. OECD에 따르면, 2023년 상반기 전 세계 외국인투자가 지난해 같은 기간보다 32% 감소했다.[2] 반면, 2023년 국내로 유입된 외국인 직접투자는 신고액과 도착액 기준 각각 327.2억 달러와 187.9억 달러를 기록하며 전년 대비 7.5%, 3.4% 증가하여 역대 최대 실적을 달성했다.[3]

최근 국내 외국인투자 증가는 첨단산업과 밀접한 관련이 있다. 분야별로 살펴보면 반도체, 이차전지 등이 포함된 산업에서 더 큰 폭의 증가를 기록했다. 대표적인 첨단산업인 반도체가 포함된 전기·전자는 40.6억 달러로 전년 대비 17.7% 늘었고, 배터리 등 자동차 및 부품 등이 속하는 운송용 기계는 17.6억 달러로 전년 대비 168% 증가했다.[4] 글로벌 기업들 사이에서 첨단산업에 생산역량을 갖춘 한국 기업과 협력하려는 수요가 증가하고 있으며, 이러한 외국인투자 증가는 경제안보 강화로도 이어질 것으로 기대한다.

한편 미중 첨단산업 경쟁으로 인한 글로벌 기업의 생산 거점 재배치 또한 국내 외국인투자 유치에 기회로 작용하고 있다. 한국무역협회 자료에 따르면 미중 갈등 와중에 2023년 중국으로 유입된 외국인투자는 전년 대비 8% 감소했고, 당해 3분기는 통계 작성 이후 처음으로 순외국인투자액(유입액-유출액)이 마이너스를 기록했다. 반면, 한국에 대한 홍콩, 대만 등 중화권 투자는 31.2억 달러로 2023년 전년 대비 65.6% 상승했다.[5] 미국 투자 또한 경제효과가 큰 제조업 또는 그린필드투자Greenfield Investment[*]를 중심으로 증가하는 추세를 보여주고 있다. 이는 미중 첨단산업 경쟁으로 높아진 글로벌 산업환경의 리스크가 한국의 산업과 경제에 도전인 동시에, 적극적인 외국인투자 유치의 기회가 된다는 점을 시사한다.

외투 기업은 언제든 돌아갈 수 있다

글로벌 선도 기업의 투자유치가 첨단산업 역량을 국내에 빠르게 이식하는 효과적인 방법임에도 불구하고, 외국 기업은 사업성에 따라 항상 투자를 철수·이전할 수 있다. 2016년 3,000여 개의 협력사와 함께 15.6만 개의 일자리를 제공하던 당시 한국 3위 자동차 회사 GM은 경영 상황이 악화하며 2018년 군산 공장을 폐쇄했고, 당시 군산 공장의 1,800여 명 근로자의 대량 해고는 지역경제 악화로 이어졌다.[6] 이는 국내 투자환경이 경쟁국에 비하여 좋지 않을 경우, 글

◇◇◇

[*] 외국자본이 용지를 직접 매입하고 공장 또는 사업장을 새로 짓는 투자. 기존 공장 또는 사업장을 인수하는 인수합병 투자(M&A)와 비교하여 일반적으로 고용창출 등의 경제적 효과가 크게 나타난다.

로벌 기업의 선진 역량을 국내로 유인하거나 유지하기 힘들 수 있다는 사실을 보여줬다. 그러므로 외국 기업의 투자, 이를 통한 첨단산업 육성과 경제안보 강화를 위해서는 외투 기업의 경영환경 개선을 위한 지속적인 정책적 노력이 필요하다.

외국 기업이 국내 투자환경을 평가하는 데에는 몇 가지 주요한 요인들이 있다.

첫째, 정책적 환경이다. 투자를 고려하는 기업들은 안정적이고 투명한 법적·제도적 정부 정책을 선호한다. 정책적 불확실성·변동성이 높은 국가는 투자 리스크가 커서 매력이 떨어진다.

둘째, 시장접근성과 시장규모다. 어떤 시장의 성장 가능성과 수익성이 높아 보이면 외국 기업들은 투자를 늘리는 경향이 있다. 또한 시장접근성이 좋고 경제적 자유도가 높은 국가는 외국 기업에게 유리한 투자환경으로 인식된다.

셋째, 인프라와 노동력이다. 발전된 인프라와 고품질의 노동력은 기업의 효율적인 생산과 경쟁력 강화에 기여한다. 국내에서의 비용 경쟁력과 생산성은 외국 기업들이 투자를 결정하는 중요한 요소 중 하나다.

넷째, 세금정책과 협력적인 정부지원이다. 외국 기업들은 항상 투자 자본에 대한 세금부담이나 관련 규제를 고려한다. 정부의 협력적 지원 여부도 투자 결정에 영향을 미칠 수 있다.

이런 4가지 요인들을 종합적으로 고려할 때, 국내 투자환경이 외국 기업에 유리한지 아닌지를 평가할 수 있다. 한국 정부와 기업은 이러한 요인들을 개선하고 외국인투자를 유치하기 위한 노력을 계속해나가야 한다.

'역지사지 발상'으로 비용·규제 최소화해야

기업은 비용 대비 가장 높은 수익을 기대할 수 있는 곳을 투자처로 정하기 마련이다. 첨단산업 역량을 가진 글로벌 선도 기업들의 의사결정 방식도 다르지 않다. 그러므로 첨단산업 유치와 공급망 안정을 위해서는 반도체, 배터리, 미래차, 바이오 등 각 분야에 글로벌 경쟁력을 갖춘 외국 기업에 우호적인 환경을 제공해야 한다.

가장 실효성 있는 방법은 외국 기업의 투자비용을 낮춰주는 것이다. 첨단산업 거래는 주로 대규모 수주를 통해 이뤄지며, 투자 규모가 크고 생산시설 구축에 오랜 시간이 소요되는 특징을 갖고 있다. 그래서 투자에서 생산까지 걸리는 시간의 단축을 돕고 계획적이고 안정적인 생산활동을 지원하는 것이 중요하다. 최근 미국은 '반도체 지원법', '인플레이션 감축법'을 통해 첨단산업 분야 기업투자에 과감한 지원을 제공하고 있다. 특히 미국 기업 외에도 반도체 분야의 대만 TSMC와 한국 삼성전자 그리고 이차전지 분야 한국 기업 등 외국 기업에도 과감한 지원을 하며 미국 첨단산업 공급망 안정을 위한 대규모 투자를 성공적으로 유치하고 있다.

규제개선도 필수적이다. 산업부가 실시한 2023년 '외국인투자 기업 경영실태조사'에 따르면, 외투 기업의 절반 이상은 국내시장의 문제점을 '규제'라고 답했고 다음으로 '정부 정책의 일관성 부재'를 꼽았다. 또한 OECD 각국의 규제 기조를 측정하고 개혁 경과를 추적하기 위한 지수인 상품시장규제product market regulation 지수에 따르면 한국은 OECD 38개국 중 33위로 규제가 과도했다. 외국기업에 더 나은 투자환경을 제공하기 위해서는 글로벌 스탠더드에 비해 과도한 노동, 환경 관련 규제를 철폐할 필요가 있다. 또 규제의 평가—환류 제도 도입을 통해 기술발전으로 인해 실효성이 떨어지게 된 규제를 삭제, 조정하고 산업활동에 미치는 부작용을 최소화해야 한다.

리쇼어링 지원도 '프로젝트 중심'으로

주지하는바 미국 등 주요 선진국은 첨단산업 분야에 역량을 갖춘 글로벌 선도 기업을 과감한 지원을 통해 유치하고 있다. 특히 첨단 산업 분야에서의 리쇼어링*을 적극적으로 추진하여 제조역량을 갖

◇◇◇

* 해외에 나가 있는 자국 기업들을 각종 세제혜택과 규제 완화 등을 통해 자국으로 불러들이는 정책.

춘 기업을 유치하고 있다.

미국의 리쇼어링 이니셔티브Reshoring Initiative가 제공하는 통계에서 관찰할 수 있듯이 첨단산업 리쇼어링은 국내 기업, 외국 기업, 해외 진출 기업 투자를 모두 포괄한다. 즉, 미국의 리쇼어링은 특정 기업이 아닌 첨단산업 생산역량을 국내로 복귀시키는 것을 의미한다. 미국의 강력한 리쇼어링 추진은 한국 첨단산업 분야 기업의 미국 생산을 확대하지만, 동시에 한국 첨단산업 공동화 위험을 야기할 수 있어, 국가 차원의 국내 생산역량 강화를 위한 지원과 대책이 긴요하다. 반면 한국의 지원제도인 '해외진출기업의 국내복귀 지원에 관한 법률'은 국내로 복귀하는 해외 진출 기업에만 적용되어 근본적으로 첨단산업 역량을 갖춘 모든 기업을 대상으로 하지 못하는 실정이다.

그러므로 첨단산업 분야의 기업투자 행태를 고려할 때, 리쇼어링의 성과를 정책적으로 극대화하기 위해서는 '프로젝트 중심의 포괄적인 투자지원제도'와 같은 새로운 지원제도가 필요하다. 첨단산업은 핵심역량을 지닌 선도 기업과 다수의 협력 기업의 투자가 함께 일어나는 특성이 있다. 최근 용인을 중심으로 진행되고 있는 반도체 클러스터에는 삼성전자, SK하이닉스와 같은 선도 기업의 대규모 투자와 많은 협력업체의 투자가 공동으로 이루어진다. 선도 기업과 협력 기업은 국내 기업을 넘어 국내외 기업의 다양한 조합으로 구성될 수 있다.

그러나 현행 국내 투자지원제도는 외투 기업, 유턴 기업, 지방이전 기업 등을 구분하고, 부처별로 지원 수단이 산재해 있어 과감하고 포괄적인 지원에 한계가 있다. 그러므로 첨단산업 프로젝트의 국가 산업경쟁력 기여도를 우선 평가하고, 그 기여가 인정되는 경우 해당 선도 기업과 참여 기업 모두를 포괄적·맞춤형으로 지원할 수 있는 새로운 프로젝트 중심의 포괄적 투자지원제도 마련이 필요하다.

새로운 투자지원제도가 국내 첨단산업 역량 구축을 위한 프로젝트에 참여하는 협력 기업도 지원대상으로 한다면, 기존의 선도 기업과 함께 신속하고 안정적인 산업생태계 구축에 기여할 수 있다. 참여 기업에 세제, 토지, 인력, 기술, 규제, 금융 혜택을 포괄적으로 지원한다면, 글로벌 선도 기업이 한국에서 산업협력을 통해 첨단산업의 생태계 구축을 촉진할 것이다. 또 한국의 첨단산업 기업과 시너지 효과를 노리는 외국 기업의 투자 유인 효과도 더욱 커질 것으로 기대된다.

공급망 이슈, 과도한 공포감보다 민관 분업이 먼저다

조재한
산업연구원 선임연구위원

공급망 이슈에 울고 웃는 첨단산업

1990년대부터 본격화된 자유무역 기조로 빠르게 확대된 글로벌 가치사슬global value chain은 전 세계가 효율적으로 생산된 상품, 물자를 낮은 가격에 자유롭게 공급받을 기회를 제공했다. 하지만 최근 첨단산업을 둘러싼 미중 기술패권 경쟁과 코로나19 팬데믹 충격은 전세계적으로 필수품을 비롯한 물자에 대한 접근을 제한하여 공급망 이슈를 크게 부각시켰다. 첨단산업을 중심으로 한 미중 경쟁은 특히 첨단산업 생산에 필수적인 물자를 통제하는 조치로 이어지면서 상대국 산업과 경제에 충격을 주고 있다. 이러한 산업환경 변화는 과거 글로벌 가치사슬 확장기에 자원 빈국임에도 불구하고 자유무역과 적극적인 해외 생산연계로 경쟁력을 확보해온 한국 산업에 큰 도전이다. 특히, 한국은 첨단산업과 기술패권을 두고 경쟁하는 미국과 중국 양측 모두에 산업 의존도가 높은 만큼 공급망 이슈 동향에 더욱 주의를 기울일 수밖에 없다.

한국 산업의 공급망 이슈가 본격적으로 제기된 사례는 2019년 일본의 반도체·디스플레이 소재 수출규제로 볼 수 있다. 일본 정부는 일제 강제노역에 대한 한국 대법원 판결에 대응한 조치로, 한국을 무역 우대국에서 제외했다. 그리고 반도체와 디스플레이 산업 핵심 소재인 불화수소, 포토레지스트, 불화폴리이미드에 대해 수출허가제를 단행했다. 또 2023년에 중국은 미국의 반도체 제재에 대한 보복 조치로 갈륨, 게르마늄, 흑연과 같은 핵심 원료의 수출을 통제하는 결정을 내렸다. 해당 조치는 첨단 전략산업인 반도체, 배터리, 그리고 바이오의약품 분야에서 중국의 원료와 소재 부문 영향력이 한국 산업 생산활동에 직접적인 영향을 미칠 수 있음을 보여준 사례다. 최근 들어 유사한 사례를 주기적으로 겪음에 따라, 자원 무기화와 공급망 이슈는 한국 산업의 중요한 위험 중 하나가 되었고, 원료 공급망 안정과 다각화의 중요성을 재확인하는 계기가 되었다.

2023년 한국수출입은행 해외경제연구소가 무역데이터를 기반으로 산업별 공급망 취약성을 분석한 결과에 따르면[7] 반도체 분야의 경우 핵심 원자재인 갈륨, 게르마늄, 실리콘, 텅스텐, 형석, 희토류 등은 공급망 대체가 가능한 국가가 다수 존재하여 취약성이 상대적으로 낮았다. 반면 이차전지 분야 핵심 원자재 중 리튬과 코발트는 중국, 벨기에, 칠레 등에 과도하게 의존하여 공급망 취약성이 높은 것으로 분석됐다. 미래차와 연관된 자동차 분야의 핵심 원자재 중 마그네슘과 영구자석 또한 중국 의존도가 높았다. 무역통계를 활용한 정보를 종합적으로 고려할 때, 산업별 공급망 취약점을 보완하고 대체 가능한 공급원을 지속해서 모색하는 것이 중요하다.

전 세계는 공급망 위기 대응에 동분서주

첨단산업 주요국은 핵심 원자재와 관련한 정책을 통해 공급망 이슈에 적극적으로 대응하고 있다. 대표적인 첨단 전략산업의 자원 부국인 중국은 경제 프로젝트인 '일대일로'와 2020년 '수출통제법', 2021년 '전국광산자원의 규획' 등을 통하여 자국 내 광물자원 생산, 해외 광물투자, 원자재 확보, 그리고 수출통제를 활용한 원자재 공급조정을 통해 자원외교 수단을 강화했다. 이에 따라 미국은 바이든 정부 출범 직후, '공급망 행정명령'을 통한 공급망 조사와 2022년 '인플레이션 감축법'을 통해 공급망 이슈에 대응했다. 미국의 이러한 조치는 자국 내 생산역량 확보와 우방국과의 협력을 통한 안정적 공급망 구축에 초점을 둔 것으로 평가된다. EU 또한 2022년 '핵심원 자재법'를 통해 유럽 내 생산 기반과 역내 역량을 강화하고 공급망 안정을 추진하고 있다. 일본은 2022년 '경제안전보장추진법'을 제정 하여 공급망 강화 금융프로그램과 산업별 지원 등의 공급망 대응체 계를 갖추고 있다.

글로벌 산업환경의 공급망 우려가 증폭되는 상황에 한국에서는 2023년 12월 '경제안보를 위한 공급망 안정화 지원 기본법'(이하 '공급 망기본법')이 국회를 통과했다. 또한, 2024년 1월 통과된 '국가자원안 보 특별법안'(이하 '자원안보법')은 기존 '소재·부품·장비산업 경쟁력 강 화 및 공급망 안정화를 위한 특별조치법'(이하 '소부장 특별법', 2023년 5월 통과)과 공급망기본법과 더불어 소위 공급망 변화에 대비한 공급망 3법으로 불리며 제도적 법제화를 완성했다. 이 법안들에는 핵심 원 료와 자원 및 산업생산에 필요한 필수 소재, 부품, 장비 등을 관리 대상으로 규정하고 공급망 안정화를 위한 비축·재고 관리, 수입 다 변화와 대체기술 개발 등에 대한 지원방안이 담겨 있다.

공급망 안정화, 민관협력 속 분업 필요

공급망 위험에 대응하기 위한 민관의 협력은 어느 때보다 중요하다. 앞서 공급망 3법 중 공급망기본법의 특징 중 하나는 공급망 교란 및 위험에 대하여 민간과 정부가 협력한다는 부분이다. 구체적인 예로 정부가 공급망 안정화에 선도 사업자를 선정하고 민간의 품목 비축을 도울 수 있다. 또 정부는 '공급망안정화기금' 조성을 통해 기업의 공급망 다변화를 지원한다.

그런데 이러한 노력이 효과적으로 추진되기 위해서는 몇 가지 방안을 고려해야 할 것이다. 먼저 민관협력 속에서도 두 주체의 역할 구분이 중요하다. 정부는 민간 부문의 자율성을 최대한 보장해야 한다. 정부가 시장개입의 제도적 근거를 마련하기 위해 지나치게 민간 부문에 부담을 주는 행위는 지양해야 할 것이다. 예를 들어 공급망기본법상 공급망 위기 발생 시 정부는 주요 기관 또는 사업자에 자료 제출을 요구할 수 있다. 단, 이러한 조치가 해당 기업의 경쟁력을 만드는 핵심 정보까지 요구하여 부담을 발생시키는 일은 지양되어야 한다.

둘째, 정부는 공급망 위기 발생 시 재고 관리에 대한 직접지원, 공급망 다변화 등을 통해 중장기적으로 전반적 비용을 줄일 수 있는 인프라 지원정책에 초점을 맞춰야 한다. 가령 첨단 전략산업은 소수 핵심 광물 공급이 단기적으로만 교란돼도 생산에 큰 영향을 받는다. 하지만 공급망 인프라 확보의 핵심이 되는 해외자원개발은 불확실성이 크고 국가 간 외교적 이슈들이 복잡하게 작용하여 개별 기업이 추진하기에 한계가 있다. 그래서 공급망 다변화를 위한 인프라 구축에 있어 정부의 역할은 중요하다. 이를 위해 그동안 교역 규모가 크지 않았던 다수의 작은 광물자원국과도 비상시 단기적으로 자원을 수급하기 위한 사전적 ODA*와 산업협력 생태계 구축이 필요하다.

마지막으로 공급망 위기가 발생했을 때 과도한 공포감 조성을 억제하고, 단기적 대응과 동시에 중장기적이고 지속적인 개선전략을 수립해야 한다. 대표적인 공급망 위기 사례인 2019년 일본 반도체·디스플레이 소재에 대한 수출규제 때, 공급망 리스크에 대한 과도한 우려로 소재·부품 공급망의 일방적인 자국화 움직임이 일부 있었다. 하지만 결과적으로 일부 제품의 자국화 성공에도 불구하고 정부지원에 의존하는 국내 소부장 한계기업†의 비중이 늘어나는 부작용 또한 발생했다.‡ 2021년 요소수 공급부족 사태 때도 과도한 우려는 사재기 및 가격 교란을 심화하는 부작용을 발생시켰다. 이와 같은 사태를 막기 위해서는 위기 시 민관이 정보를 공유하고 협력하여 사태를 객관적으로 파악하고 대응해야 한다. 나아가 각 사태 이후에

◇◇◇

* 공적개발원조, Official Development Assistance, 선진국에서 개발도상국이나 국제기관에 하는 원조.
† 재무구조가 부실해 어려움을 겪는 기업.
‡ 2023년 국회에 제출한 산업부 자료에 따르면, 소부장 한계기업 수는 2017년 88개에서 2022년 554곳으로 늘었으며, 전체 소부장 기업 중 한계기업 비중도 동기간 2.9%에서 6.1%로 증가했다. (출처: 한국경제 '소부장 자립 외쳤지만…日 수입 줄고 中 의존 늘었다.', 2023. 10. 25.)

도 첨단산업을 둘러싼, 산업생태계 차원에서의 중장기적이고 근본적인 해결 방안을 지속해서 모색할 필요가 있다.

전략적 해외 기술협력,
경제안보의 복합적 관점을 가져라

배영자
건국대학교 정치외교학과 교수

기술혁신의 촉매 '국제협력'

최근 기술이 경제는 물론 국방과 외교 안보의 주요 자원이라는 인식이 부상하고 있다. 주요 국가나 기업들은 기술혁신의 중요성을 인식하면서 이에 대한 투자를 증대시키고 있다. 예컨대 반도체 부문에서 미국 메모리 기업 마이크론 테크놀로지Micron Technology 는 총 1,150억 달러를 반도체 제조에 투자하며 삼성전자와 SK하이닉스의 주도적 지위에 도전하고 있고 미국 정부는 자국 첨단 반도체 제조역량 강화를 지원하는 반도체법을 제정하여 520억 달러에 달하는 파격적인 보조금을 쏟아붓고 있다. 일본 역시 기업들의 투자증대와 함께 정부가 경제안전보장촉진법 등을 통해 반도체 투자에 최대 50%의 보조금을 지급할 수 있는 근거를 마련했다.

기술혁신 역량의 제고를 위해서는 기업의 내부적인 연구개발 투자증대 및 정부의 지원이 중요하다. 그러나 기술 기반이 취약하거나, 자체 연구개발 비용이 과다하거나, 해외 시장에 대한 접근이 중요한 경우, 해외 라이센스를 구입하거나 외국 기업, 연구기관들과의 컨소시엄에서 공동으로 연구개발을 수행하며 비용을 분담하기도 한다. 그리고 그 과정에서 새로운 기술을 습득하고 지식을 축적하며 시장을 확장해갈 수 있다. 성공적이고 지속적인 기술혁신을 위해서는 내부 투자와 외부 협력을 적절히 조합하는 전략을 취해야 한다.

실제로 이제까지 이루어진 기술혁신의 성공적 사례들을 살펴보면 연구개발 투자증대나 연구개발 인력확보 등의 내부적 노력과 함께 다양한 형태의 국제협력이 중요한 역할을 담당해왔다. 특히 한국은 기술혁신 과정에서 해외의 자본, 인력, 기술로부터 큰 이점을 취해왔다. 유선통신기술인 전전자교환기 TDX_{time division exchange}가 대표적인 사례. TDX는 1982년 세계에서 10번째로 한국이 자체적으로 개발에 성공한 한국형 전전자교환기이다. 한국은 1980년대 급증하는 전화기 수요를 감당하기 위해, AT&T와 에릭슨 등 해외 기업으로부터 수입해 사용하던 교환기를 국내에서 개발하고자 대규모 연구개발프로젝트를 시작했다. 수년 동안 약 240억 원 규모의 연구비에 1,300여 명의 인력이 투입되었다. 이로 인해 전화 보급률은 빠르게 늘었고 나아가 TDX와 디지털 이동통신 시스템과 CDMA code division multiple access 기술의 접목으로 한국이 이동통신 강국이 되는 토대를 구축했다.

당시 원천기술이나 기술인프라가 부족한 상황에서 기술혁신의 중요한 토대가 되었던 것 중 하나가 스웨덴 에릭슨이 제공한 기술과 노하우였다. 농어촌용 전자교환기 수입업체로 선정되었던 에릭슨과 계약할 때 기술과 노하우도 이전받는 조건을 포함하였다. 에릭슨 기술진은 15명이 교대로 1년 이상 한국에 머물며 기술을 양도했다. 이를 기반으로 연구진은 습득된 기술을 문서로 정리하고 조립하고 실험하면서 기술개발에 박차를 가할 수 있었다.

국가나 기업의 기술 수준이 낮은 경우에만 국제협력이 필요한 것은 아니다. 기술혁신의 최전선에 있는 조직도 공동연구개발은 물론 기술표준의 설정과 확산 과정에서 국제협력이 꼭 필요하다. 예컨대 인터넷 기술이 초기에 제한된 기술자들끼리만 쓰던 네트워크에서 오늘날처럼 전 세계인들이 사용하는 네트워크로 발전하는 과정에는 국제인터넷표준화기구 Internet Engineering Task Force, IETF 나 월드와이드 웹컨소시엄 World Wide Web Consortium, W3C 을 중심으로 한 공동 기술개발과 표준설정 노력 등 국제협력이 중요했다. 특히, IETF는 데이터 교환, 전자서명 등에 관한 표준적인 기술을 제공함으로써 인터넷이 국경을 넘어 일반 네티즌에게 널리 활용되는 데 기여했다.

현재 다양한 기술 영역에서 국제협력에 대한 요청이 높다. 가령 친환경 기술의 개발과 보급은 인류가 공동으로 당면한 기후위기 문제를 풀어나가는 과정이기에 미국과 중국이 모두 참여하는 국제협력이 절실하다. 급속도로 발전하고 있는 생성형 AI 기술이 보건·국방·교통·교육 등 다양한 분야에 응용되면서, 국제 공동 기술개발, 표준설정, 규제에 대한 국제협력의 필요성이 높아지고 있다.

AI가 경제성장을 이끌어갈 기술로 인식되면서 한국도 기술개발에 적극적으로 참여해야 하는 상황이다. AI를 구동하는데 필요한 AI 반도체, 슈퍼컴퓨터, 클라우드 등은 모두 미국 기업들이 주도하고 있어 한국 기업들과 이들의 협력이 필요하다. 아울러 AI가 국방이나 보건 부문에서 활용될 때 제기될 수 있는 문제점을 논의하고 이를 규제하기 위한 국제적 노력에도 한국이 적극적으로 참여해야 한다. 기술혁신을 위한 경쟁, 기술 표준설정이나 확산, 기술의 위험을 관리하는 과정 모두에서 주요 국가들과 기업 간의 국경을 넘는 협력이 중요하고 한국은 다양한 국제협력을 통해 기술혁신 역량을 지속해서 강화해 나가야 한다.

첨단기술 성장이 불러온 경제안보 전쟁과 국제협력의 재편

과거에는 국제기술협력이 경제적 효율의 논리나 비용 절감 측면에서 이루어져 왔다. 이와 달리 21세기 들어 기술혁신과 관련된 국제협력에서 기업이나 국가들은 경제적 요소뿐 아니라 안보, 보건, 환경 등 다양한 요소를 고려해야 하는 상황에 직면해 있다.

미중 기술패권 경쟁에서도 잘 드러나듯 기술혁신은 국가안보적 동기와 밀접하게 관련돼 있다. 미국을 위시한 주요 선진국들은 안보적 이유를 내세우며 AI 기술과 같은 첨단기술의 수출을 규제하고 연구인력의 이동을 제한하는 등 경쟁국의 기술혁신을 억제하기 위한 정책들을 실행하고 있다.

코로나19 팬데믹을 거치며 첨단기술이나 희토류 같은 전략자원은 물론, 마스크나 요소수와 같은 단순한 상품의 공급망 교란도 시장에 혼란을 야기한다는 사실을 확인했다. 국가들이 유사시 문제가 될 수 있는 공급망 해외 의존도를 낮추기 위한 정책을 도입하면서 세계화 및 개방화가 축소되고 있으며 기술혁신이나 기술협력이 기술안보 혹은 경제안보 관점에서 논의되기 시작했다.

과거에 경제안보는 사회질서 유지를 위한 저소득층 생계지원의 필요성 혹은 경제의 지속적 성장과 안정이 국가안보의 주요한 토대라는 인식의 맥락 속에서 이해되었다. 그러나 최근에는 주로 공급망 안정성, 수출입·투자 규제, 경제적 강압[*]에 대한 대응, 첨단기술 혁신역량 강화 차원에서 논의되고 있다. 경제안보는 지경학, 경제통치술_{economic statecraft}, 산업정책, 중상주의, 과학기술혁신 등과 밀접하게 관련된다. 전통적으로 경제통치술은 국가의 외교적 목적 달성을 위해 경제적 수단을 동원하는 것이다. 예컨대 수출입통제, 관세, 자산 동결, 원조 중지 등을 수단으로 상대국에 압력을 가하고 실질적인 피해를 주기 위해 활용해왔다. 경제안보는 정치·외교·군사가 경제와 긴밀하게 연계된다는 인식을 담고 있다는 점에서 경제통치술이나 지경학과 유사하다.

그러나 최근의 경제안보는 그 범위와 내용에서 전통적인 경제통치술과 차이를 보인다. 미소 냉전기에 경제통치술이나 지경학적 고려는 당사자들 사이의 경제적 상호의존도가 상대적으로 높지 않은 상황에서 경제적 자원을 활용하여 소기의 정치외교적 목적을 달성하려는 시도였다. 하지만 최근 경제안보 개념은 세계화 이후 통합된 세계 경제질서 속에서 경제적 상호의존의 심화와 패권 경쟁의 중첩 지점에서 전개되고 있다는 점이 큰 차이다.

양자의 차이점을 정리해보면 다음과 같다. 첫째, 전통적인 경제통치술의 효과가 제한적이고 일방적이었던 것과 달리 지금은 경제적

◇◇◇

* 각국이 자국의 거대 시장이나 기술을 무기 삼아 다른 나라를 압박한다는 의미의 표현.

상호의존이 심화된 상태에서 경제적 수단을 외교적 목적으로 활용하기 때문에 그 효과가 매우 크고 쌍방적이다. 수출통제로 상대국에 피해를 줄 수 있지만, 그 피해가 자국에 되돌아온다는 점도 고려해야 한다. 소위 '상호의존의 무기화weaponized interdependence'에 대비하기 위해서는 자국 경제의 취약한 부분을 최소화하는 정책을 도입할 수밖에 없다.

둘째, 최근 경제안보에서는 첨단기술이 핵심적인 의제가 되고 있다. 과거에도 국가 간 첨단기술을 둘러싼 경쟁과 갈등이 존재했지만 미중 경쟁으로 첨단기술의 이중용도dual use† 특성이 부각되면서 특히 군사기술 혁신의 토대가 되는 첨단기술을 둘러싼 경쟁과 견제가 증대되었다. 국가들은 첨단기술 역량을 위한 지원을 강화하고 전략적 국제협력을 경제안보의 주요 아젠다로 설정하고 있다.

셋째, 경제안보는 전통적인 개념의 대외정책과 국내정책의 경계를 모호하게 만들며 양자의 융합을 요청하고 있다. 예컨대 미국 바이든 행정부는 중국 기술굴기 견제를 위해 첨단기술 수출규제를 강화하고 동맹국들과의 협력 반경을 넓히려 한다. 또한 미국 내 첨단제조역량을 강화하기 위해 반도체법, 인플레이션 감축법 등을 도입하면서 이 모든 것이 궁극적으로 미국 힘의 원천인 중산층을 위한

◇◇◇

† 민용과 군용 양쪽으로 사용될 수 있는 기술.

외교이자 정책이라는 점을 강조하고 있다. 실제로 미국의 경제안보 관련 문서나 고위급 연설에서는 포용적 성장과 혁신이 자주 언급된다. 미국 국가안보 보좌관 제이크 설리번은 '바이든 정부의 국제경제 아젠다'라는 연설을 통해 바이든 정부가 미국 내 공공투자를 통해 반도체와 청정에너지 산업을 발전시키고, 기후위기와 지정학적 충격에 대응하는 회복성을 확보하는 한편, 중산층과 노동자의 기회를 확대하는 포용성을 재건하기 위해 노력할 것이라고 밝혔다.

국가에 따라 다소 차이가 있지만, 현재 경제안보의 주요 의제는 공급망 교란 위협에 대비한 공급망 안정화, 첨단기술과 원자재 확보 및 공급망 다변화, 첨단기술 역량 강화, 기술유출 규제, 기술협력 파트너십 등이다. 이에 따라 기존 자유주의 국제경제 질서가 흔들리고 기술혁신 활동의 블록화가 진행되면서 세계 경제의 불안정성과 기술혁신 비용이 급격히 증가하고 있다. 첨단기술과 핵심광물 부분에서 가속화되고 있는 자유무역의 쇠퇴, 공급망 재편, 블록화 현상에 대비한 새로운 기술혁신 및 기술협력 전략이 마련되어야 한다. 특히 어떤 나라와 어떤 기술 부문에서 협력해야 할지와 관련되는 국제협력의 틀을 단순한 경제적 관점을 넘어 경제와 안보의 복합적 관점에서 짜야 한다.

첨단분야 제1의 파트너 '미국'

한국의 과점패권 전략의 기본 골격인 1·3·5 전략은 경제부터 안보까지, 실질적인 패권국인 미국과 한국 간의 전천후 1·3 협력관계를 기반으로 해야 한다. 미국 바이든 행정부는 출범 직후 반도체, 배터리, 희토류, 바이오의약품 등 4개 품목에 대해 100일간의 공급망 조사를 지시하며 글로벌 공급망에서 미국의 위치를 확인하고 공급망을 재편하기 위한 포문을 열었다. 이를 통해 미국은 글로벌 공급망 안전성과 재편을 경제안보의 주요 아젠다로 인식하고 있음을 드러냈다. 이후 미국의 첨단 제조업 혁신역량 강화를 위한 다양한 정책들이 발표되고 동맹국들과의 협력이 강조되었다. 2022년 하반기에 발표된 미국 '국가안보전략'에는 첨단기술에서 미국의 경쟁적 우위를 유지하기 위해 현대적인 산업혁신 전략을 이행하고 이를 위해 동맹국과 파트너들과 협력한다는 내용이 담겼다. 전략은 현재 지정학적 경쟁, 미국 안보의 미래, 경제, 민주주의 등에서 기술이 핵심적 역할을 하니, 전략적 경쟁자들이 미국과 동맹국들의 기술, 노하우, 데이터를 이용하지 못하도록 해야 한다고 밝히고 있다. 특히 중국을 억제하기 위한 수단으로 기술 보호를 강조하면서 미국과 중국 양쪽 모두와 긴밀히 연결된 한국을 포함한 많은 국가에 이 전략에 동참할 것을 압박하고 있다.

미국은 경제안보 관점에서 한국에게 가장 중요한 파트너이다. 현

재 한국 정부는 미국과 첨단기술, 특히 반도체 부문에서 적극적인
협력, 공급망 안전성 확보를 위한 모니터링과 대응체제 구축, 한미
첨단기술 협력 등의 정책을 수립하여 실행하고 있다. 한국과 미국은
1992년 과학기술 협력협정을 체결한 이후 과학기술 공동위원회를
개최하며 협력 아젠다를 간헐적으로 모색해왔다. 개별 기술로는 대
표적으로 원자력 부문에서 원자력협정을 통해 기술협력을 지속해
왔다. 하지만 미중 기술 갈등 심화 속에서 기존의 간헐적인 협력이
보다 전략적이고 지속적인 협력으로 발전되어야 한다는 공감대가
형성되었다. 특히 첨단기술 부문에서 여러 채널을 통해 미국과의 협
력이 강화되면서 안보 중심의 한미 동맹이 경제·기술 동맹으로 확
장되고 있다.

삼성전자는 미국 텍사스 테일러 시에 대규모 반도체 파운드리를
건설하고 있고 양국 간 양자 정보과학기술협력 등을 체결하였다.
2023년 미국과 한국은 양자역학이 강력한 컴퓨터, 안전한 통신망, 정
밀하고 정확한 센서의 개발을 가능하게 하는 중요한 신흥 기술임을
인식하고 양국 학계, 정부, 민간 부문이 양자 정보과학기술협력을 통
해 숙련된 노동력과 활용법에 대한 인식 확대, 교육 이니셔티브, 견
습제도, 양자 및 학제 간 역량 강화, 재교육 프로그램 등 광범위한 협
력을 추진할 것임을 약속했다. 한미 양국은 첨단기술 부문에서 보
다 긴밀한 협력을 위해 차세대 핵심·신흥기술대화Next Generation Critical

and Emerging Technologies Dialogue를 신설하여 반도체, AI, 양자컴퓨팅, 바이오 분야에서 협력을 확장하기로 합의했다. 반도체 부문에서는 미국이 국립반도체기술센터NSTC를, 한국이 첨단반도체기술센터ASTC를 설립하는 등 민관 연구기관 간의 협력을 강화하고, 과학기술정보통신부와 미국국립과학재단의 공동연구 지원 기회를 확대하는 내용이 포함되었다. 아울러 AI 분야에서 미국은 한국에서 주최 예정인 AI 미니 정상회의, 글로벌 AI 포럼, 인공지능의 책임 있는 군사적 이용에 관한 고위급회의REAIM 등에 협력하고, AI 작업반을 구성하여 국제표준, 공동연구, 정책 간 상호호환성 등을 논의할 것이라고 밝혔다.

기술혁신과 관련해서 미국과의 협력 강화는 선택이 아닌 필수다. 미국은 반도체, AI 부문에서 압도적인 영향력을 보유하고 있어 미국 기업들과의 협력 없이 한국 반도체, AI 기술혁신 역량을 강화하기는 불가능하다. 하지만 미국의 압도적인 기술 우위 속에서 상호 대등한 기술협력은 쉽지 않다. 협력이 명목상 협력이 아닌 실질적 협력으로 자리 잡기 위해서는 한국 정부와 산업계가 적극적으로 협력 아젠다를 모색하고 제안하고 발전시켜야 하는 상황이다. 아울러 양국의 이해가 모든 부문에서 반드시 일치하지는 않는다는 사실을 인식하고 한국이 미국과의 협력을 통해 얻고자 하는 바와 대응이 필요한 부분을 정확히 찾아내야 한다. 예컨대 미국과 미국의 기업들이 글로벌 반도체 제조의 중심에 확실히 자리잡게 된다면 한국의 반도체 기업은 어떤 세부 분야에서 경쟁력을 지속해서 확보할 수 있을지 고민해야 한다. 미국의 첨단기술 정책은 국경을 넘어 우리에게도 막대한 영향력을 행사한다. 따라서 민관협력 체제를 구축하고 정확하게 상황을 분석하면서 사안별로 한국 기업의 이해를 지키기 위한 정보력과 협상력 강화를 위해 노력해야 한다. 정부는 AI, 양자, 반도체 등 해당 부문 주요 기업들과 정부 부처 및 전문가들이 참여하는 한미 양국 협력 플랫폼을 확대하여 양국 간 협력이 지속될 수 있는 토대를 마련해야 한다.

'경쟁과 협력' 줄타기 필요한 대중·대일 관계

한국은 미국과의 협력 강화로 미국과 패권 경쟁을 벌이는 중국과의 관계에 어려움을 겪고 있다. 반도체, AI와 같은 첨단기술은 미중 경쟁의 핵심인 군사기술의 토대이기 때문에 지금의 미중 디커플링 추세는 완화되기 어렵다. 그럼에도 쉽지는 않겠지만 미국과의 첨단기술 협력을 강화하면서도, 미국의 제재를 우회하여 중국과의 기술 협력을 조심스럽게 이어가려는 노력이 필요하다. 미국과 중국도 표면적인 대치 구도 속에서도 다양한 방식으로 소통을 이어가기 위해 노력하고 있다. 2023년 샌프란시스코 정상회담에서 미중 양국은 충돌과 대치는 감당하지 못할 결과를 가져올 것이며 경쟁이 충돌로 비화하지 않아야 한다는 데 동의하며 군사 부문 소통을 재개하기로 했다. 한국도 중국 전문가와 친중 네트워크를 활용해 대중 기술협력을 이어가야 한다.

한미 협력 강화가 다른 국가들과의 기술협력 약화로 이어지지 않도록 다자 외교의 지평을 넓힐 필요도 있다. 예컨대 반도체 부문에서 대만, 일본, 미국, EU 간의 상호협력이 강화되고 있다. 각국의 기업들이 교차투자하는 가운데 미국—일본—대만의 기술 동맹 구도도 형성되었다. 한국이 배제된 협력이 가져올 수 있는 부정적인 파급에 주목하면서 한국 역시 지금보다 적극적이고 유연한 다자협력체제를 구축하기 위해 노력할 필요가 있다.

일본과의 관계는 특수하다. 한일 양국은 서로 유사한 고민을 안고 있다. 내부적으로는 구조적인 성장 한계에 직면해 있고 외부적으로는 불안한 국제 정세의 한가운데 놓여있다. 미중 간 기술패권 경쟁에 따른 공급망 위험, 북한 리스크 등 지정학적 위기를 고민해야 하는 공통의 숙제를 짊어지고 있다. 한편으로는 한일 모두 아시아의 경제 선진국이기도 하다. 무역, 투자, 인적교류, 산업협력, 금융 등 다양한 영역에서 협력을 모색하면 시너지 효과를 창출할 수 있다.

한일 양국은 산업구조와 지정학적 특성이 비슷하고, 주력산업이 처한 사정도 유사하다. 최근 일본은 반도체 강국으로 재도약하기 위한 국가 차원의 전략을 수립했다. 일본 정부는 700억 엔(약 6,650억 원)

을 지원하여 소니, 도요타, 키옥시아_{KIOXIA} 등 일본 대표기업을 모아 첨단 반도체 기업 라피더스_{Rapidus}를 설립했다. 반도체 기업 설비 투자의 40%가량을 보조금으로 지원한다. TSMC가 이 지원을 받아 일본 규슈 구마모토현에 반도체 공장을 짓고 있다. 잃어버린 반도체 강국의 타이틀을 되찾기 위한 노력이다.

한국은 첨단 전략산업에 대한 지원 규모나 방식이 경쟁국에 못미쳐 더 많은 지원이 필요하다는 쪽으로 의견이 모이고 있다. 미국 텍사스 테일러 시는 물과 전력 자원을 전폭적으로 지원한 덕분에 삼성전자의 대규모 반도체 제조 시설을 지역에 유치하고 천문학적 경제 효과를 기대하고 있다. 한국 정부도 일본과 같이 반도체 부문에 대한 보다 과감한 지원을 통해 국내 반도체 클러스터를 성공적으로 구축해 나가야 한다.

산업구조가 유사한 한일 양국이 첨단 전략산업 관련 협력을 촉진할 방안도 필요하다. 필수적인 원자재에 대한 공급망을 구축하거나 LNG, 수소 등 에너지를 공동으로 구매해볼 수도 있다. 특히 반도체 분야에서 한국은 기술 미세화와 제조에 강점이 있고 일본은 공정의 핵심 요소인 소부장산업 최강국이기에 시너지가 생길 것이다. 대한상공회의소가 한일 연구진과 연구한 '한일 경제협력의 시너지 효과'에 따르면, 한일 무역이 자유화할수록 양국의 실질 GDP와 소비자 후생이 개선된다는 사실을 확인할 수 있다. 한일 양국이 공동으로

R&D를 통한 기술혁신을 촉진하거나 투자촉진기금 조성을 통한 투자 협력을 진행한다면 큰 파급력을 일으킬 것이다.

한국과 일본은 2023년 양국 간 수출규제를 해제하여 협력의 기반을 마련했고, 한국 반도체 기업과 일본 소부장 기업 간 공조를 강화하여 반도체 공급망을 확충하고 안정성을 증대하려는 방안을 모색하고 있다. 삼성전자는 일본 요코하마 시에 반도체 연구개발 및 시제품 라인 구축을 추진하고 있다. 나아가 한국은 일본 이외에 대만, EU, 인도, 인도태평양 국가들과 적극적으로 양자 간 혹은 다자 간 기술협력 아젠다를 모색하고 발전시켜야 한다. 이러한 노력은 세계경제 블록화 현상으로 인한 지정학적 리스크를 감소시키는 데도 큰 도움이 될 것이다.

한국 첨단기술 역량 강화를 효과적으로 지원하기 위해 정부는 전략적이고 장기적인 안목에서 과학기술 외교를 수행해야 한다. 첨단기술이 가장 중요한 외교 자산임에도 불구하고, 한국 내에서 여전히 기술과 외교가 융합되지 못해 양자 간의 간극이 크다. 첨단기술과 외교가 상호 융합된 과학기술 외교전략을 마련하여 기업을 지원하고, 설득력 있는 비전과 리더십을 토대로 하여 한국의 기술혁신 역량과 국제정치적 위상을 강화해나가야 한다.

러시아, 첨단산업 우군으로서의 가치

2000년대 초반까지 미국의 지식산업을 필두로 전 세계 산업을 지역별 혹은 국가별로 수직분업체계에 묶었던 세계화의 패러다임이 바뀌고 있다. 이 글로벌 수직분업체계에서 한국에 지리적으로 가까운 중국과 일본은 각각 저부가가치의 최종재와 중부가가치의 소재—부품—장비 생산을 담당했다. 한국과 이념적으로 가까운 미국은 고부가가치의 설계와 판매를 담당하여 중간재 생산을 담당하는 한국과 상보적이며 호혜적인 공조체제를 갖추었다. 그러나 중국이

이 분업체계를 넘어서는 독자적인 가치사슬 확장을 시도하자 미국도 이에 맞서는 고립주의를 선택하면서 이 공조체제는 깨지고 있다. 중국 산업기술의 비약적인 발달과 일본 산업의 대반격으로 한국이 담당한 중간재 생산 영역에서는 더욱 치열한 경쟁이 예상된다. 물론 1·3·5 전략을 경직적으로 적용하면 안 될 것이다. 보완관계인 1군 국가 미국은 한국에 맡긴 하위사슬이었던 반도체 생산을 자국으로 회귀시키려 하고, 경쟁관계인 일본은 여전히 소부장 분야에서는 한국과 보완관계다. 따라서 1·3·5 전략이라는 큰 틀을 벗어나지 않는 범위 내에서 경쟁과 보완이 전술적으로 상황에 맞게 적용되어야 할 것이다. 기술 과점패권을 위해 3군에 있는 한국이 보완관계에 있는 1군의 미국, 5군의 러시아 등과 연대를 강화해야 한다는 전략은 러시아—우크라이나 전쟁이 끝나면 본격적으로 추진될 수 있을 것으로 기대된다. 원교근공의 전략적 선택은 만고불변의 원리로서 한국에게 선택이 아니라 피할 수 없는 운명이다.

특히 이 원교에 가장 가까운 국가가 '1·3·5 전략'의 5군에 해당하는 러시아다. 그 수도 모스크바가 한국의 수도 서울로부터 약 9,000km나 떨어진 먼 나라 러시아는 소련의 해체 이후에 권위적 자본주의와 민주주의 체제를 따르고 있다. 최근 러시아—우크라이나 전쟁으로 한국과는 이념적으로 이전보다도 훨씬 멀어진 듯하다. 그러나 러시아는 미국 중심 글로벌 수직분업체계 바깥에 있어 기술협력의 제약이 약하고, 뛰어난 기초 수학·과학 역량에도 불구하고 유럽과 달리 한국을 경시하는 태도도 거의 없다. 덕분에 국교수립 이후부터 러시아는 선진국에서 쉽게 이전하지 않는 첨단원천기술의 제공처이며, 한국 기업의 세계화와 일류화를 위한 부품·자원 공급처, 애로기술 해소를 위한 R&D 아웃소싱 허브로 부상했다.[8]

한국과 러시아 간 첨단기술협력의 대표적인 사례가 나로호KSLV-1 발사로 대변되는 항공우주 분야다. 미국의 비협조로 우주산업 개발에 엄두도 내지 못하던 한국 정부는 2001년부터 러시아 정부, 러시아연방우주청과 우주기술 협력을 추진하여 총 20기의 인공위성을 확보하고 우주 발사체를 개발하여 자력 발사 능력을 갖추게 되었다. 이뿐 아니라 한러 수교 이후 러시아의 원천기술이 한국의 제조·상용화 기술과 결합하여 양 국가가 혁신적 제품을 개발하고 글로벌 시장을 공동으로 개척한 사례는 일반적 인식보다 훨씬 많다. 삼성전자의 히트상품인 애니콜의 노이즈 제거 기술에는 러시아의 유도탄 기술이, 김치냉장고에는 러시아 탱크의 냉매압축 기술이, LG 휘센 에어컨에는 러시아의 플라스마 처리기술이 적용되었다.

첨단분야 러시아와의 협력방안은?

러시아는 4차산업혁명의 근간이 되는 기초과학과 수학이 세계적

[표1] 한—러 기술협력 주요 성공사례[9]

기술명 (적용기업)	적용사례
인조 다이아몬드 제조 (일진 다이아몬드)	인공적으로 다이아몬드를 제조하기 위한 고온, 고압에서 견딜 수 있는 가압 die 설계기술 및 촉매기술
전자레인지용 마그네트론 개발 (LG, 대우전자)	전자레인지에서 초음파를 발생시키는 마그네트론 설계기술
VTR 헤드 다이아몬드 코팅기술 (대우전자)	VTR 헤드 표면 내마모성의 증가로 수명을 거의 무한대로 향상시키는 Diamond-Like Carbon 코팅기술
다목적 열전소자 (써모텍, 청호)	열전소자 제조기술 및 냉각 유니트 설계기술을 김치냉장고, 냉온정수기에 응용 일정 온도 유지 기술
플라스마 표면개질기술 (LG전자)	에어컨디셔너 금속 부품 표면개질에 적용, 러시아 기술로 국내 기업의 애로기술 해소 → 세계 시장 점유율 최고 히트 상품 개발
초음파 진단기 (메디슨)	초음파 진단기기의 핵심기구인 트랜스듀서 설계기술
레이저치료기 개발기술 (레이저 옵텍)	러시아와 협력으로 독자적 원천기술을 확보, 의료기기 분야에 접목 세계 최고 암치료기관인 텍사스대 MD앤더슨 암센터에 제품 수출
복강내시경, 뇌 형광 내시경 개발 (인더스마트)	러시아 공동연구 결과물을 연구원 창업으로 스핀오프하여 서울대학병원 자회사 편입 및 임상 진행
한국형 패트리어트 (천궁) 휴대용 미사일 (신궁) (LG 넥스원)	유도조종센서 등 핵심기술을 도입하여, 국산화 성공

인 수준이며, 이와 관련된 가장 가성비 좋은 인력이 배출되는 첨단 산업의 미개척 노다지다. 그래서 잘 알려지지 않았지만, 상당수의 글로벌 기업이 첨단지식산업 분야 연구 플랫폼을 러시아에 설치하고 있다. 마이크로소프트는 러시아 전역 9개 대학에 AI 마스터 코스를 열어 재정을 지원하고, 삼성은 2018년부터 모스크바에 최대 규모의 AI 연구소를 운영하고 있다. 화웨이는 AI와 통신전문가 1,000여 명을 모스크바와 상트페테르부르크의 R&D 센터에 고용하고 있고, 인텔은 소련 붕괴 직후부터 러시아 SW 개발자와 계약을 체결하고 러시아를 미국 이외의 최대 연구개발 거점으로 삼고 있다. 또 보잉은 해상로켓 발사 시스템을 보유한 러시아 우주 기업 S7 스페이스의 시런치Sea Launch에 지분참여 등을 통해서 러시아의 항공우주 분야 연구자·기술자를 고용하고 있다.

세계 주요 60개국 6,500만 명의 첨단기술 전문가를 대상으로 조사한 'Coursera's Global Skills Index 2020 Report[10]'에 따르면 러시아는 기술technology과 데이터과학data science 두 부문에서 압도적인 1위를 차지하고 있다. AI 등 첨단 디지털기술을 대상으로 한 기술 부문에서는 SW 엔지니어링이, 데이터를 다루는 원천 역량인 데이터과학 부문에서는 수학, 통계 프로그램, 데이터관리 등이 세계 1위 역량을 가진 것으로 조사되었다. 한마디로 첨단기술의 핵심인 알고리즘 생산과 적용 능력이 세계 최고라는 것이다.

이는 프로그래밍과 관련한 각종 세계 대회에서의 입상 성적을 통해서도 증명된다. 미국이 주관하는 국제대학생프로그래밍대회The International Collegiate Programming Contest, ICPC에서 35회로 최다 참가한 미국이 18개의 금메달을 획득한 데 이어, 늦게 합류하여 25회 참가에 불과한 러시아가 15개의 금메달을 획득했다. 3, 4위를 차지한 중국(4개), 폴란드(2개)에 압도적인 우위를 보인다. 또한 세계 90여 개 국가에서 참가하는 국제정보올림피아드International Olympiad in Informatics, IOI에서도 2023년까지 금메달 68개, 은메달 40개, 동메달 12개로 총 120개의 메달을 수상하여 3위 미국, 4위 한국을 제치고 중국에 이어 2위를 차지하고 있다.

러시아는 미국·유럽 주요국과 비교해 과학자층이 얇은 편이지만 수학 등 기초과학을 중심으로 독창성이 풍부한 과학자를 양성하여 과학기술 발전을 위한 견고한 토대를 마련하고 있다. 역사적으로도 제정 러시아 시대부터 노벨 물리학상, 생리학상과 더불어 수학 분야의 필즈상 등에서 많은 수상자를 배출했다. 현재에도 우주개발, 항공기, 공작기계, 로봇, 계측제어기기, 석유화학, 통신기기, 레이저 및 신소재 개발 분야에서는 여전히 기술강국의 면모를 보인다. 러시아가 미국을 비롯한 서방 국가에 뒤지지 않는 첨단기술 경쟁력을 확보하고 있으나 과학기술 연구 결과들이 생산기술이나 응용기술로 이어지지 못하는 한계가 있는 것도 사실이다. 우주·원자력 등의 복잡한 시스템 기술과 플랜트를 수출하고 있음에도 불구하고 자동차, 가전 등 민생용 대량생산 기술에서는 다른 공업 선진국에 뒤처져서 자국의 첨단기술이 적용된 제품들을 오히려 역수입하고 있다.

그런데 러시아의 이러한 장단점이 한국과는 훌륭한 시너지를 낼 수 있는 핵심 요인이 될 수 있다. 특히 한국이 미국과 중국 등의 견제 속에서도 4차산업혁명에서 비교우위를 가질 수 있는 발판을 마련하는 핵심 알고리즘을 공동 개발하여 상용화하면 한국과 러시아는 상호 윈윈할 수 있다. 이를 위해 첨단산업에서 한국과 러시아가 글로벌 가치사슬에서 서로의 우위 분야를 분석하고 분업하여 선택과 집중 전략으로 협력 효과를 최대화할 필요가 있다. 양국의 비교우위 분야를 R&D—생산—마케팅 부문을 기준으로 분석하는 경우 한국은 자동차, 가전, 조선, 화장품, 의료기기 분야에서, 러시아는 항공산업, 우주개발, 위성항법시스템, 심해자원개발, 원자력(특히 해상)에서 상호 시너지를 낼 수 있다.

여기서 한국이 가장 주목해야 할 부분이 최대 먹거리로 떠오를 북극항로다. 김태유 교수가 《한국의 선택》(서울대학교 출판문화원, 2021)에서 주장하듯 4차산업혁명으로 기존의 남방항로로는 감당할 수 없을 정도로 해운물류가 증가하고 있기에 북극항로는 유일한 대안이 될 수밖에 없다. 그런데 바로 여기에 4차산업혁명에 기반한 한국과 러시아의 기술협력이 총망라될 수 있다. 가장 비근한 예로 최근 3년간 러시아가 북극의 자원 수송을 위해 발주한 43척의 선박 중 25척을 한국 기업이 공동 건조했다. 이와 동시에 전방위적인 협력을 위해 2019년 한러 해양기자재센터가 개소되었고, 2020년에는 극동 즈베즈다 조선소 현대화 사업에 한국 조선업체들이 참여하기 시작했다.

한국 조선업체가 만든 특수선박에 러시아의 항공, 우주, 위성항법, 심해자원개발, 원자력 등 비교우위 기술이 적용되고, 한국과 러시아 간 AI, 블록체인 등 알고리즘 개발과 상용화 공동 프로젝트에 의해 양산될 자율주행시스템(라이다 센서 기술), 드론시스템(자율비행제어 기술 및 레이저빔 공중충전 기술)까지 적용된다면 한러 양국은 유빙 등 변수가 많은 북극항로를 공동으로 개척하는 신기원을 이룰 수도 있다.

특히 원자력 부문에서의 협력은 한국이 미래 에너지산업을 선도할 기회를 창출할 수 있다. 최근 미국, 러시아, 중국을 중심으로 청정에너지로의 전환을 위한 핵심 전력원으로 소형원자로SMR 프로젝트가 추진되고 있다. 러시아는 이미 2019년부터 SMR에 기반한 세계 최초 해상부유식 원자력발전소 아카데믹 로모노소프호Академик Ломоносов를 진수하여 이 분야를 선도하고 있다. 뿐만 아니라 이 원자력에 사용되는 농축 우라늄의 최대 생산 및 수출국이기도 하다. 한전 경영연구원KEMRI, 미국 에너지부 등에 따르면 글로벌 시장의 거의 절반인 46%를 차지하는 러시아는 2022년 한국과 EU 수입의 약 1/3을, 미국 수입의 24% 담당하고 있다. SMR에 사용되는 10~20%의 고순도 저농축 우라늄Uranium은 전 세계가 100% 러시아산에 의존한다. 따라서 한국과 러시아가 SMR 추진 북극항로용 특수선박을 공동으로 개발하면 그 파급효과는 엄청날 것이다.

북극항로와 함께 한국과 러시아가 첨단 산업기술을 공동 개발하고 적용할 수 있는 유력한 플랫폼이 될 수 있는 지역이 러시아 극동이다. 러시아 극동은 상술한 북극항로의 주요한 기항지이자 조력과 풍력 등 재생에너지를 기반으로 하는 그린 수소 생산기지이며, 기후위기로 점점 더 고도화되는 농업과 수산업에 기반한 바이오산업의 전진기지가 될 수 있다. 게다가 향후 변화될 국제정세에 따라 남·북·러 3각 북방협력 추진의 교두보로서 블라디보스토크―핫산 축은 중심적 역할을 할 수 있다. 이곳은 북한의 저렴한 노동력을 활용한 노동집약 소비재 제조업에서 출발하여 점차 스마트팩토리, 스마트팜 등 첨단산업을 유치할 수 있는 지역이다. 실제로 2017년부터 LH가 극동 연해주의 나데진스카야 선도개발구역ASEZ에 국내 중소기업이 진출할 50만m²의 산업단지를 건설하기 위한 프로젝트를 추진하여 2021년에는 유상공급면적의 165%에 해당하는 기업 입주 의향서까지 접수하고 법인 설립 막바지 작업까지 진행했다. 그러나 2022년 러시아―우크라이나 전쟁 발발로 LH가 손을 떼면서 프로젝트는 전면 폐기되었다. 우리 정부도 사할린 프로젝트에서 손을 떼지 않는 일본의 실리외교를 본받아 이 프로젝트를 복원하여 공동개발의 마중물을 만들어야 한다.

러시아와의 협력을 위한 정책과제

러시아—우크라이나 전쟁 이후 한국과 러시아 간의 첨단기술협력은 힘들어질 수밖에 없었다. 실제로 2017년 9월 체결된 '과학기술혁신 협력 MOU'도, 2018년 6월 문재인 대통령의 러시아 국빈 방문 때 합의된 기술협력 촉진을 위한 '한러 혁신 플랫폼'도 거의 유명무실화되었다. 1997~2021년에 19차에 걸쳐 개최된 한러 경제과학기술공동위원회도 중단된 상태다.

반면 러시아의 비우호국인 일본은 각각 30%, 22.5%를 투자한 사할린의 석유가스 개발 프로젝트 I, II에서 러시아—우크라이나 전쟁에 대한 항의로 영국이 빠져나간 후 러시아 정부가 일본에도 강경하게 철수를 요구했지만, 미국의 묵인하에 프로젝트를 사수하고 있다. 전쟁을 일으킨 러시아에 대한 국제제재에 참여하면서도 자국의 핵심이익 분야에서는 철저히 실리주의를 추구하는 일본의 정책 기조를 한국 정부도 벤치마킹해야 한다.

러시아—우크라이나 전쟁은 언제든 끝나게 마련이고 러시아 각 지역의 우수한 첨단기술 잠재력에 상응하는 체계적인 협력전략이 러시아—우크라이나 전쟁 이후에 추진될 수 있는 최소한의 끈을 유지해야 한나. 이런 맥락에서 한국 정부가 러시아 정부에게 상호 레드라인을 넘지 않도록 공동 관리하자는 신호를 일관되게 보내고 있다는 사실은 고무적이다. 나아가 당장 1.0트랙(정부)은 힘들더라도 1.5트랙(민관), 2.0트랙(민간)에서의 다양한 교류를 이어가야 한다. 이전에 폴리우레탄, 전기제어부품, 축전지 등 72개 품목에서 러시아 특수를 누렸던 대구 지역의 56개 기업은 갑작스러운 수출통제로 큰 피해를 받았다. 이런 피해가 모스크바 삼성 AI 연구소처럼 조용히 미래먹거리 첨단기술을 만들어가는 민간 대기업과 중소기업에 반복되어서는 안 된다.

변화하는 국제 질서, 그리고 러시아—우크라이나 전쟁 종전 이후 급변할 러시아의 제도적 환경 변화를 고려한 유연하고 포용적인 4차 산업 개발전략을 위해서는, 무엇보다 복합위기 상황에 맞는 고차방정식을 풀 수 있는 정부의 정책 역량이 가장 중요하다.

기술과 인재의 유출,
국가경쟁력이 줄줄 새어나간다

●
○

김민배
인하대학교 법학전문대학원 교수

기술유출의 표적이 된 한국의 첨단산업

2024년 4월 서울중앙지검 정보기술범죄수사부는 중국 자본 투자를 받아 반도체 장비 제작 업체를 설립하고, 국내 첨단기술을 빼돌린 혐의 등으로 삼성전자 부장 출신이자 중국 반도체 장비 업체 A사의 기술 부문 부사장인 K 씨 등 3명을 구속, A사 전기팀장 등 2명은 불구속으로 기소했다. 이들이 유출한 기술은 736억 원을 들여 개발한 세계 최고 수준의 ALD(원자층 증착) 장비 기술로, 현재까지 중국 업체 가운데서는 개발에 성공한 곳이 없다. 중국 태양광 회사에서 투자를 빌어 A사를 설립한 주범 K 씨는 1만 건이 넘는 기술 자료를 별도 서버에 저장해 유출했던 것으로 알려졌다.

이처럼 한국의 첨단 산업기술을 해외에 넘기려다가 적발됐다는 뉴스가 최근에 끊이지 않는다. 이런 사건이 일어나는 원인은 한국이 반도체, 이차전지 등 첨단산업 분야에서 우위를 차지하고 있기 때문이다. 미국, 중국, 일본, 독일 등 경쟁국들이 직접 첨단 기업을 설립한다고 해도, 이를 운영할 수 있는 인력을 확보해야 한다. 게다가 첨단 산업기술은 천문학적인 돈벌이로 연결되기 때문에 고급 인재에 대한 요구는 상상을 초월하는 수준이다. 특히 반도체 강국인 한국의 첨단공정에 참여한 핵심인재는 상당한 대가를 지급하더라도 영입하고 싶은 대상이다.

첨단기술을 확보하려는 글로벌 경쟁도 심화하고 있다. 주요국은 과학기술 발전, 산업 첨단화, 디지털경제 활성화 등을 위해 경제안보에서 첨단 산업기술의 중요성을 강조하고 있다. 미국, 영국, 캐나다, 일본 등 주요국은 첨단기술 분야를 육성지원과 보호의 대상으로 규정하고 있다. 향후 강대국이 되느냐 마느냐의 갈림길은 4차산업을 좌우할 첨단기술을 얼마나 확보하는가에 달렸다 해도 과언이 아니다. 첨단소재, 인공지능, 로봇, 바이오, 양자기술, 합성생물학 등의 첨단기술은 국가 경제와 산업 그리고 안보를 좌우하는 핵심자산으로 인식되고 있다. 미래는 경제력과 첨단 산업기술력이 전쟁의 승패를 좌우한다. 경제적 과점패권이 군사적 과점패권이기 때문이다. 첨단기술이 곧 국가안보이며, 국민의 생존권과 직결된다. 주요국이 자국의 첨단기술 유출에 대한 처벌 규정을 강화하는 이유다.

기술인재 유출의 주요한 원인으로 한국 기업들의 보수체계도 지목되고 있다. 외국 기업들은 인재가 가진 기술에 따라 보수를 차등적으로 지급한다. 게다가 국내 기업의 핵심인력 확보를 목표로 하는 외국 기업들은 국내보다 더 높은 연봉과 양질의 복지를 약속한다. 첨단기술은 빠르게 발전하고 첨단산업 환경은 급격하게 변하기 때문에 인재들은 자신이 가진 핵심기술이 최고의 경제적 가치를 인정받을 때 이직이나 전직을 결심한다. 애사심이나 애국심보다 개인의 경제적 여유와 노후 보장을 우선하는 현상이 만연해졌다.

젊은 인재들은 워라밸을 중시하고, 보상체계에도 민감하다. 중소기업과 대기업 그리고 주요 외국 기업은 연봉, 근무 여건 등에서 차이가 크다. 세계적 기술 관련 기관들도 우수 연구인력에 대해 높은 연봉을 제시하고 있다. 기존의 주요 기술의 개발 연구자들이 국책기관을 떠나거나 국내외 기업으로 떠나는 이유다. 우수인력을 채용하기도 쉽지 않다. 이중용도 산업과 관련하여, 방위산업 관련 연구기관의 경우 상명하복식의 경직된 조직문화도 문제로 지적되고 있다. 일부 연구기관의 퇴직자들이 관련 기업에 대한 취업 기간 제한도 문제가 되고 있다. 다양한 이유가 복합적으로 작용하고 있지만, 우수인력이 해외 취업을 선호하거나 해외로 전직하는 요인이 되고 있다.

기술유출 수법은 점차 지능화하며 다양해지고 있다. 경쟁국 기업의 자회사에 위장 취업하거나, 대기업 협력업체에 접근하여 기술 혹은 샘플 등을 확보하기도 한다. 축적된 자료와 네트워크를 공유한 리서치 업체에 비용을 지불하고 경쟁 기업의 핵심 노하우 수집을 의뢰하거나, 공동연구를 내세워 대학이나 연구소 등에 자국의 연구원을 파견하여 핵심기술 자료를 유출하기도 한다.

한국의 반도체 인력과 기술을 빼가려는 외국 기업의 시도도 늘고 있다. 고대역폭메모리HBM 개발을 위해 3~4배 높은 연봉과 자녀의 국제학교 진학을 보장하는 인센티브 제공 조건으로 채용 사이트에 공개적으로 인력을 모집하거나, 브로커를 통해 핵심인력을 포섭하기도 한다. 반도체 팹리스fabless 분야에서는 한국에 회사를 직접 설립하고, 한국 엔지니어를 고용해 필요한 설계 기술을 가져가기도 한다.

'규모 7.6 지진'과 맞먹는 기술유출 피해액

2024년 1월 옆 나라 일본의 노토반도에 규모 7.6의 강한 지진이 발생했다. 일본 정부는 피해지역 3개 현에서 발생한 주택, 공장, 도로 등 파손 피해액이 최대 2조 6,000억 엔(약 23조 5,000억 원)에 달할 것으로 추산했다. 천문학적 액수지만, 한국의 기술유출 피해액도 이와 크게 다르지 않다. 2023년 8월 국회 박정 의원실이 국가정보원으로부터 제공받은 산업기술 해외유출 현황을 보면 최근 5년간 국정원이 적발한 산업기술 해외 유출사건은 93건으로 피해 예방액은 25조 원에 달한다.

국가정보원 산업기밀보호센터가 발간한 〈산업기술 해외유출 사건〉 자료집에 따르면 통계 집계가 시작된 2003년 10월부터 2023년 7월까지의 유출된 첨단기술은 총 552건으로, 피해액은 100조 원 이상인 것으로 추산된다. 유출 분야는 전기·전자 163건, 기계 81건, 정보통신 77건, 디스플레이 47건, 반도체 35건 순이었고, 적발 건수 기준으로 피해 기업 중 67%는 중소기업이었다. 대표적인 기술유출 사건으로 2019년 OLED 두께 측정 기술, 2020년 OLED 잉크젯 프린팅 기술, 2021년 이차전지 소재분야 기술, 2022년 첨단 자율주행 기술, 2023년 반도체 세정장비 핵심기술 유출 등이 있었다.

특히 한국 반도체 기술이 경쟁국보다 상대적 우위에 있다 보니 기술유출의 표적이 되고 있다. 산업통상자원부에 따르면 2019년부터 지난해까지 최근 5년간 반도체 부문 산업기술 유출 적발 건수는 총 38건인데, 전체 산업기술 유출 적발 사건 96건 중 약 40%에 달한다. 지난해 반도체 기술유출 적발 건수는 15건으로 2019년 3건에 비해 크게 늘었다.

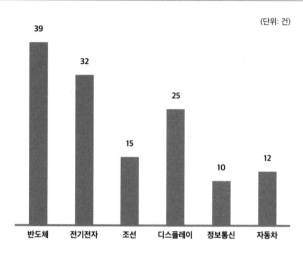

[그림12] 2016~2023년 업종별 산업기술 해외유출 적발 건수

(단위: 건)

반도체	전기전자	조선	디스플레이	정보통신	자동차
39	32	15	25	10	12

자료: 산업통상자원부

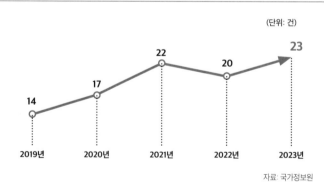

[그림13] 최근 5년간 기술유출 적발 현황

(단위: 건)

2019년	2020년	2021년	2022년	2023년
14	17	22	20	23

자료: 국가정보원

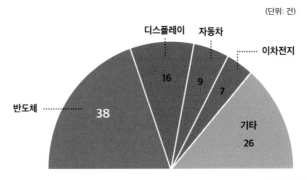

[그림14] 최근 5년간 산업별 기술유출 적발 현황

(단위: 건)

디스플레이 16
자동차 9
이차전지 7
반도체 38
기타 26

자료: 국가정보원

기술유출 처벌, 한국은 '솜방망이' VS 미국은 '철퇴'

수조 원대 경제적 피해가 발생하는 기술유출 범죄에 대해서 한국의 처벌은 솜망방이 수준이다. 법원 행정처가 발행한 〈2023년 사법연감〉에 따르면 법원이 2013~2022년 동안 산업기술보호법 위반으로 1심 판결을 내린 141건 중 실형 선고는 10%도 안 되는 14건에 그쳤다. 무죄는 52건(36.9%)이었고, 집행유예도 44건(31.2%)에 달했다. 대검찰청 '기술유출 범죄 양형기준에 관한 연구'에 따르면 2015~2023년 1월까지 1심에서 유죄 판결이 나온 기술유출 사건 496건 중 판결문에 피해액이 기입된 사례는 23건에 불과했다. 이마

저도 기술유출로 인한 실질적인 피해라기보다 경합된 사건의 횡령·
배임 금액 등을 산정한 것이었다.

그동안 법원은 기술유출 범죄에 대한 판결을 내릴 때 '지식재산
권 범죄 양형기준'의 '영업비밀 침해행위'를 적용해왔다. 최소 유기
징역 3년 이상, 벌금 15억 원 이하를 부과할 수 있는 국가 핵심기술
해외유출에도 일반적인 영업비밀 침해와 동일한 양형기준을 적용
해 형량이 1~3년 6개월 수준이었다. 게다가 형량의 감경 요소로 경
미한 피해, 영업비밀 회수, 진지한 반성, 상당한 피해회복, 전과 없
음 등이 적용되면 처벌 수위는 더 낮아지게 된다.

2024년 3월 서울중앙지법은 SK하이닉스가 약정을 위반하고 경
쟁 기업인 미국 마이크론 테크놀로지로 이직한 전직 연구원을 상대
로 낸 전직금지 가처분 신청을 받아들였다. 마이크론이 인력 빼가기
를 통해 HBM 시장 강자인 삼성전자·SK하이닉스의 기술력을 단숨
에 따라잡았다는 의혹이 커지고 있다. 업계에서는 HBM 시장에서
존재감이 미미했던 마이크론이 4세대 HBM3 생산을 건너뛰고 5세
대 HBM3E 양산으로 직행하며 승부수를 띄울 수 있었던 배경을 기
술인력 유출로 보고 있다.

한국의 산업기술 등이 해외로 유출되는 경우 중한 법정형으로 처
벌하기 위해서는 '해외유출 목적'이라는 주관적 요건에 대한 입증
이 필요하다. 이는 지금껏 한국에서 해외유출 목적이 인정되지 않

는 경우 무죄 및 집행유예가 선고되는 이유였다. 현재 이를 개정하고자 고의범을 처벌 대상에 포함시키는 법안이 국회에 제출되어 있다. 한편 기술유출에 대한 양형이 낮았던 것은 양형위원회의 기준과도 관련이 있었다. 2024년 3월 양형위원회는 과거와 달리 '산업기술 등 침해행위' 유형을 신설하고, 양형기준의 명칭을 '지식재산·기술 침해범죄'로 수정하였다. 그리고 국가 핵심기술에 대한 국외 침해의 경우 최대 18년으로 상향하였다. 기술침해범죄에 대한 엄정한 양형을 바라는 국민적 공감대가 반영된 것이다. 그러나 기술유출에 대한 양형이 강화된 판결이 나올수록 기술유출의 수법이 지능화하거나 대범해질 수 있다. 한탕주의로 더 큰 기술유출을 시도할 수 있다. 첨단기술 유출이 단순히 지식재산의 유출에 그치는 것이 아니라 기업 도산, 실업, 가족 해체, 지역 붕괴, 관련 산업생태계 붕괴 등으로 이어진다는 점에서 기술 보호에 총력을 다해야 한다.

한국과 달리 미국은 기술유출 범죄를 무겁게 처벌한다. 자국 기술 보호 관련 주목할 만한 제도로는 미국의 연방경제스파이법EEA을 들 수 있다. 1996년에 도입된 연방경제스파이법은 영업비밀 침해를 연방법상 중범죄로 취급하고, 외국 정부 등을 위한 영업비밀의 절취, 민간 개인·기업에 의한 영업비밀의 절취 등을 연방범죄, 즉 한국으로 치면 간첩죄로 취급한다. 타인과 공모한 위법 행위의 경우 '500만 달러 이하의 벌금, 15년 이하의 징역 또는 그 벌금과 징역형'을 병과한다. 위반 행위를 한 조직에는 '1,000만 달러 또는 영업비밀의 연구, 디자인, 기타 필요한 비용의 회피 분을 포함한 도난 당한 영업비밀 가치의 3배를 초과하지 않는 금액 중 높은 금액'으로 벌금을 부과한다.

또한 미국 연방 양형위원회에 따르면 기술유출에 따른 피해액 규모에 따라 범죄 심각성 등급을 30개로 나눠 최대 405개월의 징역형을 내릴 수 있다. 그리고 기술유출로 실제 피해가 발생하지 않아도 R&D 비용을 피해액으로 산정해 형벌을 부과한다. 대표적인 사례가 중국 경제스파이 얀준쉬Yanjun Xu가 GE의 엔진 기술을 탈취하려고 한 사건이다. 기술탈취가 미수에 그쳤지만, 미국 법원은 '피고인이 피해 회사에 실제 끼치고자 의도한 피해액을 본 사건의 피해액으로 계산해야 한다.'고 판단하고 그에게 240개월(20년)의 징역을 선고했다.

기술인재 우대, 기술유출 엄벌로 국가경쟁력 지켜야

외국의 후발 업체들은 첨단산업 분야에서 기술격차를 줄이기 위해 한국 기술인재를 포섭하고 있다. 이는 한국 기업에게는 큰 위험 요소다. 퇴직자에서 2년간 경쟁업체에 취업하지 않는다는 전직 금지 약정서를 작성해도 현실적으로 이를 확인하기가 어렵다. 물론 퇴직 임원은 일정 기간 고문, 상담역, 자문역 등 퇴직자 프로그램을 통해 관리할 수 있다. 하지만 퇴직한 일반 직원들은 관리하기 힘들다. 이직을 파악했더라도 법적 절차에 시간이 걸려 즉각적으로 조치할 수 없다.

이를 보완하기 위해서는 핵심기술과 인재의 유출을 막기 위한 사전적 조치들이 제도적으로 마련되어야 한다. 더불어 기업의 인사제도와 조직문화의 개선도 필요하다. 기업은 성과와 기술력을 바탕으로 우수인재를 평가하고, 그에 상응하게 보상해야 한다. 중요 기술과 노하우를 가진 임직원을 특정해 좋은 대우로 고용을 연장할 필요도 있다. 퇴직한 기술 인재도 한국의 기술생태계 내에 재정착할 수 있는 환경을 구축해야 한다. 자회사에 재취업하거나 대학이나 연구소 등에서 활동할 수 있도록 지원책이 필요하다.

기술은 돈이고, 경제다. 우수 연구원들에게 명예만을 강조할 수 없다. 연구의 성과와 첨단기술의 개발은 성과 보상에서 나온다. 과학연구자에 대한 성과 보상체계를 개정해야 한다. 국제대회에서 입상한 체육 선수에게는 포상금, 연금, 병역 혜택 등이 부여된다. 국가 핵심기술이나 첨단 전략산업 기술 그리고 방위산업 기술개발 등에 업적이 큰 연구자에게는 파격적인 포상금과 특별 연금을 지급할 필요가 있다.

국가 핵심기술이나 첨단 전략산업, 방위산업 기술을 개발하거나 기술을 보유한 기업에는 파격적인 R&D 지원금, 세금 공제, 우수인력의 고용을 위한 정책을 추진해야 한다. 특히 최고의 국내외 연구자가 연구개발에 몰두할 수 있도록 비자 문제 해결, 정주조건 개선, 교육 특례, 세금 혜택 등을 지원해야 한다.

기술유출 범죄에 대한 처벌 강화도 필요하다. 산업기술보호법은 국가 핵심기술을 외국에서 사용하거나 사용되게 할 목적으로 위법행위를 한 자는 3년 이상의 유기징역에 처하도록 하고, 이 경우 15억 원 이하의 벌금을 병과한다. 국가 핵심기술의 중요성이 높아지면서 2024년 3월 대법원 양형위원회는 양형기준을 강화했다. 그동안 집행유예가 상당 부분을 차지할 정도로 처벌 수준이 지나치게 낮았다. 그런데 영업비밀 및 기술침해범죄에서 '형사처벌 전력 없음'을 집행유예 주요 참작 사유에서 제외하고, 집행유예의 기준을 강화하였다. 개정된 양형기준이 실제로 재판에 반영되도록 해야 한다. 처벌이 관대하면 기술을 빼돌려 큰 이득을 챙기려는 유혹에 빠지기 쉽기 때문이다.

기술유출 처벌 관련 피해액 산정도 제대로 이루어져야 한다. 기술유출 피해 금액 산정 기준, 지식재산IP의 가치평가 기준도 정립되어야 한다. 판례를 보면 검찰이 기술유출 피해업체의 감정기관 자료를 바탕으로 피해액을 산출해도, 법원에서 기술유출 범죄로 인한 피해액으로 인정되는 경우는 많지 않았다. 피해업체가 얼마나 손해를 입었는지, 실제 매출에 어떤 영향을 끼쳤는지는 단기간 내에 입증하기 어렵기 때문이다. 기술유출 범죄에 대해 처벌이 이뤄지기 위해선 피해액을 객관적으로 산정하는 방식을 마련하는 것이 최우선과제다.

형법 98조 1항인 간첩죄 조항의 수정 논의도 필요해 보인다. '형법 98조 1항'에 따르면 '적국을 위해 간첩하거나 적국의 간첩을 방조한 자'를 사형, 무기징역, 또는 7년 이상 징역에 처하도록 규정하고 있다. 그러나 간첩죄의 적용 대상을 '적국'으로 한정하다 보니 국가기밀을 유출해도 적국이 아니면 처벌할 수 없는 실정이다. 이제는 경제안보 차원에서 간첩죄의 적용 대상을 적국이 아니라 우방국을 포함한 '외국'으로 넓혀서 기술유출 범죄에 대한 경각심을 높일 필요가 있다.

한국에는 희토류와 같은 천연자원이 거의 없다. 천연자원이 없기에 첨단 산업기술에 올인하지 않으면 국가의 장래가 어둡다. 첨단기술 분야에서 초격차 전략을 실현하지 않으면 대한민국의 경제와 일자리 그리고 국가안보가 모두 위험하게 된다. 대한민국이 첨단 산업기술의 개발과 함께 해외 첨단기술과 신흥 기술의 획득에 범국가적 차원에서 올인해야 한다.

Chapter
4

초격차
전략

금산분리 개선, 투자규제 재정비가
민간투자를 살린다

●
○

홍대식
서강대학교 법학전문대학원 교수

한국만의 금산분리, 첨단 전략산업 투자의 걸림돌

규제는 기업들이 기업활동에 가장 직접적인 영향을 받는 제도이다. 규제에는 진입규제, 사업활동규제, 기술규제 등 여러 가지 유형이 있지만, 정비가 필요한 규제로 가장 강조하고 싶은 것은 투자규제이다. 투자를 가로막는 규제가 있는지 의아하게 생각할 수 있는데, 한국에만 존재하는 특유한 투자규제로 금산분리 규제가 있다. 금산분리 규제는 금산분리 원칙에 기초한 규제를 말한다. 여기서 금산분리는 금융과 산업의 분리 또는 금융자본과 산업자본의 분리를 가리키는 말이다. 금융과 산업의 관계 또는 금융산업과 산업자본의 관계를 어떻게 설정할 것인가 하는 점은 다분히 정책적인 문제인데, 한국 법제는 금융과 산업의 결합이 낳을 부정적 효과를 긍정적 효과보다 더 크게 평가한다. 그래서 금융과 산업이 서로 지분을 보유하고 이를 기반으로 지배 또는 협력관계를 맺지 못하도록 엄격하게 규제하는 제도를 두고 있다.

아무리 규제 도입의 필요성이 인정되더라도 규제의 목적과 대상을 올바로 설정하지 못하고 그 목적을 달성하기 위한 수단을 적절하게 선택하지 않으면 규제를 도입할 때 의도한 좋은 결과를 얻지 못하고 오히려 사회에서 필요로 하는 다른 활동을 위축시킬 수 있다. 한국 법제에 다양한 형태로 도입된 금산분리 규제는 한국의 초격차 전략의 초점이 되어야 할 첨단 전략산업 분야 발전에 걸림돌 역할을 하고 있다. 이 규제가 민간 부문의 투자 유인을 억제하고 자금조달 체계를 왜곡하고 있기 때문이다.

미국의 '은산분리' VS 한국의 '금산분리'

한국의 금산분리 규제는 금융에서 형성된 자본과 산업에서 형성된 자본이 서로 다른 영역에서 지배관계를 구축하지 못하도록 제한하는 형태로 구현되어 있다. 하나는 금융자본에 의한 일반산업 지배를 제한하는 제도이고, 다른 하나는 산업자본에 의한 금융산업 지배를 제한하는 제도이다. 이러한 제도는 금융산업구조개선법(금융산업의 구조개선에 관한 법률), 은행법, 금융지주회사법, 보험업법과 같은 금융규제법에 도입되어 있기도 하고, 공정거래법에 도입되어 있기도 하다. 금산분리 규제의 타당성을 주장하는 사람들은 흔히 해외, 특히 미국의 입법례를 주로 인용한다. 그러나 미국의 입법례는 은행 규제에 초점이 맞추어져 있다는 점에서, 은행 이외의 금융 기업도 금산분리 용어를 근거로 한 규제를 광범위하게 적용하는 한국과 큰 차이가 있다. 미국에서 등장한 'separation of banking and commerce(은행업과 상업의 분리)'라는 표현이 한국에서는 아무런 근거 없이 'separation of finance and commerce(금융업과 상업의 분리)'라는 표현으로 둔갑한 것이다. 더욱이 미국에서는 은행의 자산건전성, 시스템 안정성을 위해 금융규제법을 통해 은행 또는 은행지주회사의 산업 지배를 제한하는 규제를 시행하는 정도이지만, 한국은 금융규제법을 통해 은행은 물론 비은행 금융회사의 산업에 대한 소유 및 지배를 모두 제한한다. 또 공정거래법을 통해 금융자본의 산업 지배를 제한하는 규제와 산업자본의 금융 소유를 제한하는 규제를 모두 시행하는 중층적인 규제체계를 갖추고 있다.

　금산분리 규제로 인해 한국의 일반지주회사는 금융회사를 소유할 수 없어 기업집단이 기업지배구조 개선을 위해 지주회사 체제로 전환하면 소속 금융회사를 매각해야 한다. 롯데 기업집단이 지주회사 체제로 전환하면서 소속 금융회사인 롯데카드를 사모투자운용사에 매각한 것이 그런 사례이다. 유통 그룹이 소매금융에 참여하면 상품 판매 과정에서 신용카드와 같은 지급수단을 제공하여 소비자 편익을 제고하고 판매촉진에도 이점이 있지만, 이런 이점을 살릴 수 없게 된 것이다. 이에 비해 해외에서는 이런 규제가 없어 일반지주회사가 금융회사를 소유하는 데 아무런 제약이 없다. 일본 최대 유통 그룹인 이온AEON도 지주회사 체제이지만 한국과 같은 규제를 받지 않아서 카드회사뿐만 아니라 은행, 보험회사도 보유하고 혁신적인 금융 상품·서비스를 내놓으면서 소매업과 연계된 새로운 시장을 발굴하고 수익원 다각화를 꾀하고 있다.

금산분리 규제개선의 필요성

공정거래법상 금산분리 규제를 조금 더 자세히 보겠다. 먼저 금융자본에 의한 산업 지배규제로는 상호출자제한기업집단*에 속하는 국내 금융회사 또는 보험회사의 국내 계열회사에 대한 의결권 제한

◇◇◇

* 공정거래위원회가 자산총액 5조 원 이상인 기업집단을 공시대상기업집단으로 지정하고, 지정된 공시대상기업집단 가운데 자산총액이 국내총생산액의 1,000분의 5에 해당하는 금액 이상인 기업집단에 대해 지정하는 것.

규제(공정거래법 제25조 제1항)가 있다. 다음으로 산업자본에 의한 금융 소유 규제로는 일반지주회사의 금융업 또는 보험업 영위 국내회사에 대한 주식 소유 제한 규제(공정거래법 제18조 제2항 제5호)가 있다. 이러한 규제가 금융규제법이 아닌 공정거래법에 포함되는 이유는 한국 산업자본의 특수성으로 꼽히는 대규모기업집단(소위 대기업) 체제에 대한 경제적 우려에 기인한다. 공정거래법은 대규모기업집단의 경제력 집중 억제를 정책 목표의 하나로 보고 그 목표를 달성하기 위한 여러 법적 수단을 두고 있다. 그 근거로는 다음과 같은 우려가 제기된다. 첫째, 대규모기업집단이 금융회사를 보유하게 되면 이를 사금고화할 가능성이 있다는 점, 둘째, 금융과 산업의 결합에 따라 대규모기업집단이 자금력의 우위를 갖게 되고 이는 구체적인 상품시장에서의 부당한 경쟁의 우위로 이어질 수 있다는 점이다. 이런 우려로 인해 금산분리를 명분으로 한 특유한 규제가 공정거래법에 들어오게 된 것이다.

또한 금산분리 규제에 해당하는 일반지주회사의 금융업 또는 보험업 영위 국내회사에 대한 주식 소유 제한 규제는 지주회사 구조를 취하는 기업집단에만 적용되는 비대칭적인 규제의 형태로 구현되어 있어 지주회사 체제를 취하는 기업집단에게 특히 불리하게 작용하는 문제가 있다. 정부는 1999년 지주회사가 기업의 구조조정 수단으로 잘 활용될 수 있을 것으로 판단하여 종전의 지주회사 금지 정책을 허용 정책으로 전환하였다. 그러나 지주회사 허용에 따라 기업집단의 지배구조가 일반지주회사 체제가 되는 경우 자회사를 통해 지배집중이 확대될 수도 있다고 우려하여 이를 방지한다는 명분으로 지주회사 및 그 자회사 등의 행위에 일정한 행위 제한을 부과하게 되었고, 그 제한 중 하나가 이런 금산분리 규제였다.

그러나 지주회사가 은행을 제외한 비은행 금융회사를 자회사로 둔다고 하여 일반회사를 자회사로 둔 경우와 달리 그 자체로 경제력 집중이 확장될 우려가 있다고 볼 근거는 없다. 서울대 송옥렬 교수의 2021년 연구, '지주회사 금산분리 규제의 재검토'에 의하면, 은행의 소유규제는 예금을 수취, 운용하는 수신 기능을 하는 은행의 특성으로 볼 때 지주회사가 금융회사를 사금고화할 우려가 있다는 데서 비롯된 것이지만, 증권회사나 카드회사와 같은 비은행 금융회사는 수신 기능이 없어서 산업자본이 이런 비은행 금융회사를 매개로 하여 다른 계열회사로 지배권을 확장하는 경우를 상정할 수는 없다. 민간 부문의 자금조달 체계가 다양해져 금융산업이 독자적 산업으로 발전함에 따라 다양한 금융서비스가 등장하고 있는 시대다. 그러나 지주회사 체제를 취하는 기업집단은 여전히 규제로 인해 투자의 재원 또는 매개체가 되는 비은행 금융회사를 자회사로 둘 수 없어 투자에 제한을 받고 있다.

공정거래위원회의 2023년 '공정거래법상 지주회사 현황 분석'에 의하면, 2023년 9월 현재 일반지주회사가 162개이고, 이중 대규모 기업집단 소속 회사는 57개에 달하는 상황이라 투자 위축의 폐해는 매우 크다. 규제의 목적을 충분히 존중하더라도 그 근거가 되는 경제력 집중 우려가 없거나 희박하다면, 그리고 규제가 주로 투자를 가로막는 악영향으로 작용한다면, 비은행 금융회사, 특히 벤처투자업, 집합투자업 등 금융투자업을 영위하는 금융회사에 대한 규제는 크게 완화할 필요가 있다.

산업자본의 투자 채널 'CVC'

해외에서 산업자본, 다시 말하면 비금융자본non-financial capitals의 전략적 투자는 미국을 중심으로 1960년대부터 시작되었고, 1990년대 인터넷 등 기술의 발전과 벤처캐피탈venture capital, VC의 성장으로 본격화했다. 특히 이때 다양한 다국적 기업이 기업주도형 벤처캐피탈corporate venture capital, CVC을 설립하여 VC 시장의 주요 투자자 중 하나로 떠올랐다. CVC는 VC의 일종으로 일반적으로 VC의 중개 역할에 더하여 모기업의 노하우와 사업역량을 피투자 기업인 스타트업에 지원함과 동시에 혁신적인 아이디어를 스타트업으로부터 구하는 투자방식을 말한다. CVC의 운영 주체로는 다양한 형태의 기관투자자가 있는데, 이 중에는 전통적인 금융투자자뿐 아니라 기관투자자들도 있다. 산업자본은 과거에 유보된 이윤을 재투자하는 사업 전략을 취하였으나, 재무적 이익이 지배하는 기업지배권시장에서 주주자본주의의 영향력이 커지자 기업 주식 가치를 높이는 전략을 채택하게 되었다. 또한 기업혁신 활동의 중심이 기존의 R&D에서 개방형 혁신open innovation[*]으로 변하면서 전략적 투자와 개방형 혁신의 핵심 전략으로 CVC를 선택하는 기업의 비중이 높아지게 되었다. CVC를 통한 산업자본의 전략적 투자는 계속 증가하고 있다.

해외 주요 대기업 CVC로는 미국의 구글벤처스GV, 독일의 베르텔스만 아시아 인베스트먼트BAI, 중국의 레전드캐피탈Legend Capital, 일본의 미쓰비시UFJ캐피탈MUCAP 등이 있다. 대부분 글로벌 대기업은 산하에 하나의 CVC를 보유하고 있으나, 일부 기업의 경우 2~3개를 운용하기도 한다. 구글이 가장 대표적이다. 구글의 모회사 알파벳은 구글벤처스, 그래디언트벤처스Gradient Ventures, 캐피탈GCapitalG 등 3개의 투자 조직을 보유하고 있다. 구글은 이 자회사들을 통해 전문성과 투자의사 결정 속도를 높이고, 미래 유망 분야 스타트업을 선제적으로 발굴한다. 구글이 처음 설립한 CVC는 GV로, 2009년 당시 검색엔진 광고 사업에 안주하지 않고 유망한 사업을 발굴하기 위

◇◇◇

[*] 기업 내부에 국한되어 있던 연구개발 활동을 기업 외부까지 확장해 외부 아이디어와 R&D 자원을 활용함으로써 투입 자원과 시간을 절약하고, 내부 기술을 타 기업에 이전해 추가 수익을 창출하는 혁신전략.

한 기조 아래 탄생했다. 신생 스타트업을 집중적으로 조력하는 GV와 달리 캐피탈G의 경우 프리 IPO(상장 전 지분투자) 라운드에 놓인 스타트업을 대상으로 자금을 집행한다. 이어 AI 기술의 진전을 눈여겨본 구글은 2017년 AI 혁신을 촉진하기 위해 그래디언트벤처스를 발족시켰다. 이처럼 구글은 CVC를 세분화함으로써 투자 분야에 대한 전문성 확보는 물론, 가벼운 조직을 활용해 속도감 있는 의사결정을 촉진하고 있다.

구글이 CVC를 통해 투자하여 성공한 사례로는 스마트 홈 디바이스 기업 네스트Nest, 차량 공유 서비스 기업 우버, 스페셜티 커피 브랜드 기업 블루보틀 등이 꼽힌다. 구글은 투자에 성공한 기업을 인수하여 신성장 동력을 확보하기도 하고(네스트) 주식시장에 기업이 공개되거나(우버) 제3자에게 지분을 매각하여(블루보틀) 투자 수익을 얻기도 했다.

자본시장연구원의 2022년 '해외 CVC 현황과 일반지주회사 CVC에 대한 시사점'에 의하면, 해외 CVC는 일반 VC와 비교하여 펀드와 건당 투자 규모가 크다. 또 이들은 모기업의 전략적 동기를 구현하기 위한 해외 투자, 스타트업 투자 생태계에서 전략적 동기를 갖지 않는 일반 VC와 보완관계를 형성하기 위한 공동투자에 적극적이다. 이들은 다양한 성장단계에 있는 유망 기업에 분산투자한다.

스타트업에 대한 투자단계는 시드Seed와 시리즈 A~D로 구분된다.

시드 투자는 스타트업 초기에 창업가의 사업 아이디어 검증, 시제품 개발, 초기 시장 테스트 등을 돕기 위해 제공되는 투자를 말한다. 시리즈 A는 상용화 초기 단계의 투자로 10~50억 원 규모로, 시리즈 B는 생산라인 확대 단계에서 50~100억 원 규모로 이루어진다. 시리즈 C는 해외진출 단계에서 100억 원 이상 규모로, 시리즈 D는 IPO, M&A를 통한 엑시트 준비단계로 통상 200~500억 원 규모의 투자가 집행된다. 일반 VC의 투자단계는 주로 시드와 시리즈 A에 집중됐지만, 해외 CVC의 투자단계는 시리즈 A, B를 포함하여 시드부터 시리즈 D까지 고루 분포되어 있다. 회수 비중이나 투자 실패율은 일반 VC와 유사하지만, 회수 수익률의 경우 해외 CVC 쪽이 높은 것으로 나타났다. CVC는 모기업의 기술, 전문성 및 네트워크를 활용하여 피투자 기업의 기업가치를 제고할 수 있기 때문이다. 해외 CVC는 투자재원 조달과 관련해서도 내부자금을 사용하는 CVC와 외부자금을 조달하여 사용하는 CVC가 균형을 이루고 있다.

일반지주회사의 CVC 보유 허용했지만, 행위제한 규제로 인해 기대 효과는 의문

한국에서도 2020년 12월 공정거래법 전면 개정과 함께 일반지주회사가 CVC를 설립할 수 있게 됐다. 규제 대상인 금융업의 범위를 표준산업분류에 의존하는 기존 공정거래법의 정의 규정에 따르면, CVC 업무도 금융업에 속하므로 원래 일반지주회사는 금융업을 영위하는 CVC의 주식을 소유할 수 없다. 하지만 재무적 목적을 주로 갖는 VC와 달리 CVC는 모기업의 사업 확장, 외부의 자원(기술, 인력) 탐색 및 확보, 신시장 개척 등 전략적 이익을 추구하므로, 사업을 영위하는 회사가 경영을 주도하는 것이 그 성격에 맞다. 특히 개별 계열회사보다는 지주회사가 투자 주체가 되는 것이 포트폴리오 투자와 개방형 혁신 활성화에 도움이 될 것이라는 지적이 많았다. 더욱이 국내는 정부자금 지원과 VC 투자 위주로 벤처투자 생태계가 형성되면서 벤처투자에 대한 대기업 참여 유인이 부족했다. 그래서 쿠팡, 무신사, 우아한형제들(배달의민족)과 같이 유니콘으로 성장한 벤처기업이 부득이하게 대기업의 전략적 투자를 받지 못하고 해외투자에 의존할 수밖에 없었던 사정도 드러났다.

쿠팡은 16개 해외 투자사로부터 약 3.9조 원, 무신사는 1개 해외 투자사로부터 1,900억 원, 배달의민족은 1개 해외 투자사로부터 약 4.7조 원을 투자받았다. 벤처투자 생태계는 스타트업의 창업부터 성장에 이르는 단계별 투자와 회수 및 재투자의 선순환 구조를 통해 성공한 스타트업을 주축으로 한 산업생태계의 형성과 정착을 유도한다. 그런데 국내 스타트업의 성장단계에서의 투자가 해외투자에 의존하다 보면 투자이익이 가장 큰 최종 단계에서의 결실을 해외 투자자에게 넘기는 셈이 될 뿐 아니라 국내 산업생태계에 큰 영향을 주는 플랫폼산업의 주도권을 해외 투자자에게 빼앗길 우려가 있다. 이런 배경에서 공정거래법 개정을 통한 일반지주회사의 CVC 보유 허용은 금산분리 규제 완화의 신호탄으로 주목을 받았다.

개정법 시행 후 이런 규제 완화가 소기의 성과를 거두었는지는 논란의 여지가 있다. 공정거래위원회의 2023년 공정거래법상 지주회사 현황 분석 결과에 의하면, 2023년 5월 말을 기준으로 일반지주회사 소속 CVC는 12개 사다. 투자 규모를 보자면, 130개 기업에 대해 2,118억 원의 신규투자가 수행된 것으로 나타났다. 제도 시행 초기라는 점을 고려할 때, 수치가 현재 더 개선되었을 가능성도 있지만, 이런 성과가 CVC에 대한 엄격한 행위제한 규제 아래 성취된 것이라는 점을 생각하면 한계가 뚜렷해 보이기도 한다.

공정거래위원회는 일반지주회사의 CVC 보유를 예외적으로 허용하면서도 금산분리 규제 완화에 따른 부작용을 선제적으로 우려하여 몇 가지 중요한 행위제한 규제를 부과했다. 그중에 특히 문제가 되는 행위제한 규제는 외부자금 조달 제한과 해외투자 총자산 제한 규제이다. 공정거래법은 일반지주회사 소속 CVC가 투자조합(펀드)을 설립할 때 외부자금의 비중을 40% 이내로 제한하고 해외투자는 총자산의 20% 이내로 제한하도록 규제하고 있다. 이런 규제는 지주회사 구조를 취하는 기업집단에서 CVC를 타인 자금을 활용한 지배력 확장 또는 지배주주 일가의 사익편취 수단으로 악용하여 경제력 집중을 유지·확대할 우려를 사전에 차단하기 위한 취지로 이해된다.

벤처투자 생태계 활성화 위해 CVC 규제 개선될 필요

지주회사 소속 CVC의 특성이나 벤처투자 생태계의 현상에 비추어볼 때 공정거래위원회의 우려는 과장되었거나 다른 제도를 통해 충분히 억제 가능한 것이다. 이런 규제는 일반지주회사 소속 CVC가 민간 부문 자금조달 체계 개선의 새로운 주체로 떠오를 여지를 완전히 꺾어버리는 부작용을 낳는다. 벤처투자업계가 일반지주회사 소속 CVC의 출현을 바란 이유는 이런 CVC가 기존의 VC나 비지주회사 소속 CVC가 하지 못한 역할을 할 것을 기대했기 때문이다. 재무적 목적이 위주인 VC와 비지주회사 CVC는 기술, 전문성, 네트워크 등 경영자원 측면에서 제한적인 역량을 갖고 있어 전략적 투자를 하기 힘들었다. 그래서 업계는 대규모기업집단 소속이 상당 부분을 차지하는 일반지주회사가 CVC를 설립하여 기술력과 풍부한 경영자원을 바탕으로 국내 벤처투자 생태계에서 CVC 본연의 역할을 해주기를 기대했던 것이다.

자본시장연구원의 2022년 '해외 CVC 현황과 일반지주회사 CVC에 대한 시사점'에 의하면, 벤처투자에 적극적인 해외 CVC의 경우 내부자금 조달에 대한 의존도를 낮추고 외부자금을 유치하고자 하는 경향이 관찰된다. 전략적 목적을 갖고 차별화된 운용 능력을 갖춘 CVC일수록 다양한 분야에 분산투자가 필요한데, 출자 수요가 높은 외부자금을 운용 펀드에 유치하면 대규모 투자가 가능하기 때문이다. 그러나 한국에서 일반지주회사 소속 CVC는 공정거래법의 행위제한 규제로 인해 이런 CVC로 성장할 유인도, 능력도 없다. 따라서 단순히 CVC의 숫자나 외형적인 투자 규모가 아니라 실질적으로 스타트업 생태계의 건전한 발전 기반이 되는 일반지주회사 CVC의 벤처투자 활성화를 촉진하려면 행위제한 규제를 과감하게 개선해야 한다.

수신 기능 없는 금융업은 규제 대상에서 원칙적으로 배제해야

국내에서 금산분리 규제의 근거로 제시되는 논리는 매우 다양한데, 이는 규제가 적용되는 금융분야의 유형이나 규제의 내용과 관계없이 복합적으로 주장되고 있다. 금산분리 규제의 뿌리는 미국에서 은행자본과 산업자본과의 결합으로 인한 폐해에 대응하기 위해 도입된 은산분리 규제인데, 한국의 금융규제법은 그 규제 대상을 은행과 산업자본과의 관계에서 시작하여(은행법) 보험회사, 투자매매업자, 종합금융회사, 금융지주회사 등 비은행 금융기관과 산업자본과의 관계로 확대하였다(금융산업구조개선법). 금융규제법은 그래도 금융의 특성과 금융규제 고유의 논리에 따라 금융회사를 분류하고 있으나, 공정거래법은 2004년 법 개정으로 금융업의 정의 규정을 두면서 경제력 집중억제라는 법의 목적과 관계없는 통계 목적으로 작성되는 '한국표준산업분류상 금융업 분류'를 편의상 따르는 방식을 채택하였고, 이런 법적 정의 방식이 그 후에 다른 규제 입법에도 많은 영향을 미쳤다. 따라서 금융업이 매우 넓게 정의된 상황에서 금융규제법과 공정거래법을 포괄하는 복잡한 규제 논리에 대처하기 위해서는 세심하고 균형 잡힌 대응 논리가 필요하다.

금산분리 규제의 근거로 제시되는 논리는 크게 금융규제법의 목적에 따른 논리와 공정거래법의 목적에 따른 논리로 구분할 수 있다. 금융규제법의 목적에 따른 논리는 금융과 산업의 결합이 금융시장에서 시스템 리스크를 유발하거나 강화할 수 있다는 우려에 관한 것이다. 다음으로 공정거래법의 목적에 따른 논리는, 금융과 산업의 결합으로 대규모기업집단에 의한 금융기관의 사금고화 가능성이 있다는 점, 대규모기업집단의 자금력의 우위로 인한 계열회사의 부당한 경쟁의 우위 발생 우려가 있다는 점이다. 최근에는 금융회사 보유가 지배주주의 사익편취 수단으로 활용될 가능성도 제기되고 있다.

이런 논리의 첫 번째 함정은 타인자본을 운용하는 금융업인 은행업, 보험업에 타당할 수 있는 논리를 그렇지 않은 비은행 금융업에 차별 없이 적용한다는 점이다. 특히 금융시장에서 뱅크런과 같은 시스템 리스크나 금융기관의 사금고화 가능성은 수신 기능이 있는 은행의 고유한 문제고 그 외에는 기껏해야 고객의 예탁금으로 운용되는 보험회사 정도에서 상정할 수 있는 문제이다. 따라서 증권회사, 카드회사 더 나아가 독자 산업으로 발전하는 다양한 금융서비스 기업을 단순히 한국표준분류상 금융업으로 분류된다는 이유로 똑같이 규제할 근거는 매우 미약하다.

서울고등법원은 최근 판결(서울고법 2023. 12. 7. 선고 2023누36352 판결)에서 타인자금을 운용하는 금융회사와 자기자금을 운용하는 금융회사를 구별하는 선도적 법리를 제시했다. 공정거래위원회는 상호출자제한기업집단인 카카오 소속 회사인 케이큐브홀딩스가 금융회사로 분류된다고 전제하고, 이 회사가 계열회사 주식에 대해 의결권을 행사한 행위에 대하여 공정거래법상 금융회사의 의결권 제한 규정에 위반된다는 이유로 시정명령을 내렸다. 이에 대해 서울고등법원은 공정거래법상 금융회사의 의결권 제한 규정은 방대한 고객의 예탁자금을 이용한 부당한 계열 확장을 방지하는 데 그 본래의 취지가 있다는 점을 짚었다. 따라서 규제 대상이 되는 금융업은 타인자금 운용을 업으로 하는 산업활동을 의미하는 것으로 제한 해석해야 한다고 판단했다. 대법원도 이 판결에 대한 공정거래위원회의 항소를 심리 없이 기각하여 서울고등법원 판결의 결론을 지지했다(대법원 2024. 4. 25. 선고 2024두31727 판결).

이러한 법원의 판단은, 공정거래법상 금산분리 규제를 적용할 때 그 목적과 입법 취지에 맞아야 하고, 다양하게 주장되는 금산분리 규제의 근거가 실제로 해당 규제 수단에 들어맞는 것인지 세심하게 따져보아야 한다는 점을 시사한다. 공정거래법상 대표적인 금산분리 규제인 일반지주회사의 금융업 영위 국내회사 주식 소유 제한 규제도, 과연 여기서 말하는 금융업이 금융시장에서의 시스템 리스크나 금융기관의 사금고화 가능성과 관계있는 금융업인지 따져보고 적용해야 한다.

그런 점에서 CVC는 이런 규제 근거와 관계가 없으므로, 일반지주회사의 보유가 '예외적으로'가 아니라 '원칙적으로' 허용되었어야 한다. 규제의 한계 때문에 예외적으로 보유가 허용되는 방식으로 입법이 이루어지기는 했지만, 허용하면서 또다시 경제력 집중을 유지·확대할 우려를 사전에 차단한다는 명분으로 과다한 행위제한 규제를 부과하는 것은 이치에 맞지 않는다.

경제역동성 갉아먹는 사전규제 지양해야

이런 논리의 두 번째 함정은 경제력 집중의 다양한 원인에 따른 적합한 규제수단이 무엇인지를 고려히지 않는다는 점이다. 공정거래법상 경제력 집중 억제라는 규제 목적은 그 근거가 복합적이라는 특징이 있다.

흔히 경제력 집중은 일반집중, 시장집중, 소유 또는 지배집중이라는 3가지 차원으로 설명된다. 일반집중은 국민경제 전체의 차원에서 소수의 기업 또는 기업집단에 경제력이 집중되는 것, 시장집중은 개별시장에서 경제력이 집중되는 것, 소유 또는 지배집중은 특정한 개인에게 경제적 자원에 대한 소유 또는 지배가 집중되는 것을 의미한다. 공정거래법상 금산분리 규제 근거로 논의되는 금융기관의 사금고화 가능성은 이 중 일반집중의 문제이다. 일반집중은 일단 발생하면 사후적으로 시정하기 어렵고 판단도 어렵다는 점에서 공정거래법은 그 유지·확대를 사전에 차단하기 위한 규제 수단을 두고 있는데, 금산분리 규제도 그중 하나이다. 그런데 앞서 서술한 것처럼 비은행 금융업에 대해 금산분리 규제를 차별 없이 적용할 이론적 근거는 없다.

다른 두 경제력 집중, 즉 시장집중이나 소유 또는 지배집중을 억제하기 위해 금산분리 규제가 필요하다는 주장도 있다. 시장집중은 자금력 우위에 따른 시장에서의 부당한 경쟁의 우위 확보의 문제, 소유 또는 지배집중은 변칙적인 부의 이전 등을 통해 대기업집단의 특수관계인을 중심으로 하여 소유 또는 지배구조가 형성되는 문제가 있다. 물론 대규모기업집단의 특수관계인*이 비은행 금융업 영위 국내회사를 시장집중이나 소유 또는 지배집중의 도구로 이용하는 사례가 전혀 발생하지 않을 것이라고 단정할 수는 없을 것이다. 그러나 이런 차원의 경제력 집중에 대해서는 부당지원행위나 특수관계인 부당이익제공행위와 같은 사후적 규제 수단이 마련되어 잘 작동하고 있다.

시장집중이나 소유 또는 지배집중 문제를 공정거래법이 사후적 규제 수단으로 대처하는 이유는 문제 행위를 사전에 특정하기 어렵고 특정하더라고 그 행위가 반드시 부정적인 효과만을 초래한다고 볼 수 없기 때문이다. 예를 들어 공정거래법은 일반지주회사의 CVC가 펀드를 설립할 때 외부자금의 출자 비중을 40% 이내로 제한한다. 그런데 일반지주회사의 CVC가 설립한 펀드의 외부자금이 40%가 넘는데도 금융기관의 사금고화 가능성은 발생하지 않는다. 외부자금은 위험 공유의 목적으로 투자되며, 출자액에 따라 손익이 배분될 뿐이다. 그래서 차입금이나 예탁금을 통한 투자와 달리 CVC는 지배력 확장을 통한 일반집중의 수단이 될 수 없다. CVC가 펀드 투자 자금을 소속 대규모기업집단의 시장집중이나 소유 또는 지배집

◇◇◇

* 회사의 대주주 및 오너와 특수관계에 있는 자를 말하는데 주로 오너의 친인척, 그리고 출자 관계에 있는 사람과 법인을 지칭.

중의 수단으로 이용할 우려를 상정할 수 있으나, 평판을 근거로 하는 스타트업 투자 시장의 특성을 고려할 때 발생 가능성이 작을 뿐만 아니라 예외적으로 그런 일이 있더라도 사후적 규제로 대처하면 충분하다. 일어날 가능성이 작고 사후적으로 대처 가능한 문제 때문에 일반지주회사 CVC의 활동을 제한하면, CVC 제도의 장점인 전략적인 투자 주체와 혁신적인 투자 모델의 등장, 이를 통한 벤처투자 생태계의 활성화와 스타트업 성장이라는, 우리 사회에 필요한 자양분을 그 싹부터 잘라버리는 불행한 상황이 지속될 수밖에 없다.

지역투자 인센티브는
왜 작동하지 않는가?

정성훈
강원대학교 사범대학 교수

첨단산업과 지역투자

첨단산업 이야기가 나올 때마다 단골로 함께 언급되는 주제가 '지역발전'이다. 첨단산업을 지역에 유치하면 산업도 살고 지역도 산다는 주장인데, 특히 수도권에 부와 인구가 과밀하게 집중된 한국의 특성을 감안할 때 이런 주장은 제법 설득력이 있다.

다만 하나 유념해야 할 것은 첨단산업에 속하는 기업들의 투자는 변화하는 산업환경에서 '새로운 기회'가 기업과 지자체의 의지가 만나는 지점에서 이뤄진다는 사실이다. 즉, 기업이 지역에 투자하는 것은 의무가 아니고 투자할 만한 이유가 그 지역에 있어야 한다. 이 점을 간과하고서는 지역투자를 활성화하기는 어렵다. 지난 수십 년 간 중앙정부와 지자체, 시민단체들은 기업의 지역투자를 늘리기 위해 다양한 노력을 기울였지만, 기대만큼 성과가 나지 않은 것도 '왜 기업이 투자하는가?'에 대한 이해가 부족했기 때문이라고 생각한다. 한국에서 종종 들려오는 투자유치 실패사례는 실적을 쌓기 위한 지자체 내 부서 간 다툼, 기업, 지역 주민, 지자체 간 소통 부족으로 인한 행정 지원의 지연, 단기적 이익에 급급한 기업의 투자계획 및 이의 철회, 광역시·도와 기초지자체 간 불협화음으로 인한 기업투자 중단 등으로 발생한다.

사전에서는 산업을 '인간의 생활을 경제적으로 풍요롭게 만들기 위해 재화나 서비스를 생산하는 활동과 재화를 생산하는 경제활동 조직'(위키백과, 2024)으로 정의하고 있다. 이러한 정의에 기초한다면 산업은 하나의 공동체로 인식될 필요가 있다. 즉 하나의 산업이 만들어지기 위해서는 연구개발, 제조, 판매에 이르기까지 매우 복합적인 거래 구조가 형성돼야 한다. 또 여기에 사회적·정치적 환경과 정주여건까지 연결되면서 거대한 산업 공동체가 구축돼야 한다는 것이다. 이러한 맥락에서 보면, 산업은 고정된 물체가 아니라 살아 움직이는 생명체다. 그래서 산업은 특정 지역을 기반으로 주인(기업)을 잘 만나면 세상을 바꾸고 고용을 창출하며 시대를 선도하지만, 반대의 경우 사멸하기도 한다.

그럼 첨단산업 발전에 있어서 지역이 갖는 의미는 어떤 것일까? 한 지역이 성공적인 첨단산업을 유치하게 되면, 이는 지역적 차원에서 고부가가치 창출, 고용증가, GDP 및 GRDP 증가 등의 다양한 경제적 성과를 창출할 수 있다. 그러나 우리는 대개 경제적 성과 창출에만 몰두하고 첨단산업이 지역에서 갖게 되는 '생명공동체'적 특성에는 별로 신경을 쓰지 않는 경향이 있다. 바로 이 지점에 우리 인식의 전환이 필요하다. 첨단산업은 지역 단위에서 산업이 왕성하게 성장할 수 있는 '살아있는 공동체' 형성을 통해 성장한다. 그러므로 우리는 특정 첨단산업이 지역에서 잘 성장할 수 있도록 '산업혁신 생태계'를 만들어주어야 한다. 아이가 태어나면 그에 맞는 환경을 갖춰주는 것과 비슷한 맥락이라고 할 수 있다.

그렇다면, 이 생명공동체는 어떤 생태적 특징을 지니고 있을까? 첨단산업 생태계는 '땅'에서 출발해 다양한 혁신 자원으로 귀결된다. 여기서 '땅'은 산업입지를 의미한다. 첨단산업 발달에 유리한 산업입지 요건으로는 물리적 인프라인 산업용 부지, 전력·용수, 인적·물적자원이 이동할 수 있는 교통 접근성, 지역의 혁신 자원(대학, 연구소, 풍부한 전문 인력, 금융 인프라 등)의 동원력 및 활용력을 꼽을 수 있다. 그런 측면에서 한국의 지도를 놓고 보면, 산업입지 여건이 상대적으로 양호한 지역으로 수도권의 성장 지역이나 일부 광역시를 꼽을 수 있을 것이다. 그러나 만약 정부의 입지규제가 없다면, 기업들은 주로 수도권의 성장 지역에만 투자하고자 할 것이다. 이는 수도권의 성장 지역들이 다른 지역보다 첨단산업 입지에 절대적으로 유리한 조건을 갖추고 있기 때문이다.

이런 상황에서 비수도권 지역들은 어떻게 대응해야 할까? 첨단산업과 지역발전의 연관성을 횡단면으로만 고찰한다면, 국내외를 막론하고 첨단산업은 주로 대도시와 그 인접지역에 입지해 있다. 그러나 보다 역사적인 시각에서 종적으로 바라본다면, 모든 첨단산업이 대도시에서만 발달해온 것은 아니다. 시기에 따라 첨단산업의 유형 또한 달라지면서 각 산업이 선호하거나 성장하기에 적합한 지역도 달라져왔기 때문이다. 미국에서 1960년대 중화학공업을 이끌었던 오대호 연안과 북동부의 성장 지역들은 1970년대 후반 이후 스노우벨트(산업쇠퇴지역)로 뒤처졌다. 반면 1980년대 이후 정보통신혁명과 산업 재구조화를 통해 기존에 대도시가 아니었던 지역들이 새로운 성장 지역으로 부상하고 있다. 그렇다면, 발전 기회가 전혀 없었던 지역이 성장 지역으로 발돋움하는 데는 어느 정도 시간이 필요할까?

한국의 사례를 살펴보면, 삼성전자가 현재 수원 매탄벌(현재 수원시 매탄동 314번지)에 공장을 완공했던 시기는 1969년 1월이었다. 포항제철이 포항시 해변에 제철소 건설에 착수했던 시기는 1970년이었다.

이 지역들은 약 50년 이상 산업 성장의 역사를 지니고 있는 셈이다. 우리가 수원이나 포항을 지역이 아닌 특정 산업의 중심지로 인지하기 시작한 시점은 1990년대 초로, 해당 산업이 그 지역에 자리 잡은 지 20~30년이 지난 시기였다. 당장 대표할 만한 산업이 없는 지역이라고 할지라도 지금부터 잘 육성한다면 20~30년 이후에는 새로운 대도시가 될 수 있는 것이다.

산업생태계 구축 성공사례

따라서 산업이나 지역발전에는 영원한 승자도, 패자도 없다고 보는 것이 역사적·지리적 진실일 것이다. 그런 점에서 모든 지역은 승자가 될 수도 있고, 패자가 될 수도 있다. 승자의 길로 접어들기 위해서는 앞서 제시한 시대와 산업입지에 부합하는 산업혁신 생태계를 조성해야 한다. 그리고 이 생태계의 성공을 가늠해보려면, 최소 20~30년이 필요하다. 미국의 샌디에이고 바이오 클러스터 등 선진국의 산업혁신 생태계가 약 100년 정도에 걸쳐 성공적으로 조성되기도 한다는 사실을 상기해 볼 때, 이 기간은 산업혁신 생태계 형성의 관점에서 그리 긴 시간이 아니다.

전문가들의 실제 경험에 기초하여 작성된 다음의 [표2]를 보면서 어떤 산업단지를 조성하고자 하는 지방자치단체가 있다고 생각해 보

자. 평균적으로 이 지역이 국가산업단지로 지정받기 위해서는 10년 이상이 걸리고, 일반산업단지의 경우 지자체와 기업의 실수요 개발을 고려하면 빨라야 4년이 걸린다. 이는 한국 산업단지의 60%를 차지하는 일반산업단지를 예로 든다면, 부지조성과 분양에만 4년 이상, 그리고 조성 후 기업을 유치하거나 기업들에게 산업용지를 분양해 공장을 가동하는 데 들어가는 시간은 약 7~10년 정도가 더 소요됨을 의미한다. 물론 이런 소요시간을 단축하려는 노력은 필요하지만 현재 기준에서 볼 때, 앞서 제시한 수원과 포항은 이미 20~30년 내에 성공적으로 산업을 정착시킨 훌륭한 도시들이다.

포항시 철강산업의 사례를 살펴보자. 한국 철강산업의 새 역사를 쓴 고 박태준 회장의 사업 초기 발상을 살펴보면 상당히 파격적이었다. 그는 아무것도 없는 어촌 불모지에 제철소도 아닌 근로자 기숙사를 먼저 건립했고, 곧바로 제철 인력을 양성하기 시작했다. 당시 "박 회장이 너무 앞서간다."는 여론의 비판이 적지 않았지만 불과 10년도 지나기 전 그의 판단과 투자는 옳은 것으로 판명 났다. 그리고 20년 후에는 한국이 철강 강국으로 거듭나기 시작했다. 박태준 회장의 판단을 2024년 현재의 관점에서 해석하자면, 모방적 기술혁신과 탄탄한 정주여건을 결합한 것이 철강산업 육성의 성공 열쇠라고 할 수 있다. 공교롭게도 이는 흔히 클러스터 전문가들이 언급하는 클러스터 성공 소요시간과도 유사하다.

[표2] 산업단지 유형 및 개발방식별 장단점 분석[1]

구분		신청대상·지정권자	장점	단점
국가산업단지		· (신청대상) 새정부 지역정책공약에 기반 영된 신규산단 · (지정권자) 국토부장관	· (소요예산) 국가주도 사업으로 국가 재원 활용 가능 · (부처간 협의) 용도지역상 농림지역, 토지이용규제 상 농업진흥지역의 편입비율이 높을 경우, 산업 클러스터 조성을 위해 농업진흥지역 편입 시 농림부와의 협의에 유리	· (소요기간) 예비타당성 조사 등 모든 일정 고려 시 평균 10년 소요 · (기업투자) 소요기간의 장기화에 따라 신속한 기업투자의 어려움 존재
일반산업단지	지자체 자체개발(A)	· (신청대상) 수요 확보지역 (국토부 수요검증 필요) · (지정권자) 경북도지사 (초기 지정계획은 국토부장관)	· (수요 예측) 시계열 분석 및 기업체 입주 수요 설문조사를 통한 실수요 예측 가능 · (조성) 지역이 원하는 모습이 반영된 산업단지 구상 가능 - 기업유치 및 일자리 확보를 통해 지역소멸 위기 극복 가능	· (소요 예산) 지자체가 부담해야 하는 재정 부담이 커, 실질적인 추진 어려움 존재 · (토지 확보) 대상지 내 사유지가 있을 경우 토지 확보를 위한 설명회 및 간담회, 이주자 택지 등의 마련 필요
	기업 실수요 개발(B)		· (수요 예측) 대기업과 협력사 등의 투자 계획을 통한 안정적인 수요 확보 가능 · (소요기간) 대기업과 협력사들의 개발 계획을 통해 단기 개발 가능	· (조성) 실수요 기업만을 위한 개발이 이루어질 가능성이 높아 지역적 차원에서 지역산업을 위한 산업단지 조성의 어려움 존재
	지자체 + 기업 수요(A + B)		· (조성) 지자체가 전체를 일반산업단지로 지정 받은 후, 기업이 필요한 부분을 대행 개발 혹은 원형지 개발을 할 수 있도록 유도해 지역이 원하는 산업단지 구상 가능 · (소요기간) 4년으로 단기 개발 가능	· (조성) 조성 시, 기업과 지역의 상반된 의견이 발생할 경우 조정의 어려움 존재

물론 한국 정부도 지난 20여 년 동안 다양한 노력을 해왔다. 선진국에서 효과적이라고 평가되는 제도를 빠르게 도입해 국내에서 다양하게 적용해왔고, 그중에서도 클러스터 및 지역혁신 정책은 1998년부터 지금까지 약 25년 동안 시행해오고 있다. 아마도 한국은 세계적으로도 이 정책을 가장 오랫동안 고수하고 있는 나라 중 하나일 것이다. 심지어 한국의 국가균형발전 정책은 현재 영미 선진국의 경제지리학 대학 교재에도 하나의 사례로 소개되고 있다.

대니 매키넌Danny MacKinnon과 앤드루 컴버스Andrew Cumbers가 2019년에 출간한 《경제지리학개론》(사회평론아카데미, 2021)에는 한국의 국가균형발전을 다음과 같이 소개하고 있다.

"(기존) 지역정책이 이런 지역 간 불균형 문제를 다루기 시작했다. 1970~80년대에 한국 정부가 채택했던 '낡은' 접근은 주로 서울의 성장을 제한하고 중공업 부문을 다른 지역으로 분산·이전하는 것이었다. 1990년대 들어 이 정책은 폐기되었고 (중략) 이에 대응하여 노무현 대통령(2003~2008년 재임)이 이끄는 한국 정부는 '신지역주의' 접근을 중심으로 대대적인 '국가균형발전' 정책을 추진했다. 신행정수도개발계획은 (충청북도 일부와) 충청남도에 새로운 수도인 세종특별자치시를 건설하는 것으로 집약된다. 이 계획은 여전히 세계적으로 가장 야심 찬 계획 중 하나다. 정부 기관 및 기능의 분산은 지역정책의 오랜 수단 중 하나이지만 한국에서처럼 거대한 스케일에서 치밀하게 계획된 사례는 거의 없다. 이 계획은 부분적으로 '신지역주의적' 정책 패키지로서 지역정책의 두 패러다임 간 연속성을 반영하고 있지만 기본적으로 형평성과 지역 간 균형을 강조하는 한국의 오랜 전통에 기반을 두고 있다."

그러나 아쉬운 점은 이 정책들이 제2, 제3의 수원이나 포항을 만드는 데 한계에 봉착했고 여전히 실험대 위에 놓여 있다는 점이다. 그렇다면 한국의 경쟁국들은 첨단산업 육성과 지역발전을 어떻게 접목하고 있을까? 김현수 〈동아일보〉 뉴욕특파원은 한 칼럼('美 주별 경쟁에서 배우는 반도체 공장 유치법', 2024. 4. 8.)에서 다음과 같이 비판적 질문을 던졌다.

"팬데믹으로 공급망 안보 개념이 부상하고 각국의 반도체 보조금 전쟁이 촉발된 지 2년 만에 인디애나주는 '0개'였던 반도체 공장을 '8개'로 늘렸다. 골든타임 2년간 한국은 무엇을 했는지 묻고 싶다."

지역단위의 정책실험 '메가샌드박스'

이런 맥락에서 한국도 국가와 지역 생존을 건 파격적 도전이 필요한 때다. 그런 일환으로 대한상공회의소가 검토 중인 '메가샌드박스' 제도를 소개해보고자 한다.

메가샌드박스는 신기술·신산업 육성을 위해 기업들이 직접 필요로 하는 성장의 핵심요소들을 중앙정부와 협의하고, 이를 지원할 수 있는 지방자치단체와 협약을 맺어 지역에 투자를 실행하는 민간 기업 주도형 기업이전 및 투자촉진 정책을 의미하는 신조어다. 즉, 이 정책은 지역에 특화된 미래전략산업을 선정해서 산업단위의 규제를 유예할 뿐만 아니라, 관련 교육·인력·R&D, 산업입지 등 다양한 혁신자원들을 동원해 테스트베드를 구축하고 이에 필요한 재정과 조세 등 패키지형 인센티브를 참여자에게 제공하는 데 초점을 두고 있다.

이러한 메가샌드박스 제도가 필요한 궁극적 이유는 현재 산업—기술—국가—지역이 앙상블을 이루면서 선진화되고 있는 세계 첨단 전략산업 경쟁력 추세에 한국이 뒤처지고 있기 때문이다. 우리 기업들은 기업 니즈를 100% 반영한 규제개선을 핵심적으로 요구하고 있으며, 용수, 전력공급 등의 인프라뿐만 아니라 인력양성·활용 인프라가 풍부한 지역에 투자를 희망하고 있다. 이와 더불어 정책도 정부가 주도적으로 계획해서 기업을 유인하는 방향이 아니라 기업이 계획하고 정부가 지원해주는 구조를 요구하고 있다. 이에 대한 사례로, 일본의 토요타가 만들어가는 신기술·신산업 실증도시인 우븐 시티Woven City, 영국 케임브리지대학을 중심으로 더욱 활성화되고 있는 바이오 클러스터 등을 들 수 있다.

한국에서 지역산업 정책이 시작된 지는 1998년부터 지금까지 약 25년이 됐다. 이것이 그동안은 중앙정부가 주도하는 지역산업 정책이었다면, 이제는 민간과 지자체가 연합해 주도하는 새로운 성장 패러다임으로 바뀌어야 하는 시기가 도래했다.

기존 특구 vs 메가샌드박스

2024년 4월 기준 한국의 특구는 920개가 넘는다. 조금 과장하자면 전 국토가 특구인 셈이다. 종류도 다양하다. 1970년대의 수출자유지역, 자유무역지대에서부터 1980년대의 산업단지, 2000년대 초반의 경제자유구역을 거쳐 2010년대 이후 기업도시, 규제자유특구, 기업혁신파크, 기회발전특구까지. 기업뿐 아니라 중앙정부와 지자체 담당자들조차 헷갈릴 정도로 많은 종류의 특구가 대동소이한 혜택과 성격을 표방하며 계속 늘어나고 있다. 이는 특구정책 자체의 변별력이 떨어짐을 의미한다.[2] 이런 이유로 정부는 현재 유사·중복 특구 간 조정에 몰두하고 있다. 현재 한국의 특구 정책은 장점도 있지만, 지원 수단의 유사성과 부처별 지원의 분절성, 하향적 추진체계가 갖는 경직성, 혁신 생태계의 지역 착근성 부족에 직면해 있다.

[표3] 특구 정책의 한계[3]

정책영역	기존 접근의 한계
지원수단	• 유사한 성격의 특구 사업이 부처마다 분절된 형태로 추진 • 사업 간의 시너지 창출을 위한 연계 성과가 부진
추진체계	• 공공이 판을 짜고 기업을 초청하는 방식의 공급자 중심 접근 • 기업의 니즈를 유연하게 반영해 긴 호흡으로 추진할 수 있는 정책공간이 부재
정책목표	• 외부에서 유치한 기업·기관을 지역생태계에 착근시키는 노력은 부족 • 기업·기관에 대한 유치 노력과 달리, 인재 집단을 유입시키고 양성하는 노력 부족

문제는 이렇게 많은 특구에도 불구하고, 비수도권 지역들이 좀처럼 좋은 성장세를 보이지 않고 있다는 점이다. 한국의 지자체들이 게을러서일까? 대부분 지자체장과 지역 주민들은 지역발전을 위해 열심히 노력한다. 그럼 무엇이 문제일까? 기업에 직접 질문했더니 다음과 같은 답변이 나왔다.

"우리나라에서 기업 이전이나 신규 투자에 있어서 세제혜택이나 재정 지원 조건은 전국 어디서나 비슷하므로, 기업 입지 의사결정의 핵심적인 요인은 용수, 전력공급, 오·폐수처리 등 인프라 조건과 인력양성·활용이다."(비수도권 소재 대기업 A, 2024. 2. 인터뷰)

"진정 기업에게 혜택을 주려면 미국보다 비용을 낮춰줘라."(비수도

권 소재 대기업 B, 2024. 2. 인터뷰)

[표4] 메가샌드박스와 정부의 특구정책 비교(2023년 4월 기준)

구분	메가샌드박스(안)	기회발전특구	글로벌혁신특구	기업혁신파크
	국무조정실, 대한상의	지방시대위원회 (산업통상자원부)	중소벤처기업부	국토교통부
대상	제한없음	• 수도권에서 이전 하는 기업을 포함 한 신규 투자 기업	• 중소기업, 스타트업	• 대기업, 중소기업
규제	규제 Free (제로베이스 검토 및 Negative-list)	• 지자체가 규제 특례 직접 설계 해 신청 → 지방 시대위원회 심 의 의결 후 해당 규제 특례 부여	• 전면적 네거티 브 규제 - 글로벌 스탠더 드에 맞는 선진 국 기준 적용해 실증 허용	• 개발 관련 규제 - 최소면적 완화, 인허가 간소화, 도·시건축 특례 (용적률·건폐율 등 대 폭 완화)
세제	파격적 세제 지원 및 부담금 감면 (지자체별 여건 맞게 투 자기업에 제시)	• 소득세, 법인세, 취득세, 재산세, 개발부담금 등 특구 이전기업 에 대한 면세	-	• 사업시행자 - 국세 3년간 50%, 2년간 25% 세제 감면 등 • 입주 기업 - 국세 3년간 100%, 2년간 50% 세제 감면 등

금융	새로운 형태의 금융제도 실험 (R-BTL, REITs 확대 등)	• 기회발전특구 펀드 • 지방 투자 촉진 보조금 지원 등	• 글로벌 진출 및 스케일업 패키지 지원 * 대·중소기업 해외공동진출기금 조성 • 신산업 전용 보험 신설	• 사업시행자 - 사업비 지원(주진입도로 1개소 50% 지원) • 입주기업 - 국공유재산 임대로 20% 감면
기타 지원 사항	정주여건 개선 (특성화 대학 지정, 대학병원 설치 등)	• 주택 특별공급 • 주택 양도세(농어촌 양도세 특례) • 교육지원(초중고 설립 지원) 등	• 해외 실증거점 운영, 가상현장 실증인프라 구축 • 글로벌혁신특구 지원 패키지 운용(투자, R&D, 맞춤형 인력공급) • 기획 단계부터 맞춤형 해외 인증 지원	• 정주여건 지원 (유치원, 대학교, 외국 교육기관 설립 허용) • 개별이익 재투자 대상 확대(공공편익시설, 구역 밖 간선 시설, 산업시설 용지 분양가 인하)

[표4]를 살펴보면, 윤석열 정부에서 대표적인 특구로 부상하고 있는 기회발전특구, 글로벌혁신특구, 기업혁신파크와 메가샌드박스는 차이점이 명확하다. 메가샌드박스는 기업주도형 특구를 지향하는 반면 나머지 3개 특구는 정부주도형 특구다. 3개의 특구는 제도의 테두리 안에서 기업 유치를 통한 지역발전을 추구하고 있으나, 메가샌드박스는 신기술과 신산업 육성을 위해 기존 제도의 장벽을 넘어 새로운 기업—지역 협력 발전 장르를 개척하기를 희망하고 있다.

이러한 맥락에서 메가샌드박스와 기회발전특구를 비교하자면, 기회발전특구는 2~3년 내에 성과를 창출할 수 있는 지구나 산업단지를 대상으로 기업 유치와 지역발전을 위한 특구를 지정한다. 메가샌드박스는 기업의 신기술과 신산업 창출을 위해서 지자체와 협상함으로써 단기 성과보다 중장기적 입장에서 기업투자를 기획한다. 기회발전특구는 규제도 지방정부가 직접 설계하는 반면 메가샌드박스는 해당 기업이 규제를 설계해 중앙정부나 지자체에 요청하는 방안을 검토 중이다.

법제화, 그리고 그 너머

짐작하겠지만 메가샌드박스는 지금까지와는 차원이 다른 개념이라 기존 특구와는 접근 방식도, 추진 방식도 달라야 한다. 당연히 새로운 법률도 제정해야 한다. 다만 그 이전에 몇 가지 시범 단계를 거치면서 사업의 가능성을 모색할 필요가 있다.

먼저, 기업주도 체제를 어떻게 구현할 것인가에 관한 문제이다. 이를 위해서는 기업들의 정책 수요를 파악해 중앙부처와 협의 후, 기업의 요구를 수용할 수 있는 지자체를 모색해야 하는 상대적으로 긴 여정이 필요하다. 중앙정부에 권한이 집중돼 있고 지자체 권한이 약한 한국에서는 낯선 형태다. 영국의 경우, 2010년 이후 보수연

정인 데이비드 개머런 정부부터 지방기업파트너십 정책Local Enterprise Partnership, LEP 을 통해 지방 산업계에 주도적 역할을 부여하고 지방정부—산업계 협력기구를 운영하고 있다. 실제로, LEP의 거버넌스는 이사회의 50% 이상을 산업계 인사로 구성하고 지방 기업인이 의장직을 수행하고 있으며 약 15년 이상을 지역발전의 주체로 그 역할을 다하고 있다.

둘째, 지자체가 자기 주도적 제도 입안과 조정의 권한이 있는가의 문제이다. 윤석열 정부는 지역주도형 혁신체계를 강조하고 있지만, 국내 대부분 지자체는 자율적인 혁신정책 수단을 많이 보유하고 있지 않다. 여전히 중앙정부 의존적이라는 뜻이다.

셋째, 다양한 참여 주체의 목소리를 누가 조율할 것인가에 대한 문제이다. 이 문제를 해결하기 위해서는 국무조정실이나 지방시대위원회와 같은 통합된 컨트롤타워가 필요하다.

마지막으로, 앞선 LEP 모델을 운영할 사무국의 기능을 어느 조직이 담당할 것인가도 문제다. 민간에서 전국을 아우르는 조직을 갖춘 대한상공회의소가 중심이 돼 기업들의 의견을 모으고, 국무조정실 또는 지방시대위원회를 통해 중앙부처와 지방자치단체의 의견을 수렴하는 방안도 검토할 만하다. 물론 이를 위해서 대한상공회의소의 역량 강화가 선결 조건이 된다.

이에 기초해 정책을 전개할 때, 새로운 법률의 '제정'보다는 기존

법률에 대한 '개정'을 통해 시범 사업을 실시하고, 점차 제정의 방향으로 가닥을 잡는 것이 효율적일 것이다. 개인적 견해로는 부처의 다양한 의견을 통합하고 조율할 수 있는 지방시대위원회의 '지방분권균형발전법'에 조문 개정 또는 신설 형태로 우선 도입하여 메가샌드박스 제도를 추진해보는 것이 우선적으로 필요하다고 생각한다.

메가샌드박스 도입의 4대 핵심 쟁점은 기업의 투자계획에 대한 지자체 간 경쟁적 유치, 지역적 차별성 구축, 미래 신산업 중심의 추

[그림15] 상향식 지역플랫폼 구축

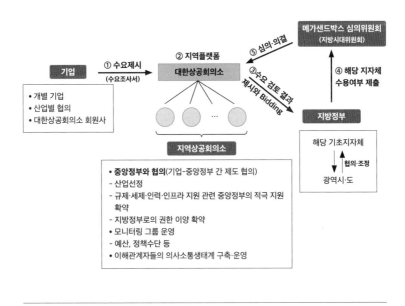

진, 파격적 정책실험이다. 인류는 끊임없이 세상을 변화시키는 파격적 실험을 해왔고, 누적된 실패를 통해 성공에 도달하는 경험을 공유해왔다. 이제 한국은 기업과 지역이라는 두 마리 토끼를 잡아야 비로소 국가의 경쟁력을 활성화할 수 있는 시기에 직면해 있다. 21세기 한국이 전혀 예상하지 못했던 또 다른 파격적 현실이 눈앞에 다가왔다.

멈춰버린 인프라 정책부터
RE100 대응까지

허은녕 서울대학교 공과대학 교수
조홍종 단국대학교 경제학과 교수

첨단산업 사활의 대전제 '에너지, 물, 도로'

한국과 같이 제조업 및 수출에 경제 대부분을 의존하는 나라의 경우, 제조 과정에서 필요한 에너지와 용수, 그리고 수출 과정에 필요한 도로와 항만 등은 필수적인 공공 인프라이자 공공 서비스라고 할 수 있다. 특히 반도체·배터리 등 첨단산업의 제조공정은 고품질의 전기와 물을 대량으로 소비하는 공정이기에 산업의 국제경쟁력 확보를 위해서는 고품질의 전력과 용수의 안정적인 공급망이 확보되어야 한다. 또한 첨단산업은 규모의 경제, 점유율 확보가 중요한 만큼 적기에 차세대 제품을 생산하고 수출해야 새로운 시장이 형성될 때 적확한 대응을 할 수 있다. 원활한 물류 이동을 위한 도로와 항만, 공항 등의 인프라 역시 잘 갖추어져 있어야만 첨단산업의 수출 경쟁력이 확보될 수 있다. 이들이 없다면 첨단설비를 들여 지은 공장들이 모두 무용지물이 되고 만다. 첨단산업 국가전략의 수립에 있어 에너지, 물, 도로로 대표되는 인프라 확보를 위한 투자가 가장 시급히 시행하여야 할 필수조건이다.

전력 사용량을 예로 들어보자. 2022년 한국 총 전력 사용량은 547.9TWh 인데 이 중 제조업이 사용한 전기가 266.9TWh로 48.7%를 차지한다. 한국 전기의 절반을 제조업이 사용하는 것이다. 이들 제조산업들은 국내에 대규모 생산설비를 갖추고 있다. 또한 대부분 24시간 내내 가동한다. 따라서 많은 양의 에너지 공급이 필요한 것이다.

그럼 제조업 중 국내에서 가장 많은 전력을 소비하는 산업은 어디일까? 자동차 조립을 위해 다양한 로봇이 사용되는 자동차산업도, 쇳물을 녹여내는 전기로를 사용하는 제철산업도 아니다. 바로 전자·통신·반도체산업이다. 한국전력통계[4]에 따르면 2022년에 가장 많은 전력을 사용한 산업은 전자·영상·음향·컴퓨터·통신장비 산업으로 60.2TWh의 전력을 소비했다. 2022년 서울특별시의 전력 사용량이 48.8TWh이니까 서울특별시 전체보다도 더 많은 전기를 전자·통신·반도체산업에서 사용하는 것이다. 이는 한국 전체 전력 사용량의 11%에 달하는 양이다.

정보통신이나 반도체의 생산 공정은 또한 매우 섬세하고 정밀하다. 따라서 공급하는 전력의 질 역시 매우 중요하다. 공급하는 전기의 전압과 주파수를 일정하게 유지해야 미세공정을 진행하는 반도체 제조장비가 균질한 제품을 생산할 수 있기 때문이다. 이는 배터리, 자동차, 선박, 석유제품 등 한국의 주력 수출 품목의 제조공정 모두에 해당한다. 제조공정은 '물 먹는 하마'이기도 하다. 예를 들어, 삼성전자 기흥 공장과 화성 공장은 각각 하루 5만과 10만t의 공업용수를 사용하는 것으로 알려져 있다. SK하이닉스 이천 공장도 하루 평균 6만 9,000t의 공업용수를 쓴다고 한다. 이 세 곳에서 하루에 사용하는 물을 1.5L 페트병으로 환산하면 거의 1억 5,000만 병 수준이다. 이토록 많은 물이 소모되는 이유는 제조공정에서 발생하는 열과 수증기에 대해 항온·항습을 해야 하기 때문이다. 이때 물이 대량으로 사용된다. 중요한 제조공정 중 하나인 세척도 물이 필요한 이유다. 세정공정에 사용하는 물은 미립자 수나 균, 유기물을 최대한 제거해 다른 물질을 최소화한 초순수ultrapure water, De-Ionized Water, 初純水여야 하기에 수질 역시 매우 중요하다.

최근 산업단지와 제조공장 주변에 신도시가 건설되어 새로운 주거단지가 지속해서 들어서면서 제품과 원료를 실어 나르던 산업도로의 소음과 분진에 대한 주민 청원이 늘어나고 있다. 이에 따라 도로 사용 시간이 제한되는 등 제품 출하 일정에 영향을 주는 사례가 늘어나고 있다. 또 항만에 가까운 좋은 입지와 전용 도로망을 가진 산업단지를 새로 개발하는 것도 점차 어려워지고 있어 물류비용의 증가가 예상되는 실정이다.

인프라 지연 10년? 첨단산업 성장 지연 10년!

에너지, 물, 도로 등 인프라 시설은 준비 작업에서부터 시설을 완성하여 서비스를 공급하기에 이르기까지 상당한 자본과 시간이 필요하다. 또한 최근 님비not in my backyard 현상이 두드러지면서 인프라 시설의 건설 과정에 걸리는 시간이 크게 증가하고 있다.

취수원이 되는 주요 하천에서부터 신규 건설 첨단 산업단지 현장까지 용수 파이프라인을 건설하려 할 때 지방자치단체의 허가에 걸리는 시간이 많이 늘어났다. 최근 주요 대기업이 건설하고 있는 첨단 산업단지의 경우 모두 같은 고민을 한다. 이는 취수원이 풍부한 한강 수계 지역에서도 예외가 아니다. 그나마 공장부지와 취수원이 같은 지방자치단체 구역 안에 있으면 다행이지만, 여러 지방자치단체의 경계를 가로질러 용수 파이프라인을 건설해야 할 때는 용수 공급 요청 시점에서부터 허가까지 짧게는 5년, 길게는 10년씩 걸리는 경우가 많다. SK하이닉스 용인 반도체 클러스터도 2단계 공장까지 모두 건설되는 2031년에는 하루 필요한 용수만 57만t에 달하지만, 아직 취수원이 확정되지 않아 공장 가동에 걸림돌이 될 수 있다는 우려가 크다. 취수원이 풍부하지 않은 다른 지역의 경우 이 문제는 더욱더 어려워진다. 농업용수와 경쟁해야 하기 때문이다. 게다가 기후위기로 인해 가뭄과 홍수가 빈발해지면 수자원의 안정적 공급이 더 어려워질 수 있다. 포항의 블루밸리 국가산단은 현재 하루 2만 1,000t의 공업용수가 공급되고 있는데, 수요량에 따라 이를 하루 6만t 수준까지 늘려야 하는 상황이지만 수자원 확보를 위한 구체적인 계획은 미비한 상황이다.

전력공급망도 준공이 지연되고 있다. 지역 주민의 민원 때문이다. 대부분은 송전선을 지하화해달라는 요구인데, 대부분 공장부지 주변에 많은 주거단지가 들어서 있기 때문이다. 삼성전자가 건설 중인 평택 반도체 단지의 경우 2013년에 정부의 송변전설비계획으로 추진되어야 했지만, 지역 주민의 설득 과정에서 송전선로 지하 매립 등이 추가되면서 2023년에 준공되었다. 산업계에서는 용수 및 전력 인프라 문제 해결에 걸린 10년이 반도체산업 성장을 10년 지연시켰다고 이야기한다.

이런 상황에서 전기와 가스 등 에너지 공급망의 건설을 책임지는 한국전력공사나 한국가스공사 등 공기업의 재무적 위기도 기업들의 불안감을 키우고 있다. 산업계에는 2023년 말 기준으로 200조 원에 달하는 채무를 안게 된 한국전력공사가 부채 문제 해결에 신경 쓰느라 첨단산업에 필요한 전력망 인프라를 적기에 건설하지 못할 수 있다는 불안감이 만연하다. 특히 정부가 채무 삭감을 위한 자체 구조조정을 강화하고 공기업의 주요 자산을 매각하는 데 중점을 두고 있어 더욱더 그런 우려를 자아내고 있다.

필요한 만큼의 전력을 적시 공급받는 것 못지않게 중요한 것은 공급받을 전기의 친환경성과 품질, 가격이다. 사실 한국의 전기는 세계 최고급이다. 정전 발생률이 전 세계에서 가장 낮은 편이며 공급되는 전기의 품질도 변화가 거의 없이 매우 균질하다. 그러나 최근 전력 인프라에 대한 투자가 줄어들면서 전력 품질에 대한 우려가 등장하고 있다. 이런 품질이 낮은 전기를 '물 탄 전기'라고 부른다.

후술하겠지만, 반도체, 배터리 등 첨단산업의 기업들은 그들의 생산품을 구매하는 글로벌 기업들이 요구하는 RE100[*] 달성을 위해 재생에너지 사용 비중을 크게 늘려야 하는 부담을 안고 있다. 그러나 한국의 재생에너지 공급환경은 지리적으로 볼 때 그리 유리한 환경이 아니다. 산악지역이 많고 대륙의 동쪽에 위치해 태양에너지나 풍력에너지의 활용에 모두 한계가 있다. 지열도 풍부하지 않으며 바

◇◇◇

[*] 기업이 사용하는 전력 100%를 재생에너지로 충당하겠다는 캠페인.

이오에너지원도 많지 않다. 무엇보다 좁은 국토에 인구가 많아서 활용할 수 있는 토지가 크게 부족하다. 중국, 일본, 대만 등 아시아 국가들 대부분이 비슷한 어려움을 겪고 있다.

이러한 한계로 인하여 재생에너지의 생산원가가 상대적으로 높다. 또 주변 국가와 전력망이 연결되어 있지 않으니 망의 크기가 작아서 에너지 공급이 간헐적으로 불안해지는 탓에 전력의 전압과 주파수를 안정적으로 유지하기 어려운 상황이다. 재생에너지 비중이 높은 유럽은 이미 전력망 투자를 늘리고, 국가들끼리 전력망을 연결하고, 부하 조정 등을 통하여 이런 문제를 해결하고 있으며, 개별 기업들 역시 각자 문제를 해결하기 위한 추가 설비투자를 진행하고 있다.

인프라 부족 현상 '왜 생겼나?'

지난 20여 년간 한국 정부의 국가 기반인프라에 대한 투자가 부족했던 탓이 가장 크다. 전기를 비롯한 에너지와 물을 산업과 가정에 공급하는 시설은 도로와 항만, 공항 등과 함께 대표적인 국가 기반인프라다. 한국은 해방 이후부터 이들을 공공산업public utility으로 분류하고 1960년대 이후 해당 분야에 무수한 공기업을 신설하여 기반인프라를 구축하였다. 첨단 전략산업과 국내의 다양한 제조입 운영에 필요한 에너지와 물, 도로 및 항만 등을 공급해왔다. 사공일, 고영선[5]에 따르면, 실제로 국내 공공산업 부문의 연간 성장률이 1970~2000년에 매년 10% 이상이었다. 도로, 항만, 공항 등 주요 인프라는 1990~2008년에 크게 늘었다. 그러나 IMF 외환위기를 겪으면서 한국 정부의 공공산업 투자가 급격히 변화하였다. 수출 지향에서 내수산업 육성 쪽으로 방향을 선회하면서 수출 중심 첨단산업에 필요한 인프라 투자가 상대적으로 축소되었다. 전력의 경우 공기업 민영화 정책을 통한 발전자회사 간 경쟁 촉진을 통한 원가 감축과 효율화 증진 등에 목표를 두게 되었고, 이후 발전 및 송배전 분야 신기술 연구개발은 물론 신규 발전소 및 송전선 건설 등에 대한 투자도 줄었다. 또 다른 이유는 지역별 전력수요 편차가 심해 발생하는 송전선로 문제이다. 서울과 수도권의 경우 전력 사용량 대비 발전시설은 크게 부족한 데 비해 경상·전라 지역은 전력 생산량이 해당 지역 사용량의 수배에 달한다. 이 지역별 편차의 해결을 대용량 송전선에 의존하여 수도권이 사용하는 전력을 지방에서 생산하여 송전선을 통하여 공급하고 있다.

그럼에도 불구하고 전력 생산시설이 있는 지역과 송전망이 지나가는 지역의 주민들은 아무런 혜택을 받지 못해왔으며 이로 인한 지역의 불만이 지속해서 커져왔다. 십수 년 동안 발전소 해당 지역 주민의 전기요금 감면, 지역별 전력요금 차등화 등의 여러 방안이 제안되었지만, 정책은 전국 단일요금제도라는 틀을 벗어나지 못하고 있다. 이로 인해 문제 해결은 쉽지 않은 상황이다. 산업용수 공급의 어려움 역시 인프라 투자 부족의 문제로 귀결된다. 하지만 전력망 문제와는 결이 다르다. 기본적으로 국내 수자원은 그동안 개발이 충분히 진행되어 새로 개발할 여력이 부족하다. 대형 댐을 지을 수 있는 지역에는 이미 모두 댐이 완공됐고, 4대강사업 등으로 국내 대형 강 유역의 공사들도 모두 완공돼 추가적인 대형 용수공급원을 만들기 어려운 실정이다. 한강 수계는 그나마 수량이 풍부하여 수량 확보의 문제가 적다고 할 수 있으나 낙동강, 영산강 등은 수량이 부족하여 추가적인 공급시설 확충이 매우 어렵다. 한강 수계의 경우 과밀한 도시화로 인해 신규 산업단지 건설에 어려움이 발생한다. 특히 환경오염에 대한 우려로 강에서 수요지까지 이어지는 송수관로 건설에 대한 반대 여론은 큰 걸림돌로 작용하고 있다.

'더 늦기 전에' 인프라 조기 구축부터

첨단 전략산업의 경쟁력 보존을 위해 일차적으로 인프라 구축을 서둘러야 한다. 단순히 전기와 열을 생산한다는 1차원적인 사고에 갇혀서는 안 될 일이다. 전기산업 따로, 열산업 따로 개별 산업 차원에서 접근하는 관점에서 벗어나 첨단 전략산업 가동을 위한 밸류체인의 관점에서 에너지 인프라산업을 다뤄야 한다. 해외 사례를 보면, 대만의 TSMC가 미국에 반도체 공장을 짓겠다고 투자계획을 밝히자, 투자가 이뤄지는 지역인 애리조나주 피닉스 시가 앞장서 도로와 용수 공급을 위해 2,000억 원이 넘는 돈을 투자하겠다고 밝혔다. 첨단 산업생태계 조성과 기업 유치를 위해 정부와 지자체가 인프라 조기 구축에 적극적으로 나선 것이다.

에너지산업은 반도체, 이차전지 등 국가전략산업의 경쟁력을 유지하기 위해 필수적인 산업이다. 에너지산업의 제1 목적은 합리적인 가격에 좋은 품질의 에너지를 적기에 공급하는 데에 있다. 이 관점에서 전력 인프라와 에너지 인프라 건설을 진행해야 한다. 미국의 IRA는 원래 'Build Back Better_BBB' 정책에서 출발했다. 미국의 노후화된 인프라를 재건하겠다는 정책적 아이디어가 이름만 IRA로 바꿔서 미국 의회를 통과했을 뿐이다. 한국도 조속히 전력 인프라 투자에 국가역량을 결집해야 한다. 한국은 RE100을 위해 재생에너지 발전설비 확충 노력에도 불구하고 전기를 수요지까지 전달할 송배전망 투자는 전혀 하지 않아서 발생하는 문제들을 지금 목도하고 있다. 친환경 재생전기를 아무리 많이 생산해도 소비자에게 보낼 방법이 없는 것이다. 이제라도 서해안과 동해안으로 전력을 송출하는 초고압직류송전망High Voltage Direct Current transmission system, HVDC 같은 새로운 기술이 적용된 인프라의 건설이 시작되는 점은 다행이다.

특별법을 통해 전력 인프라를 갖춘다지만, 법을 만들기만 한다고 인프라가 구축되는 것은 아니다. 실질적으로 재원을 조달하고 주민들을 설득할 수 있는 주체와 거버넌스가 책임 있게 이를 추진해야 한다. 첨단 전략산업이 국가 미래 성장동력으로 적기에 가동되기 위해서는 송배전망, 변압기, 변전기, 에너지저장장치, 예비전력공급 등에 대한 필수적인 투자가 선행되어야 한다. 지금부터라도 시점적 계획을 수립해 재원을 투자하고, 계획의 진행을 점검하는 구체적인 책임소재 주체 등이 수립되어야 한다. 특히 지방자치단체와 중앙정부 간의 정책적 협조가 필수적이다. 복합적인 인허가와 투자재원 문제를 해결해야 하기 때문이다. 체계적이고 계획적으로 주민을 설득하고 수용성을 높이는 방안을 강구하여 이를 국가의 가장 중요한 우선 정책으로 추진해야 한다.

'분산형 에너지 활용' 통한 첨단산업 인프라 확보

막대한 인프라를 단기간에 갖추기는 쉽지 않다. 특히, 송배전망 투자는 천문학적 재원 부담이 발생하며, 주민들의 반발에 부딪힐 우려가 크다. 이때 송전망 이용을 줄여 부담을 경감시킬 수 있는 자원이 분산형 에너지이다. 에너지 수요가 있는 곳에서 에너지를 생산하면 송배전망 구축으로 발생하는 경제적·사회적 비용을 줄일 수 있다.

현재 한국의 전력 여건의 가장 큰 문제는 전력공급 부족이 아니라 지역적 수급불균형이다. 전력수요는 수도권을 중심으로 분포해 있지만, 정작 재생에너지는 남해안에서, 원전과 석탄 에너지는 동해안에서 생산되어 갈 곳이 요원한 상황이다. 지역에서 생산되는 전력은 지역에서 소비할 수 있게 분산형 에너지 활용을 극대화할 수 있는 시스템 개발과 국토의 균형 있는 발전을 도모해야 한다. 전기에너지와 열에너지 등을 동시에 안정적으로 공급할 수 있는 집단열병합발전소와 연계하는 방안이 적절하다. 산업용전기 수요가 있는 지역에 열병합발전소 건설 시, 장거리 송전 없이 전기수요를 충당할 수 있다. 또 반도체 등 주요 산업이 대규모로 필요로 하는 열을 보일러 대비 경쟁력 있는 가격에 안정적으로 공급할 수 있다는 것도 강점이다.

지역에 기반하여 수요와 공급을 매칭시키는 동시에 다양한 인센티브를 종합한 에너지 인프라 특구를 만드는 방안도 검토해볼 만하다. 이를 위해서는 지역적 발전 잠재량에 기반해 입지를 선정하고 에너지 수요처를 유치해야 한다. 입지선정 과정에서부터 전력자급률이 높은 지역으로 첨단기업이 유입될 수 있도록 인센티브를 정책적으로 지원하고 학교, 의료시설 등의 기반인프라도 확충하고 세제 혜택까지 포함하는 토탈패키지 지원책이 나와야 한다. 지자체도 이에 적극적으로 동참하여 지방세 감면이나 입지선정에서 주민 설득까지 적극적으로 노력해서 이 문제를 범국가적 노력으로 해결해야 한다.

동시에 늘어나는 전력수요를 관리하기 위해서는 전력수요 효율화를 통해 에너지시스템을 개선할 필요가 있다. 에너지비용을 절약하고 IT와 AI 등을 활용한 자동화를 통해 비효율적 자원 활용을 개선해야 한다.

전력시장 제도도 개선해야

전력시장의 제도 설계도 뒤따라야 한다. 주요 선진국이 전력수급의 문제를 효율화 문제로 인식하고 시장제도를 혁신적으로 개선하여 해결하는 반면 한국은 이러한 시장제도가 오랜 기간 개혁되지 않고 있다. 지리적, 공간적으로 차등을 두는 요금설계와 다양한 상품 개발을 통해 효율적 자원 배분을 달성하도록 해야 한다. 결국 첨단 전략산업도 이러한 효율적 제도설계에 힘입어 기술혁신과 효율화를 앞당길 수 있게 된다. 아울러 친환경성, 품질을 개선하기 위해서도 시장제도 개선은 필수적이다.

대부분 국가는 계시별Time-Of-Use, TOU 가격제를 통하여 시간대별·계절별 가격 차등과 지역한계가격Locational Marginal Price, LMP 제도를 활용한 지역적 가격 신호를 통하여 다양한 가격제도를 운영하고 있다.

호주 같은 경우에는 전력거래 실시간 시장 거래가 기본이다. 한 시간대에 수요와 공급이 일치하는 가격을 발견하고 그 가격에 거래를 진행하는 것이다. 공급이 수요보다 부족한 시간대에는 보조시장에서 선물과 옵션거래를 통하여 전력을 거래함으로써 수요부족에 대한 가격인상을 실시하고, 충분한 보상을 가져가게 함으로써 시장리스크를 줄이고 있다. 또한 수요관리Demand Response, DR 제도를 통해 수요자가 전기수요를 줄이고 이에 대한 보상을 받는 제도도 수행하고 있다. 반대로 수요가 공급보다 많은 시간대에서는 다양한 Fast DR 제도를, 수요 증가가 예상되는 전기자동차 충전 가격 보상 등을 통하여 이를 제도적으로 해결하고 있다.

RE100 대응전략

RE100은 더클라이밋그룹The Climate Group이라는 민간단체 중심의 재생에너지 확대보급 캠페인이다. 강제 조항은 아니지만 글로벌 반도체 및 IT 기업들이 가입하여 RE100을 달성하겠다고 선언하고 추진한다는 점에서 세계 여러 첨단 전략산업 기업에는 부담이 되고 있다. 이미 공급망의 수요자와 투자자들이 친환경에 대해 강력하게 요구하고 있다는 점은 고려해야 할 부분이다. 그런 와중에 국내 재생에너지 환경은 지정학적으로 매우 불리하다. 태양광 효율이 떨어지며, 풍력발전도 바람의 양과 질이 좋지 않다.

태양광의 경우, 연간 이용률이 국내는 2016~2023년 동안 12.8~14.1% 수준에 그쳤으나, 미국 캘리포니아는 연간 이용률이 23%에 달하며 6~7월에는 30%가 넘는 이용률을 보여준다. 한국은 여름철 장마 등 기후 특성으로 일조량이 균일하지 않다. 풍력도 주요국에 비해서는 열악하다. 풍력발전 여건이 뛰어나다고 평가받는 덴마크의 경우, 북해에 인접한 해안선 부근의 풍속이 10m/s로 일정하게 유지된다. 반면 한국은 육지 해안선 부근의 풍속이 보통 6~7m/s에 그치며 변화폭도 크다. 풍력발전량은 풍속의 세제곱에 비례하기 때문에 3~4m/s의 풍속 차이는 3~5배에 달하는 발전량 차이로 이어진다. 이처럼 재생에너지 발전은 국토가 크거나 사막 또는 극지방을 보유한 국가에 유리한 것이 현실이다. 한국은 확실히 재생에너지 확보에 불리하지만, 제조업이 GDP의 30%를 차지하는 데다 대부분 수출주도형 산업이기에 유럽의 탄소국경조정제도[*]나 미국의 그린철강 등 친환경 무역규제 및 제도에 대해 면밀하게 대응할 필요가 있다.

RE100 대응을 위해 어떤 제도의 개선이 필요할까? 기업이 직접 설비를 설치하고 생산된 전력을 사용하는 재생에너지 직접구매제

◇◇◇

[*] 온실가스 배출규제가 느슨한 국가에서 생산된 제품을 EU로 수출할 경우 해당 제품 생산 과정에서 나오는 탄소배출량 추정치에 탄소가격 차액을 부과하여 제품가격을 높여서 경쟁력을 떨어뜨리는 조치.

도ₚₚₐ 활성화를 위한 인센티브 정책 도입, 직접구매 전용 전기요금 체계 개선 등 재생에너지를 도입하는 기업들의 부담 경감을 위한 구체적인 지원제도가 마련돼야 한다. 동시에 배출권 유동공급자를 늘리거나, 배출권 가격 변동의 상·하한을 설정하거나, 배출권 선물시장을 통하여 배출권 가격의 변동성을 낮추고 예상 가능한 재원 마련 방안을 바탕으로 안정적이면서도 합리적인 가격에 전기를 공급받게 해야 한다. 보조금에 해당하는 너무 낮은 전기요금만으로는 글로벌 경쟁력을 유지할 수 없기에 적절하고 합리적인 친환경 요금제를 포함하는 전력과 열에너지 포괄 공급시스템 구축이 필요하다. 현재 한국은 재생에너지 발전량이 전체 발전 총량의 10%에 미달하나, 지속해서 재생에너지 발전량을 늘릴 계획을 전력수급기본계획을 통해 천명하고 있다. 그렇다고 하더라도 재생에너지 기본 잠재량이 부족하기에 다양한 무탄소전원[*]과 섹터커플링[†] 등을 통해 원자력과 수소를 포함한 무탄소에너지Carbon Free Energy, CFE를 개발하고 안정적으로 전기를 공급할 방안을 마련해야 한다. 전기에너지는 물론 열에너지를 탈탄소화하기 위해서는 수소가 궁극적으로 필요하며 항공 등 장거리 운송에는 필수적으로 수소를 활용해야 한다. 탄소중립을 달

◇◇◇

* 발전 과정에서 탄소를 배출하지 않는 에너지 전원.
† 건물 냉난방, 운송, 산업 등 열에너지와 수송에너지 소비 부문과 전력생산 부문을 연계하는 것.

성할 때 가장 어려운 분야가 철강산업의 용광로 생산공정을 탄소화할 방안을 찾는 것이다. 현재의 코크스$_{cokes}$를 넣은 고로방식에서 수소환원제철방식으로 새로운 생산방식을 도입하는 것이 유일한 해결책이지만 신기술 적용과 시설교체에 많은 비용이 든다. 비행기나 대형선박의 연료를 탈탄소 에너지원으로 대체할 구체적 기술개발이 필요하다. 특히 비행기 이륙에 효율과 출력을 높일 수소엔진을 개발하여 항공운송을 무탄소화하는 방안이 시급하다. 또한 탄소 포집·활용·저장 기술$_{Carbon Capture Utilization and Storage, CCUS}$을 통하여 화석연료를 적절히 사용하면서도 이산화탄소 배출을 억제하는 노력을 기울여야 한다.

더 중요한 것은 한국의 이러한 노력이 국제사회의 친환경 아젠다에 부합함을 적극적으로 알리고 같은 방향에 동참하고 협력하는 우호국가를 늘려가야 한다는 점이다. 유럽은 이미 원전의 확대를 통한 전력공급의 안정성과 경제성을 달성하는 것이 지구온난화를 막는 효과적 방안임을 인정하고 있다. 그리고 재생에너지 확대 과정에서 필수적 장치인 에너지저장시스템$_{Energy Storage System. ESS}$으로 수소를 중요하게 인식하고 활용한다는 점에서도 동참하는 국가들이 늘고 있다. 이 방향에 이미 동참을 밝힌 국가는 미국, 일본, 스웨덴, 프랑스 등이 있다. 친환경에너지를 넘어 현실적인 대안들을 고민하는 국가들과 한국이 주도적으로 CFE를 이끌고 있다. 한국은 지속적인 외교

활동을 통해 RE100만이 아니라 CFE를 통해서도 충분히 탄소배출량을 저감하여 기후위기를 막을 수 있으며, 이것이 에너지안보를 위해서도 필수적인 제도임을 설득해나가야 한다.

첨단기술 인재, 산업과 교육 현장의
미스매치 어떻게 해소하나?

윤동열
건국대학교 경영학과 교수

첨단산업 인재 부족의 현주소

2030년까지 디지털 분야는 91만 4,000여 명, 산업기술 분야 17만 6,000여 명, 환경·바이오 분야 23만 6,000여 명의 인력이 부족할 것으로 감사원은 전망했다. 특히 AI(14만 2,000명), 블록체인(40만 2,000명), 이차전지(6만 6,000명), 시스템 반도체(2만 900명) 등 범용적으로 활용되는 첨단·신기술 분야에서의 인력수급 격차는 매우 심각할 것으로 추정했다. 첨단·신기술 분야 인재에 대한 수요는 전 산업에서 급증하고 있다. 다만 첨단산업 인력수요는 계속 증가하는 가운데 한국의 인재 규모는 글로벌 수준 대비 매우 작은 것이 현실이다. 2019년 말 기준 한국의 AI 논문 저자 수는 전 세계 규모(5.8만 명)의 1.3%인 717명인 것으로 집계되었는데, 이에 반해 미국은 2만 6,000명을 상회하는 등 핵심 전문인력의 미국 쏠림 현상이 심화되고 있다. 또한 캐나다의 AI 스타트업, 엘리먼트 AI(Element AI)가 발표한 〈글로벌 AI 인재보고〉를 살펴보더라도 2020년 기준 전 세계 AI 분야 전문인재의 숫자는 47만7,956명으로 미국이 39.4%(18만 8,300명)로 가장 큰 비중을 차지했고, 이어 인도 15.9%(7만 6,213명), 영국 7.4%(3만 5,401명), 중국 4.6%(2만 2,191명) 순이었으며, 한국은 2,551명으로 전체의 0.5%로 30개국 중 22위에 그쳤다.

'질적 인력 미스매치'의 심각성

단순 양적 수급 격차뿐만 아니라 기업이 필요한 역량을 보유한 R&D 인력이 부족한 질적 수급 문제도 심각하다. 신기술의 등장, 급격한 디지털·친환경 시대로의 전환은 과학기술인의 필수 직무역량에 대한 변화를 요구하고 있다. 2025년까지 전체 근로자의 약 50%가 재교육이 필요할 것이며, 현재 노동시장에서 중요하게 여겨지는 핵심기술 중 약 40%는 향후 5년 내 변화할 것으로 예측되고 있다.[6] 새로운 근무방식의 확산에 따라 기업은 창의적·자율적 역량을 갖춘

직원을 선호하지만, 신입직원의 역량은 기업이 원하는 수준에 미치지 못한다. 성과평가에 있어 기업은 직무역량 평가 비중을 과거보다 더 키우고 있으며, 인재 선발에 있어서도 실제 관련 업무 수행 경험에 메리트를 주고 있다. IT 개발자의 경우도 초급인력 공급은 지속해서 늘어나는 반면, 고급인력은 수요에 비해 부족한 상황이다. 이공계 인력 규모가 이전보다 양적으로는 증가했지만, 실제 업무에 투입할 수 있는 질적 역량을 갖춘 인력은 많지 않은 것이다. 특히 AI와 같은 첨단·신기술은 기초역량이 중요한데 AI 대학원을 졸업한 개발자도 기업이 필요로 하는 기초역량을 갖추지 못한 경우도 있다. 기업들은 국내에서 능력 있는 개발자를 찾기가 점점 더 어려워지는 상황에서 해외에서 인재 영입을 모색할 수밖에 없다. 네이버는 현지 개발인력을 확보·양성하고자 베트남의 주요 대학들과 공동연구센터를 설립하고 유럽과 아시아를 관통하는 글로벌 R&D 벨트를 구축하고 있다.

2020년 7월에는 베트남의 카이스트라 불리는 하노이공과대학과, 8월에는 베트남 정보통신부 산하의 우정통신기술대학과 연달아 IT 인재양성 산학협력을 체결하며 우수인력 확보에 노력을 기울이고 있다. 인력의 질적 미스매치는 IT 업계만의 문제가 아니라 미래 차산업의 발전과 함께 성장하는 이차전지 분야에서도 영향을 미치고 있다. 전 세계 전기차용 이차전지 기업의 총 생산능력은 2030년까지 연평균 27%라는 성장세를 보이며, 2021년 994GWh에서 2030년 8,247GWh로 늘어날 것으로 전망된다(SNE Research, 2022). LG에너지솔루션, 삼성SDI, SK온 등 국내 배터리 3사가 주력하는 배터리는 조금씩 차이가 있으며 이차전지 R&D 인력은 대체로 높은 연봉과 좋은 처우를 보장받지만, 인력 규모에 비해 공급이 한참 부족하다는 것이 업계 공통의 목소리다. 기업들이 해마다 처우를 개선하고 있으나 파격적인 대우를 제시하는 해외 기업으로 옮기기도 한다. 과학기술정보통신부가 2023년 5월 발간한 '국가전략기술 R&D 인력 실태조사'에 따르면 2021년 이차전지 유관 학과 졸업자 7만 4,407명 중석·박사는 9,787명(13.1%)이고, 이중 박사급 인력은 2,955명(3.97%)에 불과했다. 배터리 관련 국내 기업에 취업한 연구원 6,066명 중 석사급은 2,412명(39.8%), 박사급은 859명(14.2%) 수준이었다. 이차전지 분야 산업계의 인재 공급은 석사급이 부족하다는 의견은 54.4%, 박사급이 부족하다는 의견은 47.4%로 조사됐다(한국기술평가원, 2023).

인재 육성을 위해 산학연관이 전방위적으로 협력하는 주요국

코로나19 팬데믹 이후 디지털전환 가속화와 글로벌 기술패권 경쟁의 격화로 전 세계적에서 반도체, AI, 양자 등 미래 핵심분야 R&D 인재양성의 중요성이 부각되고 있다. 주요국은 이에 ICT 핵심

인재육성 정책 및 전략을 마련하여 적기에 인재를 공급하고 미스매치를 해소하기 위해 대응하고 있다.

먼저 인재 부국 미국은 막대한 투자로 R&D 재원확보에 앞장서고 있다. 과학기술 글로벌리더십 회복을 위한 미국혁신경쟁법The United States Innovation and Competition Act of 2021, USICA의 일환으로 2021년 6월 '끝없는 프런티어 법Endless Frontier Act'을 가결하고, 미국국립과학재단NFT 산하 기술혁신국을 신설해 10대 핵심기술 분야 연구 및 인재양성에 5년간 290억 달러를 투자하고 있다. 2022년 8월 '반도체와 과학법The Chips and Science Act' 통과에 따라 AI와 반도체 등 첨단산업과 기초과학 연구, 인력양성, 인프라에 2023~2027년 2,000억 달러(약 268조 원)를 투입한다. 또 국립과학재단NSF 산하에 기술혁신국을 신설하여 5년간 163억 달러(약 21.8조 원)의 R&D 재원을 투입하며 인공지능·머신러닝·기타 SW 첨단화 등 10대 핵심기술 분야에 연구개발 역량을 집중하고 있다. 한편, 미국 국가과학기술위원회NSTC은 2018년 12월부터 연방 STEMScience, Technology, Engineering and Mathmatics 교육 전략을 수립하여 인재양성에 주력하고 있다. 특히 미국 정부는 빈곤계층과 소수자 집단을 위한 STEM 교육 프로그램 예산을 대폭 증편했다. 상무부는 소수자 교육기관 교육 파트너십 예산을 2020년 1,720만 달러에서 2022년 2,300만 달러로 증액했다. 또 교육부는 히스패닉 교육기관 STEM 프로그램 개발 예산을 2020년 9,430만 달러에서 2022년

2억 903만 달러로 증액했다.

EU는 디지털 대전환을 맞아 슈퍼컴퓨팅, AI, 사이버보안 등 디지털인재 육성에 힘쓰고 있다. 2020년 9월 유럽 내 포용적이고 접근성 있는 양질의 디지털교육을 위한 '디지털교육액션플랜Digital Education Action Plan 2021-2027'을 발표하였다. 유럽 디지털교육 콘텐츠 프레임워크를 개발하고 EU 회원국 간 교류 플랫폼을 통해 디지털교육 생태계를 조성하고 있다. 한편 유럽혁신기술연구소EIT는 EU 연구혁신 프로그램 호라이즌 유럽Horizon Europe의 일환으로 기업·대학·연구센터의 혁신역량을 강화하기 위한 전략을 발표하였다. 이는 호라이즌 2020Horizon 2020의 후속 프로그램으로 2021~2027년까지 약 955억 유로(약 128.4조 원)의 예산을 투입해 EU의 전략 우선순위(사회복원, 녹색전환, 디지털화 등) 달성 기여와 산업경쟁력·혁신역량 제고 등을 추진하고 있다. EIT는 향후 7년간 약 30억 유로의 예산을 투자해 혁신역량 강화를 위한 주요 목표치로 700개 이상의 스타트업 지원, 2만 명의 학생 교육, 700개 대학 참여, 4,000개의 신제품과 서비스 상용화 등을 제시한 바 있다.

해외 주요 국가들은 ICT R&D 인재양성을 위해 산학연관이 단순 수요자―공급자 관계가 아닌 혁신인재 조기 양성의 공동 주체로서 전방위적으로 협력하며 인재양성을 위한 지원사업을 수행하고 있다. EU는 EIT의 산학연 파트너십을 통해 기업가 교육, 혁신연구 프로젝트, 기업 창업 및 성장 등에 이르는 광범위한 혁신을 주도하고 있다.

일본 역시 반도체 분야의 전문인재 육성 및 실무 투입 연계를 위한 산학관 공동체 거점을 지정하고 이를 전국으로 확대하는 추세이다. 한국도 기업과 대학, 연구소가 공동으로 참여하는 인재 플랫폼 구축을 통해 ICT R&D 참여 인재가 기업이 필요로 하는 실질적인 역량을 확보할 수 있도록 체계를 마련하는 노력이 필요하다. 다양한 ICT 인재들이 모일 수 있는 개방형 인재 교류 플랫폼을 구축하여 산학연 혁신 촉진 및 시너지 창출을 도모해야 할 것이다.

인재들이 활약할 수 있는 생태계 조성해야

생산연령 인구와 청년층 인구 비중이 감소하면서 생산인력 수급 전망의 중요성이 더욱 커지고 있다. 한국 정부 내에서도 전반적인 수급 현황 분석이나 비전 없이 개별적인 인력양성 정책이 반복되는 경우 민간수요와의 인재 미스매치가 지속될 우려가 있으므로, 인력 수요·공급 규모 추산에 근거하여 종합적인 인력양성 체계 구축을 추진할 필요가 있다고 밝힌 바 있다. 하지만 이미 산업계는, 특히 청년층 고용 비중이 상대적으로 높은 미래 신산업 분야에서 인력 부족의 심각성을 호소하고 있다. 정부는 분야별 생산인력 수급을 전망하고 다음과 같은 사항들을 고려하여 중장기 생산인력확충 전략을 마련해야 할 것이다.

첫째, 인력의 양적 미스매치 해소를 위해서는 대학 정원규제를 해소해야 한다. 디지털 분야별 고급인재양성을 위해 첨단분야 학과 신·증설 및 대학원 정원기준 유연화 등 규제 혁신을 지속해서 추진하고, 첨단산업 분야 전공자 수를 지속해서 확대해야 할 것이다. 학과 정원규제로 서울대와 고려대의 컴퓨터공학과 증원 규모는 지난 10년 동안 각각 15명에 불과했다. 반면 미국 스탠퍼드대학교는 동일 기간 내에 컴퓨터공학과 전공자 정원을 141명에서 745명으로 대폭 확대했다. 한국도 대학 정원규제 완화를 통해 산업이 필요로 하는 인력의 적시 공급이 이뤄져야 한다. 첨단 디지털 분야 인력에 대한 수요가 증가하는데도 불구하고 국내 대학은 현행법상 정부 인가 없이는 컴퓨터공학과 정원을 확대할 수 없다.

2022년 8월 정부가 2026년까지 총 100만 명의 IT 인재를 양성하겠다는 '디지털 인재양성 종합방안'에 따르면, AI, SW, 빅데이터, 메타버스, 클라우드, IoT, 5G·6G 통신, 사이버보안 등 8개 분야에서 초급(고졸·전문학사) 16만 명, 중급(학사) 71만 명, 고급(석·박사) 13만 명 등 총 100만 명을 양성할 계획을 수립했다. 고급인력을 빠르게 공급하기 위해 고등교육법도 개정해 5년 6개월 만에 박사 학위를 취득할 수 있도록 학석박 통합과정도 신설하였다. 하지만 전문가들 사이에는 정부의 이러한 목표에 대한 우려의 목소리도 적지 않았다. 계획상으로는 고무적이지만 특정 산업이 부상할 때마다 계약학과를 신설하거나 특정 학과 정원 제한을 일시적으로 완화하는 등의 단발적인 정책보다 대학 주체가 탄력적으로 학과를 운영할 수 있게 하는 체계적인 개선이 필요하다고 전문가들은 말한다. 특히 국가경쟁력에 이바지할 SW 영역은 기초 코딩 인력만 재생산하는 인력양성 정책의 반복이 아니라 데이터베이스 설계·제작 인력양성에 적극적으로 지원해야 한다.

둘째, 인력의 질적 미스매치를 해소하기 위해서는 기초과학 교육 강화와 대학교육 혁신이 필요하다. 독일에서는 물리·화학·생물 등의 기초과학과 수학이 초중고 필수과목으로 지정되어 있으며 대학에 입학하면 인문계 전공자도 최소 한 과목은 수학 및 기초과학 시험에 응시하고 통과해야 한다. 미국은 국가과학기술위원회가 AI 기술발전전략을 주도하고, 교육부가 AI 기초학문인 컴퓨터 과학, STEM 교육의 컨트롤타워 역할을 맡고 있다. 중국은 국무원이 국가 차원의 AI 발전계획을 수립하고, 교육부가 인재양성 실행계획을 추진한다. 반면, 한국은 교육부, 과기부, 산업부, 고용부가 개별 주체로서 정책을 추진하고 있으며, 시도교육청도 관련 사업을 별도로 수행하고 있다. AI 기술발전전략은 대통령실이나 총리실이 컨트롤타워가 되어 수립하고, 사회부총리 산하 고용노동부와 교육부의 AI 부문 통합조직을 신설하여 부처별·시도별 AI 교육 추진 상황을 체계적으로 관리할 필요가 있다.

무엇보다도 관련 기초·전공 지식을 강화하고 변화 대응 역량을 제고할 수 있도록 대학교육 단계의 혁신이 필요하다. 대학은 유연한 커리큘럼과 교수법의 개선 등을 통해 과학기술 분야 전공자의 기본역량 강화와 기초·전공 교육의 질적 제고를 위해 노력해야 한다. 디지털 분야 대학원을 증설하여 연구중심의 인재를 육성하고 대학 ICT 연구센터에서 첨단산업 분야의 인재가 양성될 수 있도록 커리큘럼을 개발해야 한다. 기업이 대학교육에 적극적으로 참여하여 현장실무에 초점을 둔 교육과정을 마련해야 한다. 또 재직자 재교육도 대학과 연계할 수 있겠다. 실전 문제 해결 학습모델 개발, 산업 수요 기반의 연구과제 지원 등 전공 교육을 기반으로 과학기술과 산업현장의 연계강화를 위한 다양한 노력을 기울여야 할 때다.

SK그룹 통합학습플랫폼 'mySUNI', KT 사내 기존인력의 리스킬링 프로그램 '미래인재육성 프로젝트' 등이 사례가 될 수 있다. mySUNI는 SK그룹 차원에서 그룹 내 인적자원개발 역량을 하나의 플랫폼 안에 집약해 관계사들과 공유한 것으로, 구성원이 자기 성장과 행복 추구를 위해 스스로 미래 역량을 개발할 수 있도록 마련된 새로운 구성원 학습 플랫폼이다. 미래 성장동력 확보, 비즈니스 혁신, 그룹 공통 역량 확보 등 세 영역으로 구성되며, 구성원들이 전문지식을 쌓을 수 있도록 다양한 분야의 컬리지_{college}를 운영하고 있다. 이 중 디지털 테크 컬리지에서는 AI, 데이터, 클라우드 활용과 관련된 온·오프라인 학습과 현장 프로젝트, AI 경연 등을 통해 구성원들이 자기주도적으로 스킬_{skill}과 역량_{capability}을 갖출 수 있도록 도우며 현업의 문제를 해결해 나가도록 지원하고 있다. 구성원들에게 충분한 학습 시간을 보장하고자 연간 근무시간의 10%에 해당하는 200시간은 구성원들이 커리어 개발을 위해 플랫폼을 자유롭게 활용할 수 있도록 했으며, mySUNI 인증제도를 통해 과정 수료자에게 배지_{badge}를 부여하고, 인증 결과는 내부 시스템에 반영하고 그룹사에도 공유하고 있다. 현재 mySUNI에는 디지털 테크, 혁신디자인, 매니지먼트, 행복, 미래반도체, 그린, SV, 글로벌, BM 디자인 등 총 14개 영역에서 1,900여 개의 과정이 개설돼 있다. 예를 들어 디지털 테크 컬리지 교육은 AI와 디지털 트랜스포메이션과 관련된 다양한 학습과 이를 실제로 적용해 볼 수 있는 실행 프렉티스_{practice}들로 이뤄진다. 원활한 학습 지원을 위해 mySUNI에서는 온라인 환경에서 이론 습득뿐만 아니라 실습까지 병행할 수 있도록 AI 학습에 특화된 플랫폼인 'AI Learn X'를 구축, 프로그램 설치 없이 코딩 실습, 라이브 스트리밍 강의 진행, Q&A 및 게시판 기능을 통한 소셜 러닝 지원, 실시간 채팅 기능 등을 올인원으로 제공하고 있다(〈HR Insight〉, 2023).

글로벌 인재 전쟁, 해외 우수인재는 왜 한국을 외면하나?

●
○

홍성민
과학기술정책연구원 과학기술인재정책연구센터장

해외인재가 외면하는 한국

0.6명은 한국의 2023년 4분기 합계출산율이다. 한국의 출산율은 매년 세계 최저기록을 경신하고 있다. 이대로 가다간 브레인 프리즈 ^brain freeze^ * 현상이 우려된다. 하지만 불과 30년 전까지만 하더라도 한국의 핵심 동력은 풍부한 인재풀이었다. 천연자원, 자본이 부족했

◇◇◇

* 저출산, 고령화에 따른 젊은 인재 감소로 국가의 혁신이 정체된 현상으로 영국의 〈이코노미스트〉(23년 5월)에서 언급.

던 한국은 인재의 힘에 의존해 세계에서 유례없는 경제발전을 이룩한 나라가 됐다. 첨단산업도 마찬가지로 20~30년 전 수많은 우수한 이공계 학생들이 반도체를 공부하고 산업에 뛰어들면서 지금의 경쟁력을 갖출 수 있게 되었다.

하지만 현재 상황은 완전히 다르다. 청년인구는 계속해서 감소하고 있어 이공계에 진학할 수 있는 인력풀 자체가 줄어드는데, '의대 쏠림'과 더불어 서울대·연세대·고려대 등 주요 대학 이공계 자퇴생 수는 2020년 723명에서 2022년 1,302명으로 지속 증가하였다. 우수인재 확보 측면에서 볼 때 이공계 학과의 인기도는 의대에 비해 상대적으로 저조한 수준이다. 인구감소 영향이 본격화되는 2025년 이후에는 이공계 대학원 재학생들도 급감하기 시작할 것이다. 이공계 고학력 인재의 공급량 자체를 확보하는 것이 중요한 이슈로 떠오를 시기가 다가오고 있다. 이때 해외인재 영입은 첨단기술 핵심인재를 공급하는 지름길이 될 것이다.

예전부터 인구감소 등으로 인해 인재 확보에 어려움을 겪은 유럽과 일본은 물론, 대표적인 해외인재 유입국인 미국까지 최근 들어 첨단분야 해외 우수인재 확보를 위한 비자 완화, 취업 조건 완화, 영주권 취득기준 완화 등의 정책을 경쟁적으로 펼치고 있다.

최근까지 한국은 해외인재 유치에 소극적이었다. 연구자 개인 혹은 개별 기업 네트워크에 의존해 해외 과학기술인재의 국내 연구활동 및 정착 초기자금을 지원해주거나 비자 등의 업무를 다소 편하게 해주는 위주로 해외인재 유치 정책을 펼치는 정도였다. 실제로 한국에 체류 중인 해외 전문인력 수는 2012년 4.1만 명에서 2023년 4.6만 명으로 늘어나는 데 그쳤다. 10년간 답보 상태다. 2022년 기준 외국인 경제활동인구 중 전문인력 비율도 한국은 6% 수준으로, 일본(26.3%)의 1/4에 불과하다. 스위스 IMD의 '국가경쟁력 지표 통계' 또한 한국의 해외인재 유입 매력도가 매우 저조함을 방증하고 있다. 한국은 해외 고숙련 인재가 느끼는 기업 환경 만족도에서 2023년 47위에 그치고 있으며, 2018년 연구자 및 과학자 유인지수에서도 31위에 그쳐 중국(16위), 일본(26위)에 비해서도 뒤처지고 있다. 해외인재 필요성에 대한 인식 부족, 직업이나 수요 기관을 중심으로 한 전문 취업비자 발급 제도 미비, 경쟁력 있는 정주환경과 인센티브 체계 부족 등이 모두 해외 전문인력 유입이 낮은 이유다.

더 나아가 한국 과학기술 생태계 자체가 우수한 해외 인재를 끌어들일 정도로 매력적이지 못한 점도 큰 문제다. 우수인재 유치 경쟁의 핵심은 연구자나 엔지니어들이 활약할 수 있는 과학기술 생태계의 우수성, 좋은 연구 및 취업 환경을 확보하는 데 있기 때문이다. 이제 한국은 단순히 몇 가지 인센티브 체계를 고치는 수준이 아니라, 해외인재 확보를 촉진할 수 있도록 과학기술 분야의 생태계 자체를 전면적으로 개선하는 노력이 절실히 필요한 시점에 도달했다.

만약 지금처럼 우수인재들이 과학기술계 진입을 꺼리는 상황이 지속되고 해외 우수인재 유치에도 어려움을 겪는다면 어떤 일이 벌어질까? 한국의 인구소멸 위기 정도를 분석한 연구 결과[7]에서 나타나듯이, 인구증가와 지역경제의 선순환을 촉진하는 핵심 메커니즘인 '다수의 혁신 활동 → 산업 고부가가치화 및 우수 기업 집적 → 인구 유출 방지 및 인구 유입 촉진 → 고부가가치 기술 전문직 및 생산성이 높은 세대의 집적으로 혁신 활동 증가'의 구조가 작동하지 않고 그 반대인 악순환으로 전환되면서 인구도 경제도 쇠퇴하는 지역소멸 위기 지역으로 내몰릴 가능성이 클 것이다.

글로벌 해외인재 유치 전쟁

사실 첨단산업 분야의 인력난은 한국만의 문제는 아니다. 첨단산업이 가파르게 성장하면서 주요 경쟁국들도 인력난을 우려하고 있으며, 전략기술 분야의 핵심인재를 확보하기 위해 다양한 노력을 기울이고 있다.

먼저, 미국은 비자 발급요건 완화를 통해 해외인재 유치에 나서고 있다. 세계 각국의 인재가 자연스럽게 모이는 미국조차도 미래 핵심기술 인재가 미국 노동시장 안에 더 머물도록 고숙련 인재에 대한 취업비자H-1B 발급요건을 완화했다. 나아가 STEM 분야 관련 유학생의 경우 최장 3년까지 취업을 허용하는 임시 취업프로그램 Optional Practical Training, OPT에 관련 22개 전공을 추가하고, 전공자의 교환 및 연수 비자J-1의 취업기간을 3년으로 확대하여 해외인재를 취업시장과 연결하려 노력하고 있다.

중국은 "인재를 제1 자원으로 규정하고 인재강국으로 우뚝 서겠다"는 이념 아래 2020년 해외인재 영주권 취득기준을 대폭 완화했다. 2008년 발표한 천인계획(1,000명의 해외인재 유치)은 과학기술인재의 U턴이나 해외인재 확보를 위한 또 다른 획기적 조치였지만, 이제 첨단분야 해외인재는 중국에 거주하지 않아도 영주권을 신청할 수 있다. 세계적 명문대학의 박사학위를 가진 인재는 중국에서 만 3년 이상 근무하면서 실거주기간이 1년을 넘기만 하면 영주권을 신청할 수 있도록 허용하고 있다.

대만의 경우, 과학기술 및 엔지니어링 전문가에 대한 정주 인센티브를 강화하고자 2021년 임금소득이 300만 대만 달러 이상(원화 1억 3,000만 원)인 경우 그 초과분의 절반에 대해서는 과세 범위에서 제외하는 조치를 취했다. 원래부터 해외인재 확보에 적극적이었던 싱가포르도 정주여건 인센티브를 대폭 강화했다. 2020년부터 고급 기술인력을 위한 테크 패스Tech Pass 제도를 실시하면서 첨단기술 분야의 외국인 창업자나 전문가가 그 가족과 함께 싱가포르에 정착할 수 있도록 지원한다. 나아가 2023년 1월부터는 기존보다 더 우수한 인재 유치를 위해 마련한 원 패스One Pass 비자제도로, 유효기간 5년(최대 5년 까지 갱신 가능) 동안 자유로운 재취업과 복수 취업 및 이직, 배우자 취업을 허용하며 폭넓은 혜택을 부여하고 있다.

한국과 비슷한 산업구조를 갖추고 저출산·고령화로 해외인재 확보가 절실해진 일본도 전방위적인 지원을 통해 해외인재 유입에 총력을 다하고 있다. 일본 정부는 2023년 4월 해외인재 및 자금 유치를 위한 액션플랜을 발표했다. 이에 특별고도인재제도J-Skip를 도입하여 석사 이상 또는 경력 10년 이상의 고도 학술연구 혹은 전문기술 분야의 인재에 대해서는 배우자의 풀타임 취업 가능 직종을 확대하고, 공항에서 패스트트랙 활용 혜택을 누릴 수 있게 했다. 이외에도 지역 컨소시엄을 통한 지역 기업과의 매칭 및 취업·정착 지원, 일본 스타트업과의 협업 촉진 등 전방위에서 해외인재 유입과 활용을 촉진하기 위한 제도를 마련하고 있다.

이처럼 주요 해외인재 유치 경쟁국에서는 비자 제도 완화부터 시작해, 이들이 국내에 잘 정착하도록 정주환경과 가족 취업 조건 개선 등의 종합지원, 그리고 궁극적으로는 이들의 채용을 돕는 기업과의 연계 강화 등을 촉진하는 정책이 추진되고 있다.

세계 주요국들은 이렇듯 해외 우수 과학기술인재 확보를 위해 각종 편의 및 혜택 제공은 물론, 과학기술 생태계와 일자리 환경을 개선하는 데 전력투구하고 있다. 그러나 한국의 경우 외환위기 이후

고도성장기가 끝나자 좋은 일자리 부족과 청년 실업 문제 등 일자리 미스매치가 심해지면서 해외 인재 유입 정책을 적극적으로 펼치기 어려웠다. 특히 이공계의 경우 2000년대 이후 대학 및 대학(원) 졸업자의 지속 증대와 고학력화 현상이 더욱 두드러지면서 좋은 일자리 부족 문제가 심화된 측면이 강하다. 2021년 기준 과학기술정보통신부·과학기술정책연구원이 조사한 '박사활동조사' 결과를 보면, 이공계 박사의 경우 박사에게 걸맞지 않은 일자리에 취업하는 하향 취업 비율이 59.3%에 달해 비이공계(47.6%)보다 상당히 높다. 이런 일자리 환경에서 해외 우수인재 유입에 적극적이기는 매우 힘들 수밖에 없는 현실이다.

해외인재 유치를 위한 산학연계 종합대책 마련 절실

한국도 최근 해외인재 확보의 중요성이 크게 부각되면서 비자제도를 개선하고 유학생 확보 및 활용 촉진을 위한 대책들을 마련하고 있다.

가령 한국은 신산업 분야 종사자, 즉 응용SW 개발자, 생명과학 전문가, 플랜트공학 기술자, 로봇공학 기술자 등에 대해서는 전문인력 E-7-1으로 분류해 체류자격을 부여하고 있다. 특히, 산업발전법 제5조에 따라 고시되는 반도체, 바이오, 디스플레이, 신재생에너지 등 첨단분야 우수인재에 대해서는 2022년 8월 첨단분야 인턴비자D-10-3 제도를 도입해, 국내 기업 인턴 취업을 국내 대학 유학생뿐 아니라 해외 우수대학(〈타임〉 선정 세계 200대 대학, QS 세계대학순위 500위 이내 대학) 재학생으로까지 확대했다. 나아가 2023년 1월에는 첨단산업 종사 예정자에 대해서는 GNI 1배 이상(약 4,000만 원) 소득자에만 해당하면 원칙적으로 자유롭게 취업을 허용하는 네거티브 비자E-7-S제도를 도입해 국내 취업 선택지의 폭을 넓혔다. 향후 한국 정부는 유학—정주 연계 비자제도 도입이나 과학기술 분야 패스트트랙 제도 확대, 장학금 및 연구비 지원제도의 확대 등 정주여건 개선, 중견 및 중소기업과의 일자리 매칭 지원 확대 등을 추진할 계획이다.

하지만 전 세계적으로 인재 확보 전쟁이 치열한 상황에서 비자나 정주환경 개선 등의 전략만으로는 한계가 있다. 경쟁국은 좀 더 좋은 과학기술 생태계, 취업환경을 확보한 상태에서 지원정책을 펼치고 있기 때문이다. 한국에서도 해외인재가 더 쾌적한 환경에서 활약할 수 있도록 국민이 해외인재를 문화적으로 받아들일 수 있는 개방적 문화까지 마련하는 종합적인 대책이 절실하다. 특히 AI 등 첨단분야 인재들은 경력개발이나 발전 가능성을 중점에 두고 일자리를 찾아 전 세계를 탐색하는 경향이 있다. 그렇기에 이들이 매력을 느낄 만한, 성장 잠재력이 큰 산업환경이 중요할 수밖에 없다.

이를 위해서는 국내 과학기술 대학(원)의 연구생태계부터 전문성을 강화하고 학생들이 미래 과학기술인재로 성장할 기반이 마련되어야 한다. 현재처럼 개별 교수의 연구실을 중심으로 교수 개인의 역량과 의지에 인재 육성을 맡겨놓는 시스템이 아니라, 산학연이 모두 힘을 합쳐 신진연구자의 성장과 경력개발을 촉진하도록 지원하는 시스템이 갖춰져야 한다. 기업도 대학(원)과 연계하여 학생의 산업현장 이해를 돕는 커리큘럼에 참여하게 하고, 더 나아가서는 좋은 일자리를 제공하도록 유도해야 한다. 해외인재 유치를 위한 기업의 R&D 및 연구 환경 개선책 마련도 시급하다. 더불어 우수한 국내외 인재의 경력개발 컨설팅 프로그램 등을 통해 직접 유치하기 위한 인프라를 구축할 수도 있을 것이다. 물론 과학기술인재의 적절한 경력개발을 위한 기업의 노력을 정부에서도 적극적으로 지원하고, 이러한 노력이 효과적인 결실을 거둘 수 있는 정보나 관련 컨설턴트 확보 및 보급 등 공공 인프라 구축에 노력해야 할 것이다.

이렇게 산학연관 모두 과학기술 인재의 원활한 성장과 경력개발, 발전적 연구 환경 마련을 위해 노력해야만 해외 우수인재를 확보할 수 있다. 그래야 전 세계 모든 국가와의 핵심전략기술 분야 인재확보 전쟁, 만인 대 만인의 인재 확보 투쟁에서 승리할 수 있다.

Chapter
5

—

첨단 산업기술
올인 전략

첨단 전략산업
투자 생태계에 대한 이해

김창욱
보스턴컨설팅그룹 MD 파트너

'타이밍의 미학' 첨단산업

첨단 전략산업의 범위는 경우에 따라 조금씩 다르고 그 특성도 제각각이긴 하지만, 대부분 거대 설비와 첨단장비가 필요한 장치산업이다. 이러한 속성은 R&D 투자를 통한 기술개발뿐 아니라 생산능력capacity에 대한 '적시'의 대규모 투자를 매우 중요하게 만든다. 첨단 전략산업의 대표 격인 반도체산업을 통해 그 이유를 확인할 수 있다.

반도체의 주요 수요처 중 하나인 스마트폰 제조사는 매년 정해진 시점에 1년 단위로 새로운 제품을 출시하며 해마다 전년 제품 대비 새로운 기능, 예컨대 AI 기능이나 원거리 야간촬영 기능 등을 추가하고 전년 제품 대비 성능을 높여 스마트폰 교체를 유도한다. 스마트폰 제조사는 제품개발 시점에 이러한 기능과 성능의 개선을 구현할 수 있는 반도체를 선정하며, 반도체업체는 스마트폰 제조사가 반도체를 선정하는 시점에 그에 맞는 반도체 성능·품질 및 가격을 제안하여 입찰하게 된다.

이때 중요한 것은 스마트폰 제조사가 요구하는 성능을 구현할 수 있는 반도체 신제품을 정확한 시점에 생산하고right time, 공급량을 감당할 생산능력을 확보하고right capacity, 높은 수율을 통해 경쟁력 있는 가격을 제시하는right price 3박자를 이루어야 해당 반도체 기업이 납품을 승인받을 수 있다는 것이다. 스마트폰 제조사 등 반도체 기업의 고객사는 통상적으로 여러 반도체 공급사를 경쟁 붙여서 납품을 받는데, 1순위 공급사에게는 전체 주문 물량의 50~70%, 2순위 공급자에게는 20~30%, 3순위 공급자에게 나머지 물량을 주문한다. 따라서 1순위 공급사가 조기에 생산능력을 확보했다면 가장 많은 물량을 공급하기 때문에 2순위 공급사보다 더 큰 규모의 경제를 만든다. 예를 들어 직접비 측면에서는 원재료비를 더 많이 구매함으로써 원재료 공급사에게 많은 물량에 기반한 할인된 가격으로 공급받을 수 있고, 간접비 측면에서는 클린룸 및 반도체 생산 장비의 단위 생산량당 비용이 줄어들고, 간접 인력비 또한 단위 생산량 증가에 따라 비용이 줄어드는 효과가 발생한다. 이렇게 생긴 규모의 경제 효과는 영업이익을 높여 다시 생산능력 확보를 위한 재투자 여유를 확보하는 선순환을 만든다.

신규 팹을 건설하려면 건설공사 기간은 2년 소요된다. 또 제품을 개발해서 고객사에 납품 승인을 받으려면 최소 1~2년이 필요하고 새로운 팹 건물을 짓는 경우 최소 3~4년, 새로운 세대의 제품 공급을 위해 차세대 장비들을 가져와서 셋업하는 데에도 2~3년이 걸리므로 못해도 2년, 최대 4~5년 전에 투자를 실행해야 한다. 워낙 먼 미래 시점의 수요와 필요 공급량을 예측하고 투자를 실행해야 하므로 반도체 회사들은 가장 중요한 일로 자본적지출_{CAPEX}* 투자 플랜을 꼽을 정도다. 워낙 대규모의 투자 금액을 최대 5년 전에 예측·예상·추정을 통해 결정해야 하고, 이 미래 시점에 투자가 늦거나 공급량을 잘 맞추지 못하면 경쟁사 대비 시장점유율이 떨어지며, 이로 인해 매출이 줄면 투자 여력이 줄어드는 악순환을 가져온다. 이처럼 적시 투자는 회사의 경쟁력을 크게 좌우할 뿐 아니라, 국가 수출에서 큰 부분을 차지하기 때문에 국가경쟁력과 직결된다고 해도 과언이 아니다.

◇◇◇

* 미래의 이윤 창출, 가치의 취득을 위해 지출된 투자 과정에서의 비용.

조 단위 투자는 필수불가결

그런데 이러한 반도체 생산을 위한 투자 규모는 상상을 뛰어넘는다. 일반 제조 공장과 다른 반도체 공장의 가장 큰 차이는 반도체 공장은 클린룸이라는 먼지 등의 오염물질을 완전히 제거한 공간을 확보해야 한다는 것이다. 클린룸은 공간 1ft³(세제곱피트)당 0.3㎛(마이크로미터) 크기 이상의 먼지particle 개수에 따라 클래스Class라는 구분으로 청정등급을 나눈다. 예를 들어 1ft³ 안에 0.3㎛보다 큰 먼지가 1,000개 있다면 '클래스 1000'이라고 한다. 최신 반도체 팹들은 클래스 1~10 이하로 만들어지며, 외부로부터 오염물질을 차단하는 기능과 내부에서 계속 오염물질을 밖으로 빼내는 장치 등이 구현되어 24시간 365일 가동된다.

이 클린룸 안에 반도체 제조장비와 이송설비가 들어간다. 이송설비는 앞 단계의 장비에서 작업이 끝난 웨이퍼wafer를 꺼내 다음 단계의 반도체 장비로 이송하는 역할을 하는데, 최근에 지은 팹일수록 이송설비를 더 많이 활용한다. 반도체 제조장비는 뉴스에도 많이 나오는 노광photo, 식각etching, 증착deposition 장비를 통해 웨이퍼 위에 회로 또는 메모리 저장공간과 같은 미세한 구조물을 만들어간다. 메모리 반도체의 경우 이 과정에서 약 600번 이상의 단계를 거친다. 이 과정에서 한 웨이퍼가 수백 개의 장비에 들어갔다 나와야 하기에, 동일 시간에 최대한 많은 웨이퍼를 처리하기 위해서는 동일 장비 여러 대가 배치되어 있어야 한다. 또 단계별로 장비마다 한 번에 처리할 수 있는 웨이퍼 수가 다른데, 예를 들면 식각 장비 A는 한 번에 10개 웨이퍼를 동시에 처리할 수 있지만 식각 장비 B는 한 번에 20개를 처리할 수 있다. 이때 생산량을 극대화하려면 앞 단계와 뒷 단계에서 처리 가능한 웨이퍼 수를 맞춰야 하고, 이를 위해 같은 장비가 여러 대 필요하다.

장비별로 차이는 있지만 일반적으로 반도체 장비는 대당 가격이 수십억 원을 호가한다. 매우 미세한 회로를 그리기 위한 네덜란드

[그림16] 장비 밸런싱

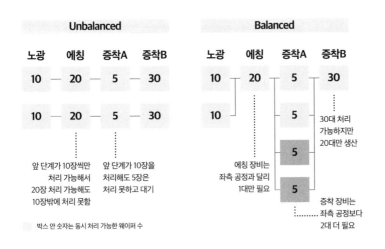

ASML의 노광 장비는 대당 5,000억 원이 넘는다. 또한 반도체의 세대가 진화할수록 더 정밀한 장비를 써야 하는데, 장비가 업그레이드 될수록 차지하는 면적이 커지고 가격은 더 높아져 장비뿐 아니라 클린룸 투자비용도 늘어난다. 여기에 반도체를 제조하기 위해서 크게 3가지 인프라, 전력, 용수, 가스를 위한 투자도 필요하다. 앞서 설명한 제조·이동 설비, 청정 설비 등 수 많은 장비를 가동하기 위한 전력은 요즘의 팹 1동(50만m³) 기준으로 약 125만kWh(킬로와트시)가 필요하며 이는 1시간 동안 아파트 5,000채의 전력을 공급할 수 있을 정도로 어마어마한 양이다. 용수는 주로 반도체회로를 만드는 과정에서 발생한 이물질을 씻어내기 위해 사용하는데, 물에 불순물이 있으면 회로에 이물질이 낄 수 있어서 초순수라고 부르는 무기질, 미생물 등을 정제하는 대단위 설비가 필요하다. 마지막으로 가스는 회로 형성이나 이물질 제거에 사용되는데, 워낙 많은 양이 필요하기 때문에 팹 주변 지역에 큰 가스저장탱크를 설치한 후 파이프로 연결해서 공급한다. 이를 위한 투자비용도 상당하다.

BCG의 2023년 하반기 분석에 따르면, 2022년도 기준으로 연간 5nm(나노미터), 12in 웨이퍼 4만 장을 생산할 수 있는 능력을 갖춘 팹을 신설하는 비용은 건설비 57억 달러, 장비 구매비 121억 달러로 추산되었다. 10년 뒤에는 건설비가 47%가 증가하고 장비 구매비는 56%가 늘 것으로 전망됐다. 여기에 인건비 14억 달러, 재료비 19억 달러, 장비 유지비 41억 달러, 기타 비용 8억 달러 등 운영비용까지 고려하면 총 260억 달러로 첨단 전략산업의 투자 규모라는 것이 얼마나 큰지 체감할 수 있다.

이 기준은 팹을 새로 지을 때 기준이고, 실제로 한국의 삼성전자와 SK하이닉스가 비메모리를 제외하고 메모리 팹의 생산능력을 늘리기 위해 매년 투입하는 CAPEX는 60조 원이 넘는 것으로 추정되고 있으며, 여기에 HBM를 생산하기 위한 추가 자본 비용도 수십조

[그림17] 반도체 건설 비용

(단위: 10억 달러)

	현재		10년 후
전체 총소유비용	26.0	+50%	39.2
자본적지출 공사비	5.7	+47%	8.4
자본적지출 장비비	12.1	+56%	18.9
자본적지출 인건비	1.4	+13%	1.5
업무지출 원료비	1.9	+52%	2.8
업무지출 장비 유지보수비	4.1	+56%	6.5
업무지출 공급처리시설비	0.5	+45%	0.7
업무지출 간접비	0.3	+54%	0.4

원을 더 투입하겠다고 결정한 상황이다.

정리하면, 반도체 기업들은 수요 발생이 예측되는 시점보다 4~5년 전에 수십조 원의 투자를 단행해야 한다. 이 미래 시점에 공급량을 잘 맞추지 못하거나 투자가 늦을 경우, 경쟁사 대비 시장점유율이 떨어지는 것은 물론 매출 감소로 투자 여력이 줄어들면서 경쟁력이 떨어지는 악순환의 고리가 시작되고 다시 경쟁사를 따라잡기가 어려워진다. 이러한 특징은 반도체산업뿐 아니라 다른 첨단 전략산업에도 유사하게 적용된다. 기업들이 금리가 높고 업황이 좋지 않은 상황에도 대규모 투자를 단행하려는 이유다. 국가 경제에 차지하는 비중을 고려한다면 적시 투자는 회사의 존속은 물론 국가경쟁력과 직결된다고 해도 과언이 아닐 것이다.

앞에 설명한 것과 같이 대형설비투자 산업은 지속적인 적시 투자를 하지 않으면 기술격차가 계속 발생하기 때문에 한 번 시기를 놓치면 이를 따라잡기가 매우 힘들다. 미국의 사례를 보면 미국은 1960년대 메모리 반도체를 처음으로 개발했고 1970~80년대 초반까지는 메모리 생산의 강국이었다. 하지만 1980년대부터 일본이 메모리 생산설비에 대규모 투자를 시작했고 높은 생산능력과 품질을 갖췄다. 일본은 대량생산 기반의 가격경쟁력을 확보하고 품질경쟁력까지 높일 수 있었다. 또한 80년대 후반부터는 효율적인 생산 모델을 구축하고자 대만의 TSMC에 생산 위탁을 맡기고 팹리스를 이용했다. 제조생산 중심에서 디자인 중심으로 사업의 방향성을 크게 바꾼 것이다. 물론 미국은 지금도 반도체 팹리스 업계에서 세계 1위의 점유율을 자랑하지만, 생산능력 기준으로 아래 그림과 같이 1990년대 37%였던 반도체 생산능력 글로벌 점유율이 2020년대에는 12%로 계속 줄고 있다. 최근 반도체 생산에 의한 내수 경제 진작 효과를 위해 생산능력을 키우고자 여러 가지 공을 들이고 있지만 성과를 거두지 못하고 있다. 최근에야 비로소 반도체법을 시행하면서 520억 달러의 큰 보조금 재원을 마련하고 외국 반도체 기업(삼성전자, TSMC 등)을 미국 영토 내로 끌어들이는 방식으로 이를 극복하려고 부단히 애쓰고 있다. 사실 이런 보조금 재원이 결국 미국 국민의 세금으로부터 나온다고 생각하면 한 번 시장 경쟁력을 잃었을 때의 부담은 국가뿐 아니라 국민도 함께 짊어져야 한다는 점을 기억해야 한다.

[그림18] 글로벌 국가별 생산능력

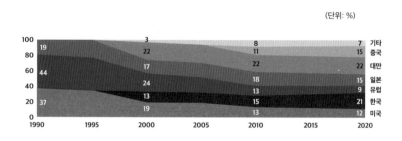

(단위: %)

투자 규모를 감당하기 힘든 기업들

그러나 최근 몇 년간 세계적인 고강도 긴축금융과 그에 따른 글로벌 경제위축이 계속되면서 첨단산업 기업들이 투자자금 마련에 애를 먹고 있다. 단적으로, 2023년 4월 대한상공회의소에서 반도체·이차전지·디스플레이 등 첨단 전략산업군에 속한 110개 기업을 대상으로 실시한 '첨단산업분야 기업의 자금 사정' 조사에 따르면 이들 기업 중 70%가 필요 투자자금의 60%도 확보하지 못한 것으로 드러났다.

최근 자료를 더 자세히 살펴보면, 지난해 경기 둔화와 더불어 수출 실적 악화로 기업들의 현금흐름은 계속 악화하고 있다. 20대 기업들의 반기보고서에 따르면 2023년 6월 기준 30대 기업들의 현금 및 현금성자산(단기금융상품 포함)은 2022년 말 225조 1,000억 원에서 210조 2,000억 원으로 약 15조 원 감소했다. 가장 현금 사정이 좋은 삼성전자조차도 현금성 자산이 17조 6,000억 원 감소한 것은 현재 업계의 자금 사정을 단적으로 보여주는 예다.

200대 기업의 2023년 3분기 실적보고서를 보면, 2023년 9월 기준 영업이익은 전년 대비 43%나 감소한 반면, 부채비율이 증가한 기업은 64.5%에 이르는 등 실적 악화가 부채상환 능력 저하로까지 이어지고 있다. 여기에 더해, 지속된 고금리 기조로 기업들의 금융비용 부담까지 크게 확대된 상태다. 매출 10조 원 이상 30대 대기업의 2023년 이자 비용 총액은 7조4,000억 원인데, 이는 전년의 4조 6,000억 원보다 61%나 증가한 금액이다. 그 결과, 이자 비용 대비 영업이익 비율을 나타내는 이자보상배율은 종전 14.4배에서 2배로 급격히 하락했다.[1] 30대 대기업들조차 지난해 사업성과가 이자 비용을 간신히 상회하는 미미한 수준에 불과하다는 뜻이다.

2023년 1~11월 동안 기업경기실사지수$_{Business Survey Index}$[*]가 모든 산업 부문에 걸쳐 전년 대비 크게 악화한 것은 경기둔화와 불리한 금융여건으로 기업들이 재무적 압박을 크게 느끼고 있음을 명료하게 보여준다. 이러한 어려움이 단순히 체감에 그치지 않는 것은 자금조달 실적 통계에서도 명확히 나타난다. KDB산업은행 조사[2]에 따르면 2023년 1~11월 중 기업의 직간접시장을 통한 자금조달 규모는 전년 동기 대비 31% 감소한 124.7조 원으로 나타났으며 간접금융보다는 직접금융에서 자금조달 축소가 두드러지고 있다. 동시에 대기업의 대출금리가 2021년 8월 2.56%에서 2023년 11월 5.29%로 273bp나 상승했다는 점에서, 고금리 기조의 직접적인 여파로 자금조달 비용이 크게 증가하고 있음을 확인할 수 있다.

대내외적 불확실성이 가중되는 가운데, 기업들은 부채감축을 위해 안간힘을 쓰고 있다. 37개 대기업 재무담당 임원을 대상으로 실

◇◇◇

[*] 기업체가 느끼는 체감경기를 나타내는 지수.

시한 2024년 자금운용계획에 대한 설문조사[3]에 따르면, 절반이 넘는 24개 사가 최고 우선순위 목표로 부채감축을 꼽고 있다. 이는 고금리 상황과 경제 불확실성으로 인해, 기업들이 설비투자 확대나 인수합병을 통한 생산능력 확충보다 빚을 줄이는 데 더 신경을 쓸 수밖에 없는 상황임을 상징적으로 보여준다.

기업들은 악화한 자금 사정을 극복하기 위해 다양한 노력을 기울이고 있다. 계열사 배당확대가 대표적인데, 실제로 지난해 국내 대기업들은 자회사의 해외유보이윤 본국 송금액을 크게 늘렸다. 한국은행이 발표한 '2023년 상반기 국제수지 잠정통계'에 따르면, 해외 직접투자에 따른 배당수익은 159억 달러를 기록했는데, 이는 전년 동기 실적(13억 2,000만 달러) 대비 10배 이상 늘어난 금액이다. 해외 자회사 배당수입에 대한 법인세 감면과 원화 약세가 국내 기업의 자금 사정 악화와 중첩되어 나타난 현상이라고 할 수 있다. 이외에도 2023년 실적이 저조했던 삼성전자의 경우, 대규모 설비투자 재원을 마련하기 위해 국내 자회사인 삼성디스플레이로부터 5조 6,000억 원의 배당금을 지급받기로 결정했는데, 이는 2012년 회사 출범 이후 최초다.[4]

자산매각을 통해 재원을 마련하는 방안도 적극적으로 활용되고 있다. 이차전지 설비투자 관련 막대한 자금이 필요한 SK온이나, 건설 자회사의 경영 여건 악화로 유동성 문제를 겪고 있는 롯데는 이미 지난해에 자산매각에 나선 바 있다. 현대차그룹이나 화학 분야의 대기업들도 경영권 매각이나 소수지분 투자유치 등을 통한 유동화 확보 방안에 적극적인 모습을 보이고 있다.

올해는 완만한 경기회복과 기업들의 투자 재개가 기대되지만 고금리 상황이 해소되기 전까지는 기업들이 자체적으로 충분한 자금을 확보하는 것이 쉽지 않을 것으로 보인다.

첨단산업 선진국은
어떤 지원을 어떻게 했나?

김우철 서울시립대학교 세무학과 교수
김창욱 보스턴컨설팅그룹 MD 파트너

주요국은 첨단산업 육성에 '천문학적' 금액 지원

2022년 말부터 2023년까지는 한국 메모리 반도체 제조사에 매우 힘든 시기였다. 앞선 장에서 언급한 것처럼 반도체산업에서 미래를 대비하기 위해서는 매년 60조 원을 투자해야 한다. 하지만 기존의 생산부지에서는 생산능력을 늘리기에는 한계가 있다. 그래서 삼성 전자는 용인에 새로운 생산부지를 두고 클린룸부터 새로 짓는 데 천문학적 규모의 금액을 투자할 예정이었다. 하지만 2022년 말부터 시작된 메모리 반도체 경기 침체로 영업 적자까지 발생했다. 이 때문에 용인 생산부지 투자계획은 모두 연기되었다.

우리가 경각심을 가져야 할 대목은 동일한 시기에 대만의 TSMC 는 일본 정부의 지원을 받아 일본에 새로운 생산시설을 짓기 시작했 다는 점이다. 상대적으로 한국의 정책적 지원은 부족했던 탓에 경쟁 국가와 경쟁사들은 한국과의 격차를 벌리고 있다. 일본뿐 아니라 미 국, 중국 등 주요국들은 코로나19 팬데믹과 기술패권 경쟁을 경험 하며, 첨단산업 육성을 위해 천문학적 예산을 쏟아붓는 전력투구를 하고 있다.

해외에서 산업계에 제공하는 인센티브는 크게 공장 건설 및 장 비 투자에 대한 직접지원, 제품 판매에 대한 지원, 법인세 혜택 지 원, 이렇게 3가지로 나눌 수 있다. 나라별로 보면, 먼저 미국은 반도 체 생산시설 투자에 대해 390억 달러(약 53조 원) 지원, 설비투자에 대 한 25%의 세액공제, 40%의 법인세 공제 혜택을 주고 있다. 중국은 240조 원 규모의 건설·장비 지원 및 토지 무상 지원, 제품 생산량에 비례하는 보조금 지원, 법인세 최장 10년 면제 등을 내세우고 있다. 유럽 역시 400억 달러 규모의 예산을 투입 중이다. 일본의 경우 약 36조 원(4조 엔)의 예산 지원, R&D 투자에 대해 법인세 6~12% 감면 을 시행 중이다. 반도체산업 육성을 강하게 드라이브하고 있는 인도 는 25조 원 규모의 보조금 지원, 제품 판매 금액의 4~6% 직접지원 등의 정책을 펼치고 있다.

[표5] 주요국 반도체 육성 인센티브 정책

	직접지원	제품 판매 지원	법인세 혜택
미국	• 390억 달러 보조금 • 25% 세액공제		법인세 40% 공제
중국	• 240조 원 보조금 • 토지 무상 지원	생산량 비례 보조금 지원	법인세 최장 10년 면제
EU	400억 달러 규모 예산 투입. 세부 정책은 미정		
일본	36조 원 보조금		R&D 투자에 대한 법인세 6~12% 감면
인도	25조 원 보조금	제품 판매액의 4~6% 보조금 지원	

이러한 인센티브는 추가적인 반도체 생산능력을 키우는 데 필요한 자금을 국가가 직접 지원해 기업이 부담해야 할 감가상각비를 줄이고 제품원가를 낮추는 효과가 있다. 생산능력을 키우기가 더 용이해지기 때문에 향후 규모의 경제가 커지면 원가경쟁력에서 우위를 점할 수 있으며, 결과적으로 타국의 경쟁사 대비 경쟁력을 높일 수 있게 된다.

외국 반도체 회사들이 인센티브를 제공하는 국가에 생산시설을 만들게 하는 흡수효과도 있다. 이미 미국에는 TSMC가 파운드리를 짓고 있다. 일본에도 TSMC와 마이크론 등이 생산시설을 신설·확대한다고 발표했으며 유럽에는 인텔이 생산 거점을 늘리겠다고 선언했다. 해외 기업이 막대한 지원을 받아 자국에 들어오는 게 좋은 일이냐고 반문할 수 있겠으나, 앞서 설명했던 자국 내 경기 진작 효과는 물론이고, 수많은 엔지니어와 그들의 기술·실무 역량이 그 국가에 남게 된다. 이 엔지니어들이 해당 국가에 정착하게 될 수도 있고, 그 국가의 다른 기업으로 이직하거나 자문역이 되기도 하기 때문이다. 특히 한국은 이미 인구감소가 시작된 데다 우수한 학생들이 의사·변호사 등의 진로로 빠져나가다 보니 해외에 연구소를 만들어 인력 부족을 보완하는 상황이라, 이러한 인재 유입이 매우 중요하다. 또 이때 해당 기업과 협력하는 소부장 기업들도 시장에 같이 유입되기 때문에 이러한 효과는 가중된다.

그렇다면 한국에서는 어떤 지원책이 시행되고 있을까? 한국 정부도 부진한 제조업 설비투자를 활성화하고 기술경쟁력을 강화하기 위해 반도체, 이차전지, 백신 등 국가전략기술 관련 설비투자와 R&D에 대한 세액공제 확대를 포함하는 세제지원 개편을 단행했다. 하지만 세제지원 방식 자체가 지니는 한계로 정책의 실효성은 낮다는 평가를 받고 있다. 현행 국가전략기술 투자세액공제는 투자가 이루어지는 시점의 당해 연도에 상당한 수익이 발생한 기업에만 실질적인 세제지원 혜택이 주어진다. 법인세 과세제도 설계상 투자 시점의 사업연도 소득이 없으면 부과되는 법인세 자체가 없기에 세액공제 제도는 투자 시점에 아무런 혜택을 제공받지 못한다. 사업소득이 있더라도 과거 결손을 초과하는 상당한 사업소득이 투자 시행 연도에 발생하지 않으면 법인세 과세표준은 여전히 양(+)의 값을 갖지 못하기에 산출세액 자체가 없고, 이 경우에도 혜택을 받을 수 없게 된다. 또한 투자 시점에 과거 결손을 초과하는 매우 큰 규모의 사업소득이 발생하더라도 결손금액을 차감한 후의 과세표준이 의미 있는 수준에 이르지 못하면, 산출세액이 투자세액공제액에 미달하게 되어 당초 의도된 투자세액공제의 지원 효과를 투자 시점에 제대로 누리지 못할 수 있다.

투자세액공제 제도의 일몰시한[*]도 문제점으로 꼽힌다. 현행법상 최대 투자세액공제율은 대기업과 중견기업이 15%, 중소기업이 25%인데, 이는 2024년인 올해를 마지막으로 일몰 예정이다.[5] 일몰 후에는 국가전략기술 시설 투자라 할지라도 일반 투자 수준의 혜택만 받게 된다. 반도체 등 첨단산업의 대규모 자본 투자는 최소 3년 이상 장기간 소요되는 특성이 있으며, 기업들은 향후 수요 발생이 일어날 것으로 예측되는 시점의 4~5년 전에 수십조에서 수백조 원에 이르는 대규모 투자를 결정해야 한다. 그러나 한시적으로 도입된 투자세액공제는 시행기간이 짧아 기업 투자의사 결정을 유인할 정책효과가 제한적이었다는 의견이 나오고 있다.[6] 실제 투자를 늘리

◇◇◇

[*] 법률규정의 효력이 유지되다가 효력이 사라지는 시점.

는 유인책으로 작용하기에는 시간적 제약이 컸다는 것인데, 이를 감안하여 제도를 연장할 경우 기업의 실효적 투자를 이끌어낼 수 있다는 평가도 나오고 있다.[7] 정부와 여야 모두 첨단산업의 중요성을 인식하고 있고, 기존에 도입된 세액공제만이라도 연장하여 혜택을 줄 필요성에 대해서는 공감하는 분위기이다. 그러나 만약 1년 단위로 연장되어 매년 제도를 재검토하게 된다면 제도 운영의 불확실성으로 기업 투자가 위축되고, 행정력이 낭비될 것으로 예상된다.

정리하면, 국내에서 세제혜택을 강화하는 등 지원 확대를 위해 노력하고는 있으나 규모의 차이와 제도의 한계 등으로 경쟁국에 비해 효과 면에서 뒤처지고 있다. 얼마 전 나온 〈매일경제신문〉 기사[8]에서는 반도체 팹에 20조 원을 투자할 경우 일본은 10.8조 원, 미국은 5.5조 원 수준의 인센티브를 받는 데 비해 한국은 1.2조 원밖에 받지 못한다고 분석하기도 했다. 이런 차이는 앞서 설명한 원가경쟁력과 각종 무형지식의 격차를 심화시켜 국가경쟁력을 크게 저하시킬 수 있다. 국경 없이 무한경쟁이 펼쳐지는 첨단산업 분야에서 정책의 성과는 절대평가가 아닌 상대평가가 될 수밖에 없다는 사실을 기억해야 할 것이다.

해외정책 벤치마킹해
대규모 인내자본을 만들자

김우철 서울시립대학교 세무학과 교수
김창욱 보스턴컨설팅그룹 MD 파트너

초기 투자부담 줄여주는 '직접보조금'

스피드스케이팅 경기를 한다고 생각해보자. 한쪽은 선수 개개인에 맞춰 특별 제작한 스케이트와 수트를 갖췄고, 한쪽은 사이즈도 잘 맞지 않는 중고 스케이트에 일상복을 입고 달린다. 결과는 어떻게 될까? 실력이 비슷하다면 당연히 전자가 압승일 것이고, 후자가 실력이 좋다고 해도 쉽게 승리를 장담하긴 어려울 것이다. 첨단 전략산업도 마찬가지다. 인구·경제 규모 모두 차이 나는 대국들보다 나은 조건을 갖추기는 어렵더라도, 최소한 비슷한 정도의 조건을 맞취줘야 비로소 경쟁해볼 수 있다.

그렇다면 뒤처지지 않기 위한 가장 효과적인 방법은 무엇일까? 일단, 공장 건설과 장비구입에 조 단위 투자가 필요한 첨단 전략산업의 특성상, 공장 건설 및 장비 투자에 대한 직접 보조금이야말로 기업에게는 가장 매력적인 지원이다. 현재 미국, 유럽, 일본, 중국은 다 보조금을 지급하는데 한국만 보조금 제도가 없다. 그런데 이 지원에서 액수보다 중요한 것은 투자금 대비 지원 비율이다. 표면적으로는 미국이 한화로 약 70조 원, 일본은 36조 원 정도의 예산을 마련했으니 미국의 지원이 더 매력적이라고 생각할 수 있지만, 실제로 반도체 업계에서는 일본이 가장 강력한 지원정책을 펼치고 있다고 보고 있다. 그 이유는 투자액의 40% 수준을 직접 지원하기 때문이다. 일본은 TSMC가 일본 구마모토에 팹을 짓는 데 필요한 자금 82억 달러 중 33억 달러, 마이크론이 일본 히로시마에 팹을 짓는 데 필요한 자금 35억 달러 중 14억 달러를 보조해주기로 했다.

둘째로, 제품 판매에 대한 지원도 큰 도움이 된다. 중국과 인도는 제품의 생산량 또는 판매량에 대해 직접적인 보조금 인센티브를 주고 수율 향상의 선순환을 유도한다. 웨이퍼 1장당 몇 개의 칩을 양품으로 만들 수 있느냐를 수율이라고 하는데, 기술도입 초기나 대량생산 초반에는 수율이 낮기에 이 수율을 높이는 과정 동안에는 생산할수록 오히려 손해를 보게 된다. 이때 생산량 또는 판매량에 대해 인센티브를 주면, 반도체 제조사 입장에서는 초반에 제품 수율이 낮아도 높은 생산량을 유지하면서 문제점을 보완하고 수율을 높일 수 있게 된다. 그리고 이런 경험과 노하우는 다음 세대 제품을 만들 때 효율적으로 수율을 높여주는, 이중적인 선순환을 만든다.

마지막으로 기업규모, 국적에 상관없이 효과를 거두고 있는 지원 방식을 본받아야 한다. 외국의 인센티브 정책을 보면 인센티브 대상은 거대 반도체 기업들이 대부분이다. 반면 한국은 대기업 몰아주기라는 여론을 불편하게 생각해 대기업 지원에 다소 소극적이다. 하지만 앞에서 설명한 첨단 전략산업의 국가 경제 및 국방 등에 대한 기여도를 고려할 때, 대기업에 더 많은 지원을 하여 국가 간 경쟁에서 우위를 확보할 필요가 있다. 또한 미국, 유럽, 일본 등이 모두 자국 내에 반도체 기업 및 생산시설을 가지고 있는 상황에도 불구하고, 자국 생태계만을 강화하는 것이 아니라 외국 생태계를 끌어들여 유입 효과를 얻으려고 노력하는 점도 벤치마킹해야 한다.

외국이라고 대기업 몰아주기에 대한 부정적 여론이 없는 것은 아니다. 다만, 다른 나라의 정부들은 중소기업까지 포괄적으로 지원하거나(일본, 미국), 대기업이 국내 중소기업 소부장 회사와의 협력을 장려하는 프로그램을 운영하거나(대만), 대기업과 중소기업이 함께 협력하는 혁신 허브를 만드는(EU) 등 상호 호혜적 발전을 지원하여 반대 여론을 줄이고 있다. 또 대기업의 대규모 생산시설이 커져야 배

후지 경제성장 및 관련 중소기업이 커질 수 있다는 여론을 적극적으로 알려서 이러한 여론을 긍정적으로 전환하려고 노력하고 있다. 한국도 정부와 언론이 함께 이와 같은 노력을 병행해야 한다.

세액공제분을 현금으로 돌려주는 '환급형 세액공제'

2022년 경제적으로 가장 중요했던 이슈를 꼽으라면 아마 미국의 IRA가 세 손가락 안에 들지 않을까 싶다. 공식적으로는 인플레이션 감축을 위한 법안이라고 발표했으나 본질은 자국 내에 첨단제조업 공급망을 구축하기 위한 것으로, 국내외 기업을 가리지 않고 엄청난 규모의 지원을 천명했다. 배터리·전기차 산업을 중심으로 살펴보면, IRA의 기후변화 대응지출 3,690억 달러 중 청정제조시설 세액공제, 첨단제조 생산 세액공제, 친환경차 세액공제 등 전기차 및 배터리와 관련된 세액공제는 1,028억 달러에 달한다.

IRA에서 가장 뜨거웠던 이슈는 첨단제조 생산 세액공제Advanced Manufacturing Production Credit, AMPC의 신설이었다. AMPC는 태양광·풍력 등 청정에너지 관련 주요 첨단부품이나 인버터, 배터리부품, 핵심광물 등을 미국 내에서 생산할 경우 세액공제 혜택을 부여하는 세액공제 제도다. 이를 통해 배터리 셀 1kWh 당 35달러, 모듈까지 생산 시 45달러 수준의 세제혜택을 제공한다. 투자액이 아닌 대상 부품의 생산량에 비례해 혜택을 주는 매우 강력한 인센티브로, 앞서 언급했던 것처럼 대량생산에 따른 수율 향상에 큰 도움이 되며, 계속해서 자국 내에서 생산할 유인이 되어준다.

게다가 AMPC는 미국 국세청으로부터 현금으로 환급받을 수 있는 '현금환급형 세액공제Direct Pay'다. 즉 세액공제임에도 사실상 직접 현금보조금과 같은 역할을 해 기업들의 자금흐름을 원활하게 해줄 수 있다. 또 제조자는 최초 5년치 세액공제에 대해서만 현금 신청이 가능하지만, 특정 연도 세액공제는 비특수관계자에게 양도할 수도 있다. 세액공제 양수인은 제조자에게 세액공제 양도에 대한 대가를 현금으로 지급해야 하며, 이때 세액공제 양도는 과세 대상에 해당하지 않는다. 광물 채굴, 양극재 제조, 배터리 셀 제조, 배터리 모듈 제도 등 첨단부품의 생산공정 단계별로 세액공제 신청이 가능하다는 점도 혜택으로 작용한다.

앞서 설명했듯 한국의 인센티브 제도는 세액공제 혜택 위주로 운영되고 있으나 그마저도 한계가 명확해 실효성이 떨어진다는 평가를 받는 상황이다. 만일 첨단 전략산업에 한해 현행 세액공제 제도를 AMPC와 같이 직접환급이 가능한 세액공제로 과감히 전환한다면, 직접보조금 효과와 비슷하게 기업들의 국내 투자 확장을 지원할 수 있을 것이다.

바닷가 마을의 투자 첨병, 테마섹

싱가포르는 전체 국토면적이 740km²로 부산(770km²)보다 작은 도시국가다. 인구는 605만 명으로 한국 면적의 10% 수준이다. 국토면적 순위로는 전 세계 189위, 인구로는 113위에 불과하지만 1인당 GDP는 전 세계 5위에 달하는 부국이다. 작년 스위스 IMD에서 발표한 국가경쟁력 평가에서는 당당히 4위에 오르기도 했다. 이밖에 '아시아 최고의 금융허브', '세계에서 가장 기업하기 좋은 국가' 등 내로라하는 타이틀을 보유하고 있다. 이토록 작은 싱가포르가 전 세계에서 손꼽히는 경제선진국이 된 배경에는 싱가포르의 대표적인 투자회사, 테마섹이 자리하고 있다.

테마섹은 자바어로 싱가포르를 부르는 말로 '바닷가 마을'이라는 뜻이다. 1965년 말레이시아로부터 독립한 싱가포르는 국가 경제 발전을 위해 주요 기간산업 회사들을 설립·인수해야 했다. 초창기에는 정부에서 이를 담당했으나, 1974년 정부 본연의 업무에 집중하기 위해 이 업무를 따로 수행하는 자회사를 설립하게 되었고 이것이 테마섹의 시작이 되었다. 싱가포르 재무부가 100% 지분을 가지고 있는 지주회사로 국부펀드라고 생각할 수 있으나, 정부는 지분을 가지고 있을 뿐, 투자재원은 국부가 아니라 테마섹이 보유한 지분에서 나오는 배당금과 투자차익 등이다. 싱가포르 회사법에 따라 설립돼 주식회사에 대한 규제를 적용받고 있으며 정부에 세금도 납부하며 하나의 회사로서 운영 독립성을 보장받고 있다.

이 외에도 테마섹은 여러 차별점을 가지는데, 그중 하나는 고위험－고수익을 지향한다는 것이다. 테마섹은 포트폴리오의 무려 53%가 비상장주식으로, 리스크가 크지만 성장 가치가 높은 기업에 투자해 높은 수익률을 얻는 전략을 차용하고 있다. 실제로 테마섹의 40년 총주주수익률total shareholder returns, TSR[*]은 12%에 달한다. 참고로 한국 국부펀드인 한국투자공사KIC의 최초투자 이후 연환산수익률은 4.12%다. 장기투자 방식을 채택한다는 것도 특징인데, 단기적 수익에 초점을 맞추는 일반적인 민간 투자회사와 다르게 전략적 관점에서 최소 수년, 길면 수십 년간 투자를 유지한다. 국내 기업인 셀트리온Celltrion의 성장 초기부터 10년 넘게 장기투자자 포지션을 유지한 것으로도 잘 알려져 있다. 테마섹은 이러한 차별점을 바탕으로 국내외 다양한 기업에 투자하고 있는데, 전체 포트폴리오의 28%, 특히 비상장주식의 31%를 자국 기업에 투자하며 자국 경제발전에 기여하고 있다.

첨단 전략산업의 투자 생태계와 현재 국내 산업계의 상황을 고려했을 때, 테마섹을 벤치마킹해볼 가치는 충분해 보인다. 즉, '한국판 테마섹'을 설립해, 단기적 수익이 나지 않는 기업에 대한 투자를 피

◇◇◇

[*] 주주들이 일정 기간 얻을 수 있는 총수익률.

하는 민간투자자 대신 대규모 자금을 장기간 공급하는 인내자본 역할을 하도록 하는 것이다. 현재 한국에도 한국투자공사, 국민연금 등 국부를 운용하는 공적 투자자들이 있긴 하지만, 국부증대 및 금융산업 발전이라는 고유의 목적과 안정성의 원칙 등으로 인해 장기 전략투자에는 부적합한 측면이 있다. '첨단 전략산업에 대한 전략적 투자를 통한 국가경쟁력 강화'라는 목적 하에 정부가 전액 출자하는 한국판 테마섹을 만들어, 첨단산업 또는 미래기술에 종사하는 국내외 기업에 지분을 투자하고 중소·벤처기업의 M&A 및 스케일업을 지원한다면 현재 산업계가 갖는 어려움을 상당 부분 해결할 수 있을 것으로 보인다.

첨단 전략산업은 리스크와 투자 규모와 비례해 기대수익이 크고, 무엇보다 국가경쟁력에 필수적이다. 특히 반도체, 배터리 등 첨단 전략산업에 대한 의존도가 높은 한국은 첨단 전략산업의 시장실패가 국가의 존속과 직결될 수밖에 없다. 국가의 생존을 지킨다는 책임의식을 가지고 가능한 한 모든 수단을 검토하고 과감하게 인내자본 투자를 추진하는 결단이 필요하다.

간단한 관점의 전환이 이전에 없던 창조를 이뤄낼 때가 있다. 리

버스-BTL~Reverse-BTL~은 기존의 사회기반시설 민간투자사업 방식에 대

한 역발상으로, 현대적인 민간투자사업이 시작된 지 수백 년간 한

번도 시도되지 않았던 완전히 새로운 자금조달 및 투자 방법론이다.

BTL~Build-Transfer-Lease~(임대형 민자사업)은 정부가 주로 복지 목적의 사

회기반시설을 지을 때 재정 부담을 줄이기 위해 쓰는 투자기법으로,

민간이 공공시설을 짓고 정부가 이를 임대해서 쓰는 방식이다. 즉,

과감하고 선제적인 자금지원이
적기 투자를 유도한다

박동규
한양대학교 경영대학 교수

첨단 산업투자 패러다임의 전환 '리버스-BTL'

민간이 자금을 투자해 공공시설을 건설_{build}하면, 완공 시점에 소유권을 정부에 이전_{transfer}하는 대신 일정 기간 시설을 사용하고 그에 대한 수익을 올릴 수 있는 권한을 얻게 되는데, 이러한 사용권을 다시 정부에 임대_{lease}하여 그 임대료를 받아 투자비를 회수하게 된다. 기숙사, 학교, 군인아파트 등이 대표적이며 경전선 함안—진주 구간, 전라선 익산—신리 구간 등의 철도사업도 BTL 방식으로 지어졌다.

리버스-BTL(이하 R-BTL)은 말 그대로 BTL에서 정부와 민간의 위치와 역할을 바꾼 것이다. 즉, 국민경제에 중차대한 영향을 미치는 특정 사업을 시행함에 있어 자금이 부족한 기업(주로 첨단산업)을 대신해 정부가 그 사업에 자본과 대출의 형태로 투자하는 것이다. 이를 기반으로 공장과 필요시설을 짓고, 완공 시 소유권을 민간에 이전하고 관리·운영권을 민간에 대여하는 대신 그 대가로 배당과 이자를 받는 것이다.

[그림19] R-BTL

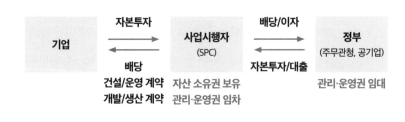

반도체, 이차전지, 바이오 등 첨단산업은 그 특성상 설비구축 및 R&D에 막대한 자금조달과 투자가 필요하다. 산업은행 자료에 의하면 반도체, 이차전지, 바이오, 자동차산업에서만 2030년까지 투자 소요액이 607.7조 원에 달한다. 일례로, 반도체 팹 1기당 30조 원 이상의 투자가 필요하며 이차전지 10GWh당 1~1.5조 원이 소요된다. 그러나 2024년 상반기 현재 첨단산업 관련 국내 기업들은 글로벌 복합위기로 야기된 고금리·고물가의 장기간 지속이라는 최악의 경영환경에서 매출·영업이익 등의 급격한 감소와 불확실한 경기 전망 등으로 악전고투하고 있다. 이러한 상황에서, 기업들은 막대한 자금 및 투자수요 충족을 위해 내부유보자금과 기업공개·회사채 발행은 물론 은행권 대출로 대응하고 있으나 역부족인 상황이다.

특히 AI·로봇·신소재 등으로의 산업구조 전환, 반도체·이차전지에서의 초격차 전략 추구, 글로벌 분절화·공급망 재편에 효과적인 대응을 위해 상기 첨단산업에 대한 과감하고 선제적인 투자가 절실하다. 이와 같이, 첨단산업에는 막대한 투자수요에 맞는 충분한 자금조달이 필요하지만 상당한 괴리가 있는 것이 우리 현실이며 이제껏 시행되었던 통상적인 정부나 금융권의 지원으로 해결될 차원을 넘은 것도 사실이다. 따라서 이 분야의 원활한 자금조달과 투자를 위해서는 R-BTL과 같은 새로운 차원의, 선례가 없는 혁신적인 자금 지원 방법론이 필요하다.

R-BTL이 도입되고 효율적으로 정착된다면, 막대한 비용과 위험이 소요되는 첨단산업 투자에 민간과 정부 간의 적절한 위험 배분이 이루어지고 각자 부담위험에 상응한 수익창출을 통해 양자 모두 원원할 수 있을 것으로 기대된다. 특히 국내외의 급격한 금리 상승과 경쟁국의 각종 규제 및 자국 산업 보호로 자금조달과 신규투자에 어려움을 겪고 있는 한국 첨단산업에 단비가 될 수 있을 것이다. 정부로서도 국채 금리보다 높은 금리의 이자를 수취하는 등 최소한의 재정부담으로 공적 이익을 도모하면서 우리 미래의 생명줄인 첨단산업을 지원 가능하다는 점에서도 국가 간 혹은 국제무역상의 분쟁 가능성도 원천 봉쇄할 수 있다.

마지막으로, 본 개발 방식은 한국에서 1994년부터 30여 년간 시행되어 수많은 사례와 경험이 축적된 '사회기반시설에 대한 민간투자제도'에 기반하여, 도입 초창기의 시행착오를 최소화할 수 있고 정부와 민간 당사자들의 이해도도 높다는 점에서 성공적으로 정착할 가능성이 크다.

기간산업안정기금을 첨단산업 구원투수로

2020년 5월 28일 코로나19 팬데믹으로 유동성 위기에 처한 기업들을 지원하기 위해 기간산업안정기금이 출범했다. 기금 재원인 기간산업안정기금채권은 40조 원 한도 내에서 실제 기업의 자금수요에 맞추어 발행하기로 했다. 최초 지원대상 업종은 항공업, 해운업, 그 외 금융위원회가 정하는 업종으로 규정되었다가 이후 자동차, 조선, 기계, 철강, 석유화학 등 업종이 추가되었다. 기간산업 영위기업 중에서도 실제 국민경제와 고용에 미치는 영향이 큰 기업으로 대상을 한정하기 위해 '총차입금 5,000억 원 이상, 근로자 수 300인 이상의 코로나19 피해기업'이라는 보다 구체적인 대상요건도 내걸었다. 자금 대출, 주식연계증권 인수, 자산매수, 채무보증 등 다양한 방식의 지원이 이뤄졌다.

그러나 야심 찬 출발과 달리 기간산업안정기금을 통한 자금지원은 출범 이후 2021년 말까지 약 8,000억 원으로, 전체 한도의 2% 정도에 그쳐 애당초 예상보다 낮은 수준에 그쳤다. 다양한 이유가 있었지만 높은 금리가 부담으로 작용했다는 평이 다수였다. 어려운 경기에 시장금리보다 높은 7% 수준의 고금리를 감당할 수 있는 기업들이 많지 않았다. 결국 기금 규모는 2022년 10조 원 수준으로 축소되었으며, 2025년까지 유지 후 정리될 예정이다.

그런데 첨단 전략산업 지원을 위한 자금조성 방안에 대한 논의가 계속 이어지며, 지금까지 조성한 기금을 정리하기보다 첨단산업 진흥에 활용하자는 의견이 대두되었다. 실제로 2023년 12월 유의동 국민의힘 정책위의장이 이러한 내용을 담은 '한국산업은행법 개정

안'을 발의했다. 법안의 골자는 산업은행법을 개정해 국가첨단전략산업지원기금을 설치하고, 기존 기간산업안정기금으로 조성한 자금을 국가 첨단 전략산업 지원기금으로 전출할 수 있도록 하고, 대출자금 지원 시 완화된 금리를 적용하는 것이다. 투자에 총력을 다하고 있는 기업들 입장에서는 반가운 제안이긴 하나, 21대 국회가 종료되며 폐기수순을 밟았다. 하지만 새로운 국회가 출범하고 의원입법 혹은 정부입법으로라도 기안기금 활용 법안을 조속히 재발의하고 심사해 법안통과를 재추진할 필요가 있다. 첨단 전략산업이 타이밍 산업이라는 사실을 간과해선 안 된다. 앞서 언급한 미래 첨단기술에 올인하는 베팅 전략의 현실적인 방안으로서 기안기금의 활용이 시급하다.

정책금융의 신용공여 한도 완화

첨단 전략산업 기업들의 글로벌 경쟁력 제고와 시장 확대를 위해서는 정책금융의 신용공여* 확대 조치도 적극적으로 강구할 필요가 있다. 신용공여 한도로 인해 첨단 전략산업 대기업들에 대한 금

◇◇◇

* 기존 은행 종금 보험사 등의 대출금, 지급보증, 기업어음 매입, 사모사채 외에 역외 외화대출, 크레디트 라인, 회사채, 미확정 지급보증 내용 등을 포함한 포괄적인 빚.

융지원 정책효과가 제한되고 있기 때문이다. 최근 K-방산 수출 활성화 차원에서 수출입은행의 신용공여제도가 부분적으로 개선되기는 했으나, 반도체나 이차전지 대기업들이 필요로 하는 금융지원을 적시에 활용하기에는 아직 해결해야 할 과제들이 남아 있다. 첨단 전략산업 시설 투자나 연구개발에는 장기간에 걸쳐 상당한 자금이 필요하기 때문에 대기업도 이를 쉽게 부담하지 못한다. 그런데 현재 정책펀드 같은 경우, 규모가 100~1,000억 원대 수준이 대부분이고 그마저도 소규모로 분산하다 보니 오히려 정책효과가 집중되지 못하고 있다. 게다가 프로젝트를 주로 진행하는 대기업에 대한 지원은 매우 제한적이다. 오히려 대기업이 출자자로 나서는 경우가 더 많다.

수출입은행은 금융지원의 일환으로 대부분 소요자금의 90%를 10~30년에 걸쳐 대출로 제공한다. 그래서 이에 대한 첨단 전략산업 기업들의 수요는 상당히 크다. 그러나 이차전지나 반도체 분야 대기업들이 이러한 금융상품을 활용하는 경우는 드문데, 이것이 바로 신용공여한도제도 때문이다. 신용공여한도제도란 특정인(동일인, 동일차주 등) 또는 기업이나 계열사에 대해 제공할 수 있는 신용공여를 금융기관 자기자본의 일정 한도 이내로 제한하는 제도다. 이때 신용공여는 대출, 지급보증, 유가증권 매입 등 신용위험을 수반하는 금융기관의 직·간접적인 거래를 의미한다.

주요 첨단기업들은 대부분 대기업 계열사에 속하기에 자동으로 동일차주 한도를 적용받게 된다. 다른 계열사들이 이미 대출지원을 받아 한도가 차게 되면, 추가적인 대출은 불가능해진다. 산업은행의 경우 동일인에 대해 자기자본(35조 원)의 20%(7조 원), 동일차주에 대해 25%(8.75조 원)까지 신용공여가 가능하며, 수출입은행은 법 개정 전까지는 동일인에 대해 자기자본(15조 원)의 40%(6조 원), 동일차주에 대해 수출입은행 자기자본의 50%(7.5조 원)로 규정하고 있었으나 최근 자기자본금을 25조 원으로 확대하는 법 개정(24.6.27 시행)을 통해 동일차주(계열회사 등)에 대한 최대 12.5조 원까지 신용공여를 제공할 수 있게 됐다.

다만 첨단 전략산업 대기업들은 수주나 투자 규모가 워낙 크기에 이러한 부분적인 자본 확충만으로는 자금수요를 충족하기에 역부족이다. 따라서 첨단 전략산업에 속하는 기업들에 대해서만큼은 신규 시설 투자나 대규모 수주, M&A 등 자금 용도 관련 일정 조건을 충족하는 경우, 예외적으로 동일차주가 아닌 동일인 신용한도를 적용하거나 한도를 확대하는 조치를 적극적으로 검토할 필요가 있어 보인다.

이를 통해 기업은 정책금융기관을 통한 자금조달 확대가 가능해질 것이며, 산업은행, 수출입은행은 안정적인 투자 수익처를 확보할 수 있을 것이다. 또한 대형 첨단 전략산업 프로젝트를 진행하는 기업집단이 한정적인 것을 고려했을 때, 이러한 신용공여 한도를 확대한다면 정책금융 효과를 보다 극대화할 수 있을 것이다.

투자세액공제 적용 확대

투자세액공제 적용의 영역을 넓히는 것도 획기적인 방안이 될 수 있다. 현행법상 국가전략기술 사업화에 필요한 토지 및 건축물은 세액공제 대상에서 제외되어 있다. 첨단산업 기업들은 제조시설 구축 시, 장기적이고 안정적 생산을 위해 전력, 용수 등의 공급까지 원활하게 이루어질 수 있는 적절한 부지를 찾아 건축물을 건설하는 데 많은 비용과 노력을 투입하고 있다. 반도체의 경우, 제품의 세대가 진화할수록 더 정밀한 장비를 사용해야 하고, 클린룸 구축을 위해서도 외부 충격 등에 영향받지 않는 정교한 제조환경 시설이 요구된다. 이러한 공간을 조성하기 위해 건축물 구축 시에도 많은 투자가 수반되며, 건축물 등에 대한 투자가 전체 투자의 30~50%가량 차지하나, 세액공제 혜택을 받지 못하고 있다. 바이오산업 또한, 제약 연구·생산 시설은 특수 시설로 설계하기 때문에 이를 구축하기 위해서는 건축물에 대한 천문학적 비용이 요구되는, 토지와 건축물이 제조시설 구축에서 차지하는 비중이 매우 높은 산업이다. 특히나 한국은 바이오산업이 아직 초기인 단계로 앞으로도 대규모 건축물을 새로 지어야 하는 상황인데, 현재는 부지 및 건축물이 세액공제 대상에서 제외되어 있어 업계가 실질적인 혜택을 받기 어려워 보인다.

이렇듯 첨단 전략산업의 특성을 고려할 때, 사업에 필요한 토지 및 건축물에도 세액공제 혜택이 확대되어야 관련 기업이 장기간 고비용을 투자하여 연구개발 및 생산설비를 구축할 유인을 얻을 수 있다. 반도체는 정부가 주요 기술을 국가 핵심기술로 지정, 관리하는 등 국가안보 및 경제발전과 직결되는 우리 전략산업의 핵심이다. 제약바이오산업 또한 대규모 감염병 유행 대응 등 국가안보와도 직결된다. 첨단 전략산업은 경제안보의 핵심을 이루는 만큼 세액공제 적용대상 확대를 통한 과감한 적기 투자 유도가 절실하다.

투자세액공제 도입 목적을 충분히 달성하기 위해 농어촌특별세를 면제해주는 방안도 검토해볼 만하다. 한국 세법 구조상 '조세특례제한법'에 따라 세액공제 혜택을 받아도 '농어촌특별세법'에 따라 조세 절감액의 20%를 농어촌특별세로 납부해야 한다. 얼마 전 한국반도체산업협회가 산출한 '국가별 투자 인센티브 자료'[9]에 따르면 첨단 반도체 생산시설 구축에 20조 원을 투자할 경우, 최종적으로 기업이 받는 투자 인센티브가 1조 2,000억 원으로 나타났다. 투자액 20조 원 중 장비 투자 소요액을 10조 원으로 가정 시, 15%에 해당하는 1.5조 원의 세제혜택을 받을 수 있으나, 이마저도 조세 절감액의 20%를 농어촌특별세로 납부하고 나면 결국 최종 인센티브는 1.2조

원으로 줄어든다는 것이다.

국가전략기술 관련 설비투자 세액공제를 확대할 당시, 정부는 한국의 세제혜택은 미국 등 경쟁국들과 견줘도 뒤떨어지지 않는 수준으로 자부했으나, 현장까지 그 효과가 온전히 나타나지 않고 있다. 현행 농어촌특별세법상 국가경쟁력 확보 목적으로도 비과세 항목을 지정하고 있다. 이를 감안할 때, 국가경쟁력 향상이라는 도입 취지를 달성하기 위해서라도 농어촌특별세를 감면해 세제지원 효과를 극대화할 필요가 있다.

국가의 명운,
국가재정의 전략적 배분에 달렸다

●
○

신현한
연세대학교 경영대학 교수

재정 낭비인가, 미래 투자인가

첨단산업에 대한 지원이 부딪치는 비판은 크게 2가지가 있다. 재정부담 우려와 대기업 특혜가 그것이다. 최근 재정적자가 확대되고 있는 데다가 첨단산업을 영위하는 기업의 상당수가 대기업인 만큼 이러한 비판의 목소리가 나오는 것도 무리는 아니다.

보조금 지급, 세액공제 확대 등 지원정책은 당연히 재정에 적지 않은 부담을 준다. 이 부담이 정당성을 확보하려면 재정 투입보다 기대수익이 커야 한다. 경제에는 워낙 다양한 변수가 있기에 정확한 금액을 추정하기는 어렵겠으나, 사례를 통해 미래가 어떻게 전개될지 추측해볼 수 있다. 예를 들어, EU 내 한국 기업의 배터리 공장이 가동되기 전인 2016년과 2022년을 비교했을 때, 대 EU 양극재 수출 증가로 인해 국내에 유발된 생산액은 53.6억 달러, 부가가치는 12.1억 달러, 취업 인원은 만 1,751명 증가한 것으로 나타나고 있다[10]. 양극재가 속한 기초 화학물질의 수출 증가에 따른 국내 경제 유발효과를 산업연관 분석을 통해 계산한 것으로, 양극재 이외 타 소재 및 장비 수출 증가를 감안하면 경제적 효과는 더욱 클 것으로 짐작된다. 국내 기업들의 역외 투자 효과가 이 정도니, 국내 투자의 경우에는 더 큰 경제적 효과를 기대할 수 있을 것이다.

따라서 환급형 세액공제 혹은 여타 재정지원 제도 도입으로 인한 일시적 세수감소 및 재정지출 증가 부담은 이차전지 기업의 국내 투자가 주는 경제적 파급효과를 통한 세수증대 효과에 의해 어느 정도 상쇄될 수 있다. 더욱 중요한 것은 향후 한국 기업이 첨단 전략산업 분야에서 선제적인 경쟁력을 갖추어 유의미한 수준으로 시장을 점유하게 됨으로써 발생하는 경제적 이익의 규모가 막대하다는 점이다. 국내 대기업들이 글로벌 시장의 강자로 살아남을 수만 있다면, 저성장 국면에 봉착한 국가 경제의 위기를 타개하는 것은 물론, 국민경제 활성화와 세수의 직접적 증대를 통한 장기적 이익은 초기에 투입된 재정비용의 몇 배를 크게 넘어설 것으로 기대된다. 국가재정의 전략적 배분 차원에서 재원투입의 우선순위를 결정해야 하는 이유가 바로 여기에 있다.

실제로 첨단산업에 대한 보조금이 기업의 원가를 낮춰 영업이익을 높이고 법인세 증가로 이어진다는 분석도 나왔다. 2024년 6월 딜로이트가 발표한 보고서[11]에 따르면, 한국 정부가 반도체 설비투자 보조금 30%를 지급할 경우, 장치산업 특성상 영업비용* 대비 약 40% 중반을 차지하는 감가상각비 감소로, 반도체 생산에 최대 10%의 원가절감 효과가 발생한 것으로 나타났다. 3nm 파운드리를 예로 들면, 웨이퍼 1장 생산에 드는 영업비용이 1만 1,459달러인데, 보조금(30%) 수령 시 장부상 자산가치가 이에 비례해 하락하고 이는 곧 감가상각비 감소로 이어진다. 즉, 영업비용 중 46%를 차지하는 감가상각비가 보조금 지급 전에 5,271달러였는데, 보조금 지급 후에는 1,581달러(5,271달러×30%) 감소한 3,690달러가 된다. 기업은 감가상각비 감소분만큼 영업이익이 증가하게 돼 417달러(1,581달러×법인세율 26.4%)의 법인세를 추가로 납부해야 한다. 월 10만 장의 웨이퍼를 생산할 수 있는 3nm 파운드리 팹 1기를 보조금을 지원받아서 짓고 운영하는 경우 영업이익이 상승하고 법인세가 연간 6,755억 원 증가

◇◇◇

* 재료비, 감가상각비 등의 제조원가와 인건비, 물류비 등 판매비 및 관리비를 포함하는 비용. 반도체산업은 감가상각비 비중이 높아 보고서는 감가상각비와 감가상각비 외로 나눠서 분석함.

하며, 임직원 상여금 지급으로 소득세가 증가하는 효과도 발생한다.

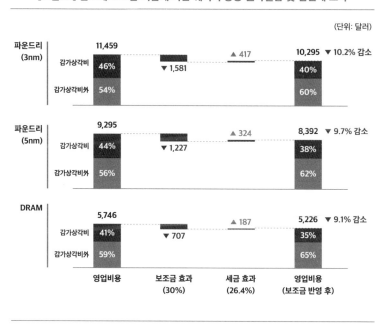

[그림20] 반도체 보조금 지급에 따른 웨이퍼 장당 원가절감 및 법인세 효과

(단위: 달러)

대기업만의 이익인가, 국민의 이익인가

첨단산업 지원에 대한 대기업 특혜 논란은 이에 대한 국민의 실질적 인식이 어떠한지, 그리고 대기업의 귀속 이익이 대기업 자체에 국한되는지 종합적으로 살펴볼 필요가 있다.

여론을 정확히 파악하기는 어렵지만, 첨단산업의 중요성에 대해 어느 정도 공감대가 형성된 것은 분명해 보인다. 대한상공회의소가 2023년 3월 국민 1,016명을 대상으로 실시한 '첨단산업에 대한 국민인식 조사' 결과에 따르면, 국민의 79.1%는 첨단산업의 주도권 확보 경쟁을 국가의 미래와 명운을 가를 경제안보 수준의 이슈로 인식하고 있었다. 정부의 첨단산업 지원 확대 필요성에 대해서도 국민 10명 중 6명(59%)이 공감하는 것으로 집계됐다. 응답자 중 41.3%는 '대기업 지원이라는 논란을 감수하더라도 지원 확대가 필요하다.'고 답했으며, 이어 '대기업 지원이라는 지적에 공감하지 않으나 정부의 지원 확대는 신중할 필요가 있다.'(24.2%), '대기업 지원이라는 지적

[그림21] 첨단산업 대기업 지원 필요성에 대한 대국민 설문

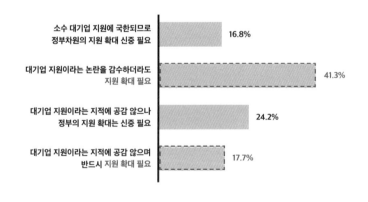

에 공감하지 않으며 반드시 지원을 확대해야 한다.'(17.7%), '소수 대기업 지원에 국한되므로 정부 차원의 지원 확대는 신중할 필요가 있다.'(16.8%) 순으로 나타났다.

첨단산업 지원이 대기업 소유주 일가와 그 직원들에게만 좋은 것 아니냐는 일각의 편견 역시 합리적으로 보긴 어렵다. 우선 첨단산업은 전후방산업과 복잡한 밸류체인으로 엮인 거대한 생태계의 중심으로, 첨단산업 기업의 투자비용은 곧 소부장 업체의 매출이익이 된다. 즉, 생태계 내 중견·중소기업들에게까지 흘러가는 낙수효과trickle-down effect가 활발히 일어날 수밖에 없는 구조다. SK증권이 2011~2022년 삼성전자 메모리 CAPEX와 국내 반도체 소부장 이익률을 분석한 자료에 따르면, CAPEX 증가 추이와 소부장 이익률 증가 추이는 동일하게 움직였으며, 소부장 업체들의 이익 증가율은 CAPEX 성장률을 상회한 것으로 나타났다. 반도체 기업의 투자가 소부장 업체들에게 영향을 주는 것이다. 앞서 재정 낭비 논리에 대한 반론의 근거로 언급한 EU 배터리 공장 투자의 경제적 효과 역시 대표적인 예시라고 할 수 있다.

게다가 천문학적 규모로 커진 첨단산업 기업은 이제 더이상 오너만의 것이 아니게 됐다. 다음의 그래프는 필자의 자료수집과 분석의 결과로, 기업 규모별 소액주주 수의 중간값을 연도별로 나타낸 것이다. 꺾은선형 차트는 회계연도별로 총자산 하위 그룹의 주주 수 중앙값 추세를 표시한다. X축은 0(총자산 기준 가장 규모가 작은 10%의 회사를 나타냄)에서 9(가장 규모가 큰 10%의 회사를 나타냄)까지의 총자산 그룹을 나타내며, Y축은 각 그룹 내의 주주 수 중앙값을 나타낸다.

그래프를 살펴보면, 2001년도에는 기업 규모가 그룹 0에서 그룹 9로 갈수록 주주 수도 증가하나 그 차이가 크지 않다. 그런데 2021년도에는 그룹8과 그룹9에서는 주주 수가 확연히 증가하는 것을 볼 수 있다. 이는 대기업이 더이상 대주주 개인의 회사가 아니라 다수 국민이 주주로 참여하는 회사가 되었음을 의미한다.

다음 표는 2001, 2011, 2021년 소액주주 수와 대주주 지분율의

[그림22] 기업 규모별 소액주주 수 중간값의 회계 연도별 추이

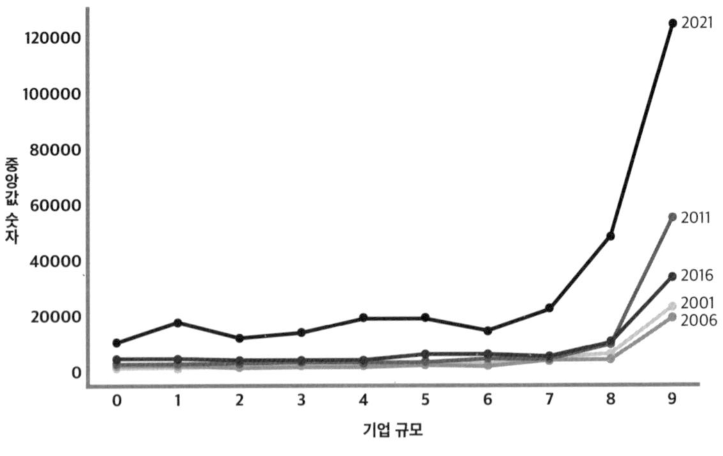

기초통계량을 보여준다. [그림22]에서 보듯이 소액주주 수의 평균 값은 2001년 1만 1,099명에서 2021년 6만 2,399명으로 증가하였으며, 최댓값은 약 55만 명에서 500만 명으로 증가하였다. 대주주의 지분율 평균이 37%에서 44%로 증가하였음에도 불구하고 소액주주 수가 증가한 것은 주목할 만하다. 대기업 정책을 더이상 대주주 오너를 위한 정책만으로 평가할 수 없는 대목이다.

[표6] 대주주 지분율과 수액주주 수의 기초통계량

구분	통계	2001년	2011년	2021년
대주주 지분율	평균값	37.11	44.43	44.35
	중앙값	36.01	44.76	45.00
	최소값	0.48	3.79	3.36
	최대값	100.00	100.00	100.00
	백분위 25%	23.74	31.61	32.45
	백분위 75%	48.82	55.62	55.76
소액주주 수	평균값	11,099	15,639	62,399
	중앙값	3,396	4,391	19,766
	최소값	2	5	934
	최대값	548,342	436,000	5,066,351
	백분위 25%	1,781	2,222	10,058
	백분위 75%	7,810	11,379	44,110

불사조 효과,
더 빠르게 과감하게 베팅하라

'불사조'는 이집트 전설의 새다. 500년을 살고 나면 몸을 불태워 죽는다. 그리고 그 재 속에서 다시 어린 불사조가 태어나기를 반복하는 불멸의 상징이다. 오르간스키A. F. Kenneth Organski라는 국제정치학자는 2차세계대전 이후 전쟁에서 불타고 파괴된 패전국이 전후 경제발전으로 승전국보다 더 잘살게 되는 현상을 '불사조 효과'라고 불렀다. 패전국의 경우에는 전쟁 기간에 노동조합이나 생산자 단체 등과 같이 경제활동의 효율성을 떨어트리는 모든 정치적·사회적 집합행위의 주체들이 와해되고 전후 근로자는 낮은 임금에도 '헝그리 정신'으로 더 열심히 일하게 된다. 또한 패전국은 파괴된 공장을 첨단 신기술로 새로 짓게 되니 전쟁의 파괴를 덜 겪은 승전국의 공장보다 생산효율이 더 높아져 국제경쟁에서 승전국을 앞서게 된다는 것이다.

그러나 오르간스키는 전후 패전국 독일과 일본의 발전은 설명했지만 전후 세계 경제에서 독보적인 우위를 더욱 확고히 한 승전국 미국의 발전은 설명하지 못했다. 전쟁 중에 군수품을 많이 생산했다는 것은 그만큼 기술도 발전했음을 의미한다. 독일과 일본이 패전의 잿더미에서 일어설 수 있었던 진정한 이유는 군수산업을 통해 발전시킨 첨단 산업기술과 기술자가 패전에도 불구하고 온전히 살아남아 있었기 때문이다. 미국이 전후 초강대국 지위를 유지할 수 있었던 이유는 전 세계에서 가장 많은 군수물자를 생산함으로써 세계 최고의 첨단산업 기술개발과 기술자 육성 역량을 확보했기 때문이다. 실제로 승전과 패전에 상관없이 전쟁 당시 군수품을 많이 개발하고 생산한 나라일수록 전후 경제발전도 더 성공적이었다. 그래서 미국에 이어 독일과 일본이 전후에 나란히 '3대 경제강국' 체제를 굳힐 수 있었던 것이다.

　　그런데 전쟁 전에 선진국이었고 또 승전국이었던 영국은 왜 전후 후발국이었고 또 패전국인 독일과 일본에 밀려나게 되었을까. 독일과 일본은 모든 무기와 군수품을 자국에서 개발하고 생산했기 때문에 기술도 발전하고 우수한 엔지니어도 대거 양성되었다. 그러나 영국은 미국 원조에 의존했다. 미국이 해외에 지원한 군수물자의 60% 이상이 영국으로 갔다. 기술개발이나 물자의 자체 생산보다는 파괴적인 전투에 국력을 대거 소진한 영국은 전통적인 전쟁에서는 승리했을지 몰라도 미래형 산업기술 전쟁에서는 결코 승리자가 아니었다. 산업사회의 전쟁에서는 당장 싸워 이기는 것도 물론 중요하지만, 신무기 등 전쟁물자 생산을 위한 기업과 기술에 대한 집중 투자가 전후 국가발전에 더 중요할 수 있다는 사실이 바로 불사조 효과이다. 이 불사조 효과는 첨단 산업기술을 위한 국가전략의 당위성을 증명하는 것으로 필자가 완성한 국가발전이론의 마지막 핵심이론이다.

전후 마셜 플랜 등을 등에 업은 서방세계의 동반성장을 통해 약 30년간의 황금기를 주도하던 미국이 GATT 체제를 대체하는 WTO 체제를 발족시켰다. 이것은 후발국이 선진국과의 격차를 줄일 수 있도록 하는 단 한 가지 국가전략, 즉 외생적 성장을 더이상 못하게 막는 것이다. 이는 '사다리 걷어차기'를 국제규범화한 셈이다. 후발 산업국은 국제적으로는 선발국과의 격차 확대로 중진국의 함정으로 내몰리고, 국내적으로는 빈부격차의 확대로 사회안전망이 위축되는 등 안팎으로 이중고에 시달리는 시대가 도래한 것이다. 그렇다면 정녕 우리는 이 내우외환의 위기를 어떻게 돌파해나가야 할까.

방법이 전혀 없는 것은 아니다. 독일과 일본이 전쟁에 이기기 위해 산업 기술개발에 전력을 다했더니 비록 전쟁에는 패했지만, 기술개발 효과로 인해 전후 승전국보다 더 잘살게 되었다. 이처럼 우리도 국가전략 차원에서 첨단 산업기술에 더 빨리 더 과감하게 베팅한다면 결국 한국 경제는 불사조 같은 생명력으로 선진국 대열에 진입하고 미국, EU, 일본 등과 함께 인류 문명을 창조해나가는 과점 패권국으로 자리매김하는 성과를 거두게 될 것이다. 4차산업혁명의 성공을 위한 첨단 산업기술 국가전략으로써 '강소국의 필승전략'이 야말로 성공을 약속하는 불사조 효과이며 우리가 G7 선진국 대열에 진입할 유일한 통로라고 감히 단언한다.

그런데 엄청난 규모의 예산을 국가전략 차원에서 첨단 산업기술에 대거 투입하여 불사조 효과를 일으키기 위해서는 먼저 범국민적 합의가 필요하다. 제한된 국가 예산을 한 곳에 집중투입하려면 다른 영역의 희생을 감수하지 않을 수 없다. 하지만 절체절명의 위기 속에서 국가의 명운을 건 총력전이 독일과 일본의 불사조 효과를 가능케 했다. 물론 전쟁을 통해 불사조 효과를 유도하는 것은 결코 바람직한 방법이 아니다. 엄청난 규모의 파괴와 살상을 동반하는 전쟁 없이도 첨단 산업기술에 올인한다면 더 적은 투자로 훨씬 큰 효과를 기대할 수 있을 것이다. "미래를 예측하는 가장 좋은 방법은 미래를 창조해 내는 것이다."라고 에이브러햄 링컨은 말했다. 지금 우리는 자랑스러운 미래를 직접 만들어나가야만 한다. 전시상황 같은 위기가 오기 전에 미리 국론을 통일하고 국력을 결집하여 대한민국을 선진국으로 도약시킬 현명한 지도자와 뜻있는 지성인들에게 이 책을 바친다.

| 주석 |

Chapter 1 성공한 나라와 실패한 나라

1 김태유, 김연배, 《한국의 시간》, p. 105~116, 2021.

2 김태유, 《Economic Growth》, p. 85~162, 2013.

3 〈중앙일보〉, "'많은 커플 고통" 출산율 1.68명에 충격…마크롱 특단의 대책', 2024. 1. 18.

4 〈매일경제신문〉, '月 4,500원 저출산세 걷겠다는 일본, 한국도 따라갈까', 2024. 2. 21.

5 한국경영자총협회, '6대 국가첨단전략산업 수출시장 점유율 분석 및 시사점', 2024.

6 〈동아일보〉, '中 "배터리 인력난 없다" 대졸 전공자 年167만 명… 韓은 7만 명', 2024. 2. 16.

Chapter 2 왜 국가전략인가?

1 《한국의 시간》, p. 126~132, 《Economic Growth》, p. 93~95.

2 《Economic Growth》, p. 22, p. 65.

3 《Economic Growth》, p. 57~84.

4 《Economic Growth》, p. 294~298.

5 김태유, 김대륜, 《패권의 비밀》, p. 127~132, 2017.

6 《패권의 비밀》, p. 65, p. 175.

7 《패권의 비밀》, p. 70, p. 270.

8 Imlah, Economic Elements

9 《한국의 시간》, p. 161~167.

Chapter 3 과점패권 전략

1 산업통상자원부, '2023년 외국인직접투자 32.2억 달러 역대 최대 실적 달성'. 2024. 1. 4.

2 OECD Statistics, www.stats.oecd.org

3 산업통상자원부, '2023년 외국인직접투자 32.2억 달러 역대 최대 실적 달성'. 2024. 1. 4.

4 위와 같은 산업통상자원부 자료.

5 위와 같은 산업통상자원부 자료.

6 대외경제정책연구원, 한민수, 김혁황, 최혜린, 박단비, 김지수, 〈다국적기업 철수의 영향과 정책 대응 방안〉, p. 19~24, 2019.

7 한국수출입은행, 〈2023 ISSUE REPORT Vol. 4〉, '무역데이터를 활용한 국내 주요 산업별 핵심원 자재 공급망 취약성 분석', 2023.

8 KOTRA, 김상환, 이대식 외 4명, 〈KOTRA 연구용역보고서〉, '러시아 기술혁신체계와 산업기술 협력 방안', 2018.

9 위와 같은 KOTRA 자료.

10 https://www.sertacdoganay.com/wp-content/uploads/Coursera-Global-Skills-Index-2020.pdf

Chapter 4 초격차 전략

1 경상북도 상주시·산업클러스터학회, 정성훈, '상주 이차전지 클러스터 산업단지 개발 연구 용역', 2023.

2 정성훈, 〈서울경제이슈브리프 2023 No.12 : 열린 특구 정책과 그 경쟁자들〉, 서울연구원, 2024.

3 조성철, 국토연구원 내부 자료, 2024.

4 한국전력공사, 〈2022년 한국전력통계 제92호〉, 2023. 5.

5 사공일·고영선, 'The Korean Economy: Six Decades of Growth and Development', 2010.

6 The World Economic Forum, 2020.

7 경제인문사회연구원, 허문구 외, 〈경제인문사회연구회 협동연구총서 22-44-01〉, '지방소멸 시대의 인구감소 위기 극복방안: 지역경제 선순환 메커니즘을 중심으로', 2022.

Chapter 5 첨단 산업기술 올인 전략

1 재벌닷컴(http://www.chaebul.com/)이 매출 10조원 이상 30대 대기업의 2023회계연도 감사보고서를 분석한 결과.

2 KDB미래전략연구소, '2023년 기업금융시장 분석 및 2024년 전망', 2024. 1.

3 〈매일경제신문〉, '대기업 10곳 중 6곳, 내년엔 빚부터 상환', 2023. 12. 13.

4 〈아시아타임즈〉, '자회사 디스플레이에 손 벌리는 삼성 vs 지원 나선 LG', 2024. 3. 26.

5 관계부처 합동, 〈2024 경제정책방향〉, ''23년 만료된 임시투자세액공제 1년 연장 가정 시', 2024. 1.

6 대한상공회의소, '임시투자세액공제 기간 연장 건의', 2023. 12.

7 국회 기획재정위원회, 〈조세특례제한법 일부개정법률안(류성걸 의원 대표발의) 검토보고〉, 2024. 2.

8 〈매일경제신문〉, '반도체 클린룸 4조 투자 때…미국선 稅공제 1조, 한국은 0', 2024. 4. 16.

9 〈매일경제신문〉, '인색한 반도체 인센티브…韓, 美 5분의 1 그쳐', 2024. 4. 16.

10 한국무역협회 국제무역통상연구원, 〈Trade Focus 2023년 6월호〉, '글로벌 배터리의 최대격전지, EU 배터리 시장 동향과 시사점', 2023.

11 딜로이트, '반도체 공급역량 및 원가경쟁력 향상을 위한 정책 과제'. 2024. 6.

| 저자 소개 |

기획·모더레이션

김태유 ──────────────────────────

서울대학교 공과대학을 졸업하고 미국 웨스트버지니아대학교에서 경제학 석사, 미국 콜로라도광업대학교Colorado School of Mines, CSM에서 자원경제학 박사를 받았다. 미국 컬럼비아대학교 박사후과정, 아이오와주립대학교 경영시스템학과 교수, 서울대학교 자원공학과 산업공학과 교수로 재직했다. 한국자원경제학회, 한국혁신학회 회장을 역임했고 한국과학기술한림원, 한국공학한림원의 원로회원이다.

초대 대통령 정보과학기술 수석보좌관으로 신성장동력산업의 지정과 육성, 이공계 공직 진출, 과학기술부총리제도 신설, 기술혁신본부의 설치, 이공계 박사 5급 특채 등 한국 4차산업혁명의 기초작업을 기획하고 추진했다.

'국가발전 원리'라는 한 가지 화두에 천착하여 공학, 경제학, 지정학, 역사학 등의 학문의 경계를 넘나드는 문명사학자이자 4차 산업혁명을 연구하는 미래학자이다. 저서로는 《Economic Growth》, 《정부의 유전자를 변화시켜라》, 《은퇴가 없는 나라》, 《패권의 비밀The Secrets of Hegemony》, 《국부의 조건》, 《한국의 시간》, 《한국의 선택》 등이 있다.

공저

김민배 ──────────────────────────

인하대학교 대학원에서 법학박사를 받은 후 법대 학장 등을 역임했으며, 일본 주오대학교 법과대학원과 히토쓰바시대학교 법과대학에서 연구했다. 2004년 '산업기술보호법'의 제정에 참여한 후 《산업기술보호법》, 《산업보안조사론》(공저), 《산업보안학》(공저) 등을 성과물로 펴냈다. 〈주요국의 기술 유출 방지정책 강화 동향 분석 보고서〉(2023) 등 연구 보고서와 150여 편의 논문 그리고 1,500여 편의 칼럼이 있다. 산업기술보호위원회 위원, 방위사업청 방산기술자문관, 국가정보원 산업기밀보호센터 자문위원, 법무부 보안관찰처분심의위원회 위원, 대검찰청 수사심의위원회 위원, 인천연구원장 등으로 활동을 했다. 제50주년 법의 날에 홍조근정훈장을 받았으며, 현재는 인하대 법학전문대학원 명예교수로 서해와 해상풍력, 경제 안보와 첨단기술 보호 등에 관심을 두고 있다.

김우철 ──────────────────────────

서울대학교 경제학과를 졸업하고 예일대학교에서 경제학 박사학위를 취득한 후, 독일 베를린 훔볼트대학교 경영경제대학 연구관과 한국조세연구원 연구위원을 거치고 국회예산정책처에서 조세분석심의관원으로 일했다. 계량경제학 이론 전공을 배경으로 조세와 재정 분야에서 다양한 실증연구를 수행하였고, 국책연구원과 국회재정기관 경력을 통해 재정정책 수립과정에 대한 현실적인 이해를 높였다. 서울시립대학교 세무학과에서 교수로 연구와 강의를 맡고 있으며, 언론과 미디어를 통한 공공정책 자문에도 활발히 참여하고 있다.

김창욱 ─────────────────────

연세대학교 금속공학과를 졸업하고 LG CNS, AT커니, 엑센츄어를 거쳐 현재 보스턴컨설팅그룹(BCG)의 매니징 디렉터 & 파트너를 맡고 있다. 반도체 산업 및 기술 전반의 폭넓은 경험을 보유한 반도체 전문가로서 한국 오피스의 반도체팀을 이끌고 있으며, 국내외 클라이언트 대상으로 컨설팅 활동뿐 아니라 SEMI KOREA, SEMI SEA, 베트남 NIC, KOTRA 등 다양한 반도체 기관에 연사로 초청받고 있다.

박동규 ─────────────────────

서울대학교 경제학과를 졸업하고 미국 인디애나대학교에서 경영학(재무금융) 박사학위를 취득했다. 그 후 한양대학교 경영대학 교수로 재직하며 부동산과 사회기반시설의 효율적 자금조달을 위한 Project Financing에 다양한 학문적·실무적 실적을 쌓았다. 기재부, 산업부, 국민연금 등 다양한 외부기관의 동 분야 관련 자문에도 참여했다.

배영자 ─────────────────────

서울대학교 졸업 후, 미국 노스캐롤라이나주립대학교에서 정치학 박사학위를 취득하였다. 이후 과학기술정책연구원에서 근무하였고 현재 건국대학교 정치외교학과 교수로 재임하고 있다. 대만국립대학교 방문교수였으며, 외교부 경제안보자문위원회 위원장, 대통령실 경제안보 자문위원을 지냈고 과학기술과 세계정치가 만나는 주제, 과학기술외교, 반도체의 세계정치, 첨단기술과 경제안보 등을 연구하고 있다.

신현한 ─────────────────────

1995년부터 오레곤대학교, 캘리포니아주립대학교, 뉴욕주립대학교의 교수를 역임하고 현재 연세대학교에서 재무관리 교수로 재직하고 있다. 학부는 연세대학교에서, 석사와 박사는 오하이오주립대학교에서 마쳤다. 한국증권학회 40대 회장, 경영학연구와 재무관리연구 편집위원장과 여러 기업의 사외이사를 역임했다. 현재는 삼성SDS 사외이사, 국민연금 실무평가위원, 기간산업안정기금위원, 금융채권자조정위원 등의 외부활동을 하고 있다. 대표 저서로 2023년 《파이낸셜 스토리텔링》을 출판하였다.

윤동열

현재 건국대학교 경영학과 교수로 재직 중이며 오하이오주립대학교에서 석·박사 학위를 취득하였다. 현대자동차에서 9년간 근무한 후, 오하이오주립대학교 PAES/CETE연구소, 울산대학교 등에서 고용정책 및 HR·IR분야의 실무와 학문적 경력을 토대로 대통령직속 경제사회노동위원회, 정책기획위원회, 고용정책심의회, 기획재정부, 고용노동부, 과학정통부, 교육부, 행정안전부, 인사혁신처, 국무조정실 등 정부부처 자문위원을 역임하고 있다. 제35대 대한경영학회 회장, 제40대 한국생산성학회 회장, 제11대 한국제품안전학회 회장, 제26대 전국대학교 산학협력단장 연구처장협의회 회장직을 수행하였다.

이대식

CIS 지역과 세계 체제론 전문가로 현재 태재미래전략연구원에서 미중 갈등과 지속불가능성 극복을 위한 글로벌거버넌스를 연구하고 있다. 삼성경제연구소 수석연구원으로 재직했으며 대통령직속북방경제협력위원회 전문위원을 거쳐 한국외국어대학교 겸임교수, 한국도시설계학회 이사, 한국러시아문학회 이사, 사단법인 유라시아21 회장을 역임하고 있다. 서울대학교 노어노문학과 박사를 취득하고 《줌 인 러시아 1, 2》, 《한국의 선택》, 《버추얼토피아》, 《클라우드 국가가 온다》, 《대륙의 미학, 역설의 시학》 등 다수의 저서를 집필했다.

정성훈

동국대학교 지리교육과에서 학부와 석사를 마쳤고, 영국 서식스대학교 지리학과와 서식스 유럽지역학대학원에서 석·박사학위를 받았다. 이후 한국항공우주연구원 선임연구원과 한국산업기술진흥원(구 한국산업기술재단) 지역혁신팀장을 거쳐 현재 강원대학교 사범대학 지리교육과 교수로 재직 중이다. 학회 활동으로는 한국경제지리학회장과 산업클러스터학회장을 역임했으며, 현재 대한지리학회 회장으로 활동하고 있다. 2003년 우리나라 최초로 국가균형발전사업 심사·평가체계 구축에 대한 정책 연구를 수행했으며, 2002년부터 현재까지 약 20년 이상을 국가균형발전, 지역산업, 테크노 파크 등 혁신지원기관, 캠퍼스 혁신파크, 경제자유구역, 기업혁신파크 등 특구에 관한 정책 기획과 평가업무를 수행하고 있다.

조재한

고려대학교 졸업 후, 2004년 노벨 경제학상 수상자인 에드워드 프레스콧 교수의 지도하에 미국 아리조나주립대학교 경제학과에서 박사학위를 취득하였다. 미국 미니애폴리스 연방준비은행 연구원을 거쳐 현재 산업연구원 선임연구위원으로 산업정책 및 투자정책

분야를 연구하고 있다. 또한, OECD 산업혁신기업가정신위원회(CIIE) 부위원장으로 활동하고 있으며, 충남대학교 무역학과 겸임교수를 겸하고 있다.

조홍종

서울대학교 경제학과에서 학사와 석사를 마치고, 미국 펜실베니아대학교에서 경제학 박사를 받았다. 주요 연구 분야는 에너지 시장의 거시경제학적 분석이다. 현재 한국자원경제학회 수석부회장이며, 에너지위원회 위원, 규칙개정위원, 비용평가위원, 전력수급계획 총괄위원 활동도 겸하고 있다. 2016년도 한국자원경제학회의 최우수 논문상인 늘푸른학술상과 2023년 전력유공자 산업통상자원부 장관상을 수상할 만큼 국내 에너지 분야 다방면의 전문가이며 현재 단국대학교 경제학과 교수이다.

허은녕

미국 펜실베니아주립대학교에서 자원경제학으로 박사학위를 취득한 후 서울대학교에서 에너지, 환경, 기술과 경제학과의 융합에 대하여 가르치고 연구하고 있다. 한국자원경제학회 및 한국혁신학회 회장, 세계에너지경제학회(IAEE) 부회장 등을 역임했으며 LG 상사 및 삼성전자에 사외이사로 있으면서 기업의 성장과 기술 개발, 국제협약 대응 및 전략적 투자에 대한 변화를 목격하고 또 참여하고 있다.

홍대식

서울대학교를 졸업한 후 지난 30여 년간 법률가의 길을 걸었다. 법률 영역 중에서 공공 영역인 판사를 10년, 민간 영역인 로펌 변호사를 5년 남짓 경험하여 법률 자문과 연구에서 공익과 사익의 합리적인 균형을 추구한다. 학계로 옮긴 후 공정거래법, 소비자법, 경제규제법을 주된 연구분야로 하면서, 정부와 민간 양쪽에 전문적인 자문을 제공하고 주요 정책 현안에 목소리를 내고 있다. 현재 서강대학교 법학전문대학원 원장 겸 전임교수, ICT법경제연구소장이다.

홍성민

서울대학교에서 (노동)경제학 박사학위를 받았고, 현대경제연구원 연구위원, 한국산업기술진흥원 팀장을 거쳐 현재 과학기술정책연구원에서 과학기술인재정책연구센터장을 맡고 있다. 지난 30여 년 동안 인력정책 전문가로 연구를 지속해 왔으며, 특히 한국산업기술진흥원에서 근무한 2000년 이후에는 과학기술인력 혹은 산업기술인력 정책, 관련 일자리 정책에 특화된 연구를 전문으로 수행하고 있다. 최근에는 생성형 AI 등 과학기술 발전이 일자리에 미치는 영향과 관련한 인력정책 전환 관련 연구와 저술 및 발표를 활발히 하고 있다.

선착의 효

2024년 7월 10일 초판 1쇄 발행 | 2024년 11월 1일 2쇄 발행

지은이 김태유, 김민배, 김우철, 김창욱, 박동규, 배영자, 신현한, 윤동열,
　　　　 이대식, 정성훈, 조재한, 조홍종, 허은녕, 홍대식, 홍성민

펴낸이 이원주　**경영고문** 박시형

책임편집 강동욱　**디자인** 심디
기획개발실 강소라, 김유경, 박인애, 류지혜, 이채은, 조아라, 최연서, 고정용
마케팅실 양근모, 권금숙, 양봉호, 이도경　**온라인홍보팀** 신하은, 현나래, 최혜빈
디자인실 진미나, 윤민지, 정은예　**디지털콘텐츠팀** 최은정　**해외기획팀** 우정민, 배혜림
경영지원실 홍성택, 강신우, 김현우, 이윤재　**제작팀** 이진영
펴낸곳 (주)쌤앤파커스　**출판신고** 2006년 9월 25일 제406-2006-000210호
주소 서울시 마포구 월드컵북로 396 누리꿈스퀘어 비즈니스타워 18층
전화 02-6712-9800　**팩스** 02-6712-9810　**이메일** info@smpk.kr

© 김태유 외 14명(저작권자와 맺은 특약에 따라 검인을 생략합니다)
ISBN 979-11-6534-978-3 (03320)

쌤앤파커스(Sam&Parkers)는 독자 여러분의 책에 관한 아이디어와 원고 투고를 설레는 마음으로 기다리고 있습니다.
책으로 엮기를 원하는 아이디어가 있으신 분은 이메일 book@smpk.kr로 간단한 개요와 취지, 연락처 등을 보내주세
요. 머뭇거리지 말고 문을 두드리세요. 길이 열립니다.